Slave
THE TRUE STORY OF A GIRL'S LOST CHILDHOOD AND HER FIGHT FOR SURVIVAL
MENDE NAZER
AND DAMIEN LEWIS
MENDE NAZER
Slave

Mende Nazer
mit Damien Lewis

Befreit

Mende Nazer
mit Damien Lewis

Befreit

Die Heimkehr der Sklavin

Aus dem Englischen von
Karin Dufner

Droemer

Besuchen Sie uns im Internet:
www.droemer-knaur.de

Die Folie des Schutzumschlags sowie die Einschweißfolie sind
PE-Folien und biologisch abbaubar.
Dieses Buch wurde auf chlor- und säurefreiem Papier gedruckt.

Fotos im Innenteil by Damien Lewis
Redaktion: Thomas Liermann
Umschlaggestaltung: ZERO, Agentur, München
Umschlagabbildung: Peter von Felbert
Satz: Adobe InDesign im Verlag
Druck und Bindung Ebner & Spiegel, Ulm
Printed in Germany
ISBN 978-3-426-27354-8

2 4 5 3 1

Vorwort

Ich heiße Mende – ein Name, der in unserer Nubasprache »Gazelle« bedeutet. Mein Vater hat ihn mir bei meiner Geburt gegeben. Die Gazelle ist das anmutigste Tier in den Nubabergen, und er fand, dass ich einer Gazelle sehr ähnelte.

Meine ersten Lebensjahre waren idyllisch. Ich verbrachte sie im Kreis meiner liebevollen Familie in einem kleinen Dorf in den Nubabergen, einer der abgelegensten Gegenden der Welt. Die Nuba sind ein schwarzafrikanischer Stamm, der für seine Körperbemalungen, seine Ringkünste und seine Tapferkeit im Krieg bekannt ist. Wir sind die eigentlichen Ureinwohner des Sudan, die schon seit Tausenden von Jahren in diesem Land leben. Wir gelten sogar als die Begründer der altägyptischen Hochkultur.

Eines Nachts, ich war noch ein kleines Mädchen, veränderte sich mein Leben auf einen Schlag. Unser Dorf wurde von arabischen Milizen überfallen, die unsere Hütten anzündeten und wahllos Menschen töteten. Sie entrissen mich und Dutzende andere Mädchen und Jungen unseren liebenden Familien und verkauften uns in die Sklaverei. Damals war ich etwa neun Jahre alt; weil die Nuba ihren Geburtstag nicht schriftlich festhalten, kennt niemand sein eigenes Alter ganz genau.

Man verschleppte mich in die sudanesische Hauptstadt Khartoum, wo ich als Sklavin im Haushalt einer arabischen Familie arbeiten musste. Ich schlief in einem Gartenschuppen, ernährte mich von Essensresten und wurde verhöhnt und

geschlagen. Die Leute behandelten mich schlimmer als jedes Tier. Mein Dasein war freudlos, bedrückend.
Sie sagten nicht Mende zu mir, sondern »yebit« – Mädchen, das es nicht wert ist, einen Namen zu tragen. Sie ekelten sich davor, mich zu berühren, denn sie hielten mich für schmutzig. Sie behaupteten, dass ich stank, und befürchteten, ich könnte Krankheiten übertragen. Wo immer es ging, versuchten sie mir meine Identität als Nuba auszutreiben. Wenn ich meine Muttersprache sprach oder leise ein Nubalied sang, setzte es Prügel. Und sie nahmen mir meine Nubaperlen weg, die alles waren, was mir geblieben war. Sogar das Beten wurde mir verboten: Der Islam sei nichts für Schwarze wie mich.
Nur in meinen Träumen konnte ich mir meine Sprache und die Erinnerungen an meinen Stamm bewahren. Die Träume wurden mein wichtigster Rückzugsort, das Land, wo ich noch immer mit meiner Familie lebte. In meinen Träumen waren meine Eltern und Geschwister gesund und unversehrt – ich konnte es nicht wissen, doch ich hoffte es so sehr. Sie liebten mich und hatten Sehnsucht nach mir, allerdings in einer anderen Welt, die lediglich in meiner Phantasie existierte.
Der Überfall auf mein Dorf hatte sich irgendwann in den frühen neunziger Jahren ereignet. Wir Nuba führen keinen Kalender, sondern berechnen die Zeit anhand der Abfolge der Jahreszeiten. Im Jahr 2000 gelang mir endlich die Flucht. Nie hatte ich die Hoffnung aufgegeben, eines Tages zu entkommen, um zu meiner geliebten Familie zurückzukehren. Und so passte ich, als die Zeit reif war, den richtigen Moment ab und rannte einfach los. Rannte und versteckte mich, sah mich ständig nach möglichen Verfolgern um und starb fast vor Angst. Zum Glück gab es Menschen, mit deren Hilfe ich mich retten konnte und die mir bis heute zur Seite stehen. Inzwischen befand ich mich nicht mehr im Sudan, sondern in London. Wie ich dort hingekommen war, ist eine lange Geschichte, die ich in meinem ersten Buch, *Sklavin*, erzähle.

Als ich floh, ahnte ich nicht, dass ich in Großbritannien Asyl würde beantragen müssen. Ich wollte eigentlich nur nach Hause in meine Heimat, die Nubaberge, und alle meine Gedanken galten meinem Dorf, meiner Familie und meinem Land. Während der sechs Jahre, die es dauerte, über meinen Asylantrag zu entscheiden, blieb ich in London, einer für mich allzu großen, kalten und anonymen Stadt; ein himmelweiter Unterschied zu dem Leben, wie ich es in meiner Kindheit in den Nubabergen kennengelernt hatte. Obwohl ich eine ganze Reihe von Freundschaften schloss, war ich meistens allein. Das passiert schnell in einer modernen Betonwüste wie London. Und so fühlte ich mich oft fast ebenso einsam wie damals, als die Einsamkeit erzwungen war: zu meiner Zeit als Sklavin.
Ich habe viel geweint in London. Während man mich von einem düsteren, heruntergekommenen Asylantenheim ins andere schob, fragte ich mich mit zunehmender Angst, ob ich wohl je als Asylbewerberin anerkannt werden würde. Oder würde man mich etwa zu den Menschen zurückschicken, die mich einst in die Sklaverei verkauft hatten? Und andererseits – was sollte aus mir werden, wenn mein Antrag erfolgreich war? Wie konnte ich, eine Nubafrau ohne Schulbildung, die Freiheit nutzen? Ich war so allein und weit weg von meiner Familie und meinem Volk. Wie für viele Afrikaner ist ein Leben ohne Familie auch für uns Nuba fast schlimmer als der Tod. Die Familie bedeutet uns alles. Ohne unsere Familie sind wir nichts.
Ich kämpfte gegen die Niedergeschlagenheit an, indem ich mir immer wieder vor Augen hielt, dass ich ein Recht auf Glück und ein Leben in Freiheit hatte. Wenn ich erst Bürgerin Großbritanniens, eines westlichen Landes, war, würde ich hier in London noch einmal von vorne anfangen können. Und so kam es auch. Doch noch immer war ich oft traurig und weinte, ohne dass jemand mich hören konnte. Obwohl ich jetzt frei war, fehlte mir etwas Entscheidendes, genau wie in meiner Zeit

als Sklavin: jemand, der mich tröstete, denn ich hatte keine Familie, die mir ihr Ohr lieh, meine Tränen trocknete und mich mit ihrer Liebe und Zuneigung auffing. Wer allein und unbemerkt weinen muss, vergießt Tränen des Schweigens.

Schließlich wurde mir klar, dass es nur einen Weg gab, dieses Schweigen zu brechen und der Einsamkeit zu entrinnen. Ich musste die einzigen Menschen wiedersehen, die mich wirklich anhören und in der Lage sein würden, mein Leid und meinen Schmerz nachzuvollziehen und mein neues Leben mit viel Liebe zu würdigen. Und in diesem Moment beschloss ich, das Unmögliche zu versuchen: Ich würde nach Hause reisen, in die Nubaberge und zu meiner Familie.

Natürlich war ich zunächst ziemlich ratlos, wie ich das bewerkstelligen sollte, und wusste außerdem, dass ich damit ein großes Risiko einging. In meinem Heimatland, dem Sudan, herrscht nun schon seit vielen Jahren ein Bürgerkrieg, dem Hunderttausende von Menschen zum Opfer gefallen sind. Millionen sind zu Flüchtlingen geworden. Und mittendrin, mitten im gefährlichsten Kriegsgebiet, liegen die Nubaberge. Mein Volk gehört zu denen, die am meisten gelitten haben. Was dort passiert, wurde vielfach als Völkermord bezeichnet. Und genau dieser vom Krieg geschundene Landstrich würde mein Ziel sein, wenn ich meine Familie nach so vielen Jahren endlich in die Arme schließen wollte.

Dennoch: Ich musste es schaffen. Es war der einzige Weg. Es war mir wichtiger als mein Leben.

Für meine Familie. Ich liebe euch

»Hüte dich davor, eine Frau zum Weinen zu bringen,
Denn Gott zählt ihre Tränen.
Die Frau wurde aus der Rippe des Mannes erschaffen,
Nicht aus seinen Füßen, um auf ihr herumzutreten.
Nicht aus seinem Kopf, damit sie ihn beherrsche,
Sondern aus seiner Seite, um gleich zu sein.
Unter dem Arm, um beschützt zu werden,
Und nah dem Herzen, um sie zu lieben.«

Aus dem Talmud

1
Die Reise beginnt

Ich war müde. Seit zwei Stunden saß ich nun schon bei der amerikanischen Einwanderungsbehörde fest, ohne den Grund dafür zu kennen. Schließlich war ich inzwischen Besitzerin eines britischen Passes. Wozu also brauchte ich ein Visum, um in die Vereinigten Staaten einzureisen? Außerdem hatte ich eine schriftliche Einladung der Brandeis University in Boston bei mir, die mich aufforderte, bei einem Kongress zum Thema »Moderne Sklaverei« einen Vortrag zu halten.

Dennoch hatte mich ein Mann in Uniform aus der Schlange geholt und mich in einen kleinen, von grellem Neonlicht erhellten Raum geführt. Bald erschien noch ein zweiter und ließ sich mit strenger Miene an einem Computer nieder. Früher, als ich noch mit einem Flüchtlingsausweis in die USA eingereist war, hatte ich dieses Vorgehen ja noch verstehen können. Aber jetzt? Warum wurde ich nicht wie die britische Staatsbürgerin behandelt, die ich war?

»Weshalb bin ich hier?«, fragte ich erschöpft. »Wozu diese Sonderbehandlung? Sie haben doch sonst niemanden mit britischem Pass aus der Schlange geholt. Könnte es möglicherweise an meiner Hautfarbe liegen?«

»Es sind nur Sicherheitsgründe, Ma'am.« Der Mann starrte weiter auf seinen Bildschirm und richtete dann eine Kamera auf mein Gesicht, um mich zu fotografieren. »Bei Ihrer letzten Ausreise aus den USA haben Sie sich nicht bei der Einwanderungsbehörde abgemeldet. Und wer sich nicht abmeldet, darf auch nicht mehr rein. Wenn Sie jetzt so gut wären, in die Kamera zu schauen …«

»Aber ich muss mich doch gar nicht abmelden. Ich habe einen britischen Pass! Gilt diese Vorschrift denn für alle britischen Staatsbürger?«

»Was ist der Grund Ihrer Einreise in die USA, Ma'am?«, unterbrach der Mann, der hinter ihm stand, in scharfem Ton.

»Ich soll bei einem Kongress einen Vortrag über die Geschichte der Sklaverei halten.«

Der Mann sah mich verdattert an. »Sklaverei? Was genau meinen Sie damit?«

»Ich dachte immer, was Sklaverei ist, sei inzwischen allgemein bekannt.«

Er warf mir einen eiskalten Blick zu. »Jetzt werden Sie bloß nicht frech, junge Frau. Also, wo werden Sie Ihren … äh … Vortrag halten? Und wo wohnen Sie?«

Ich wühlte in meiner Handtasche und reichte ihm mein Einladungsschreiben von der Brandeis University. Dann fügte ich hinzu, er könne ja gern Bernadette anrufen, die Dame, die den Brief geschrieben habe. Sie würde ihm dann alles erklären. Der Mann warf einen kurzen Blick auf den Brief und ging dann hinaus, um zu telefonieren. Währenddessen griff der andere nach meiner Handtasche und kippte den Inhalt auf seinen Schreibtisch. Er durchsuchte meine Brieftasche sowie meine Notizbücher, in denen der Entwurf meines Vortrags stand. Anschließend überprüfte er die Telefonnummern in meinem Adressbuch, und zu guter Letzt blätterte er meinen Pass durch. Der syrische Einreisestempel ließ ihn aufmerken.

Er musterte mich. »Warum waren Sie in Syrien?«

»Ich wollte dort Freunde besuchen.«

Eigentlich war Syrien nur eine Etappe im Laufe der langwierigen Vorbereitungen gewesen, die meinen größten Traum endlich, endlich wahr werden lassen sollten: Ich war dabei, meine Reise in die Nubaberge – in eines der abgelegensten und unerschlossensten Gebiete des vom Krieg gebeutelten Sudan – zu organisieren. In den letzten Monaten war es in meinem Leben drunter und drüber gegangen. In Syrien zum Beispiel hatte ich jemanden getroffen, der mir erstmals Nachrichten aus erster Hand von meiner Familie überbringen konnte – zu einer Zeit, als für mich nicht daran zu denken war, selbst in den Sudan zu gelangen. Doch wenn alles gut ging, würde ich nun, bald nach meiner Rückkehr aus den USA, in meine geliebte Heimat fliegen.

Bei dieser Reise würde es wahrscheinlich ernsthaftere Probleme geben als hier bei meinem Direktflug nach Boston. Drei beschwerliche Tage in verschiedenen Flugzeugen standen mir bevor; die letzte Etappe würde ich in einer winzigen Chartermaschine, gesteuert von einem Buschpiloten, zurücklegen und mitten in ein Kriegsgebiet hineinfliegen. Trotz jahrelanger Planung bestand jederzeit die Möglichkeit, dass noch im letzten Moment etwas dazwischen kam. Ich betete jeden Tag für unsere sichere Ankunft. Doch es war mir klar, dass ich mich und meine Freunde in Lebensgefahr brachte.

Allerdings war *meine* Rolle in diesem Abenteuerdrama noch lange nicht die schwierigste: In einem abgelegenen Dorf in den Nubabergen war meine Familie – meine Mutter, mein Vater, mein Bruder und meine Schwester – nämlich gerade im Begriff, zu einer noch viel riskanteren und beschwerlicheren Reise aufzubrechen. Um mich zu sehen, würden sie die unwirtliche Wildnis der Nubaberge durchqueren und dabei Kriegsgebiete und Frontlinien passieren müssen, wo rivalisierende bewaffnete Banden einander bekämpften. Ganz gleich, was mich unterwegs erwartete, ihnen standen gewiss noch weitaus größere Strapazen und Herausforderungen bevor. Seit einigen Tagen fragte ich mich deshalb plötzlich, ob es überhaupt richtig war, sie solchen Gefahren auszusetzen – nur damit ein kleines Nubamädchen nach vielen langen Jahren wieder mit seiner Familie vereint sein würde …

Allerdings lag mir nichts ferner, als das diesen eiskalten Männern von der amerikanischen Einwanderungsbehörde unter die Nase zu reiben. Der Mann scannte die Seite mit dem syrischen Stempel in seinen Computer ein.
»Warum wollten Sie Ihre … äh … Freunde in Syrien treffen?«
»Weshalb interessieren Sie sich so für Syrien?«, gab ich zurück. »Sie haben doch alle Informationen in der Hand – meinen Pass, mein Adressbuch, meine Brieftasche und so weiter! Außerdem haben Sie mich fotografiert, mir die Fingerabdrücke abgenommen und meine Visa kopiert. Was wollen Sie denn sonst noch von mir?«
Über den Rand seines Monitors hinweg warf der Mann mir einen finsteren Blick zu. »Junge Frau, wenn Sie die Fragen nicht beantworten, wird nichts aus ihrer Einreise in die USA.«
Da kam sein Kollege zurück. »Ich habe am Telefon mit dieser Bernadette gesprochen«, verkündete er. »Offenbar sagt die Frau hier die Wahrheit. Sie wird tatsächlich an der Universität einen Vortrag halten und wohnt im Best Western in Cambridge.«
Die beiden Männer wechselten Blicke.
»Wie lange bleiben Sie?«, erkundigte sich der Sitzende.
Inzwischen hatte ich genug von dem Theater. »Sie wissen, dass ich an der Universität sprechen werde. Außerdem kennen Sie den Namen meines Hotels. Ich bin jetzt schon fast drei Stunden hier. Warum halten Sie mich fest?«
Endlich ließen die Grenzbeamten mich gehen, und ich durfte in die USA einreisen. Die Erklärung dafür, weshalb sie mich drei Stunden lang vernommen hatten, blieben sie mir leider schuldig. Doch im Grunde meines Herzens kannte ich die Antwort: Es wollte ihnen einfach nicht in den Kopf, wie ich,

ein schwarzes Mädchen, das noch bis vor kurzem ein sudanesischer Flüchtling gewesen war, sich zur Staatsbürgerin eines westlichen Landes gemausert haben konnte. Es war eine kleine, aber typische Szene meines Lebens. Man wollte mir unrecht tun, doch ich hatte recht bekommen. Das machte mich stark.

Die Zeit in Boston verging wie im Fluge. Mit ihren imposanten alten, englisch anmutenden Gebäuden aus rotem Backstein erinnerte mich die Stadt sehr an London. Bernadette, der es überaus peinlich war, dass man mich so behandelt hatte, bereitete mir in ihrem gemütlichen Haus einen herzlichen Empfang. Sie hatte einige Interviews mit Fernseh- und Zeitungsjournalisten für mich vereinbart. Die amerikanischen Medienvertreter wollten von mir alles über neuzeitliche Sklaverei und den schrecklichen Konflikt wissen, der zurzeit in Darfur tobt. In meinen Augen war es eine Schande, dass die Welt die Greueltaten in Darfur zuließ, und ich fragte mich täglich, wann mein Heimatland Sudan endlich aufhören würde, sich selbst zu bekriegen.

Die beiden Kriegsparteien – der islamistische arabische Norden und der von gemäßigten schwarzen Moslems und Christen bewohnte Süden – hatten vor kurzem einen historischen Friedensvertrag unterzeichnet. Allerdings waren die Interessen der schwarzen Bevölkerung von Darfur im Westsudan dabei unter den Tisch gefallen. Seit tausend Tagen und Nächten tobte dort nun schon ein blutiger Krieg; arabische Reitermilizen, die Dschandschawid, überfielen die Dörfer, mordeten, brandschatzten und vergewaltigten. Tatenlos sah die Welt zu, wie unschuldige Menschen – hauptsächlich Frauen und Kinder – abgeschlachtet wurden. Mich machten die Ereignisse in Darfur deshalb so besonders wütend, weil sie mich an meine eigene schreckliche Vergangenheit erinnerten. Und so konnte ich nicht länger schweigen.

Seit Erscheinen meines ersten Buches, *Sklavin*, hatte ich unzählige Interviews gegeben, was mir mit der Zeit immer leichter fiel, insbesondere deshalb, weil das Publikum vor dem Fernsehbildschirm oder als Zeitungsleser für mich unsichtbar blieb. Eine Rede vor Zuhörern zu halten ist jedoch eine völlig andere Sache. Vor drei Jahren hatte mein erster öffentlicher Auftritt bei einem Kongress der Vereinten Nationen in Genf stattgefunden, bei dem es um Sklaverei und Menschenhandel in der heutigen Zeit ging. Eine Freundin hatte mich von London nach Genf begleitet, und sie wich nicht von meiner Seite, bis ich auf die Bühne musste, um meine Rede zu halten. Doch von diesem Moment an war ich allein.

Man braucht nicht eigens zu erwähnen, dass ich beim Anblick des riesigen Saals voller wichtig aussehender Menschen von Todesangst ergriffen wurde. Ich schaute über die Köpfe des Publikums hinweg, das darauf wartete, dass ich endlich zu sprechen anfing. Meine Vorredner waren alle viel älter gewesen als ich, und alles, was sie sagten, hatte sehr bedeutungsvoll geklungen. Wie sollte ich, die ich kaum über nennenswerte Schulbildung verfüge, in ihre Fußstapfen treten? Ich machte den Mund auf, erstarrte kurz – und dann strömten plötzlich wie auf Knopfdruck die Worte aus mir heraus. Ich sprach zwanzig Minuten lang ohne Notizen. Bei den Nuba, meinem Volk, ist es nämlich nicht üblich, sich etwas aufzuschreiben, weshalb die Menschen den Großteil ihres Lebens mit Geschichtenerzählen verbringen. Nachdem ich das Lampenfieber überwunden hatte, bereitete es mir deshalb wider Erwarten kaum Schwierigkeiten, von meinem Schicksal zu berichten.

Als ich fertig war und eilig das Podium verlassen wollte, hielt eine Dame von der UN mich zurück und drehte mich zu den Zuschauern um. Ich sah, dass sich alle im Raum von ihren Plätzen erhoben hatten. Im nächsten Moment hallte ohrenbetäubender Applaus durch den Saal. Ich stand da und kriegte vor lauter Staunen den Mund nicht mehr zu. Wie kam es, dass meine so gar nicht bemerkenswerte Lebensgeschichte die Menschen so betroffen machte? Eine Geschichte, die so viele Frauen in ähnlicher Weise erleiden mussten, ohne die Chance auf Freiheit? Doch nach der Konferenz sprachen mich einige aus dem Publikum an und sagten mir, welch eine wichtige Erfahrung es für sie gewesen sei, meinen Vortrag zu hören. Ich konnte es kaum fassen.

Natürlich litt ich auch vor meinem Referat an der Brandeis University an Lampenfieber. Doch als ich von der schändlichen Tragödie sprach, die sich in Darfur abspielt, legte sich die Aufregung rasch. Ich schilderte, dass bis heute Dörfer überfallen und schwarze sudanesische Frauen und Kinder von den Arabern als Sklaven verschleppt werden. Dass meine eigene Geschichte sich dort tausendfach wiederholt.
Im Anschluss an meinen Vortrag beantwortete ich Fragen aus dem Publikum. Ein junger Mann meldete sich und wollte wissen, ob ich die amerikanische Kampagne für Ausgleichszahlungen unterstütze, in der die Nachkommen afrikanischer Sklaven von der US-Regierung eine finanzielle Entschädigung fordern. Ich verneinte, obwohl ich damit riskierte, mich unbeliebt zu machen. Doch ich konnte nicht anders, als auszusprechen, was ich wirklich dachte. Wie könne man denn ein Menschenleben mit Geld aufwiegen?, fragte ich zurück. Außerdem lebten die Nachfahren der Sklaven in den USA heute in einem freien Land und hätten die Möglichkeit, ihre Zukunft nach eigenen Wünschen selbst zu gestalten. Für Chancen wie diese würden die Tausenden von Sklaven im Sudan ihren rechten Arm opfern. Also war es viel wichtiger, wie ich fand, die moderne Sklaverei zu bekämpfen und die Opfer zu befreien, als die Versklavung vergangener Generationen zu beklagen. Offenbar nahm mir diese Worte niemand übel, denn die Zuschauer jubelten und klatschten, als ich die Bühne verließ.

Zwei Tage später kehrte ich in das kalte, verregnete London zurück. Nachdem ich in meiner kleinen Zweizimmerwohnung über zwölf Stunden lang geschlafen hatte, machte ich mich im Oktobernieselwetter auf den Weg ins Londoner Stadtzentrum. Da ich am Rande dieser riesigen Metropole lebe, trennten mich ein Fußmarsch, eine Zugfahrt und viele Stationen mit der U-Bahn von meinem Ziel. In vier Tagen wollte ich in den Sudan aufbrechen. Deshalb musste ich unbedingt mit Damien Lewis, einem britischen Journalisten und Sudanexperten, der mich begleiten würde, die letzten Einzelheiten unserer Reise absprechen. Damien hatte mir beim Schreiben meines ersten Buches, *Sklavin*, geholfen und war dabei ein guter Freund geworden.

Ich hatte anderthalb Jahre lang bei ihm und seiner Familie in London gelebt, während ich darauf wartete, dass die britischen Behörden über meinen Asylantrag entschieden. Als dieser zunächst abgelehnt wurde – und zwar mit der Begründung, Sklaverei stelle keine wirkliche Verfolgung dar –, war Damien empört auf die Barrikaden gegangen und hatte eine Medienkampagne gestartet, um die britischen Behörden anzuprangern. Seine Aktion war von den deutschen Lesern meines Buches mit einer Flut von E-Mails unterstützt worden. Vor der britischen Botschaft in Berlin hielten die Menschen Mahnwachen bei Kerzenschein ab, um die Regierung aus ihrer Gleichgültigkeit aufzurütteln und sie unter Druck zu setzen, damit sie mir endlich Asyl gewährte. Ihr Engagement hatte Wunder gewirkt: Zwei Monate nach der ursprünglichen Ablehnung erhielt ich in Großbritannien Asyl und war nun als vollwertiger Flüchtling anerkannt.

Vor kurzem war Damien in die Nubaberge gereist, um festzustellen, ob ein Besuch dort ein zu hohes Sicherheitsrisiko für mich darstellte. Es schien möglich – allerdings kannte ich die geplante Route noch immer nicht genau und wusste nur, dass wir, auch wenn alles glattging, viele Stunden brauchen würden, um unser Ziel zu erreichen. Da wir am Sonntagabend abfliegen sollten, hatte ich meiner Familie ausrichten lassen, ich würde voraussichtlich am Dienstag eintreffen. Normalerweise war es kein Problem, meinen ältesten Bruder Kwandsharan anzurufen, der in einer größeren sudanesischen Stadt wohnt. Doch meine Eltern waren in den Nubabergen telefonisch nicht erreichbar, und so gestaltete sich die Nachrichtenübermittlung oft langwierig und kompliziert.

Während meines Amerikaaufenthalts hatte ich vor Aufregung kaum schlafen können. Ständig dachte ich an die Reise nach Hause und malte mir aus, wie es wohl sein würde, meine Familie nach all den langen Jahren wiederzusehen. Dabei zermarterte ich mir das Hirn vor Sorge, ob auch wirklich alles klappen würde. Damien, der sich im Sudan bestens auskennt, hatte immer wieder beteuert, dass alles geregelt sei. Und dennoch sagte mir mein Instinkt, dass man uns noch so manchen Stein in den Weg legen würde.

Auf der Fahrt ins Stadtzentrum von London begann mein Magen zu knurren. Es war Ramadan, der heilige Monat der Moslems. Seit dreißig Tagen fastete ich nun schon zwischen Sonnenaufgang und Sonnenuntergang. Diesmal war ich besonders streng mit mir gewesen, denn ich hoffte, Gott würde mich dafür mit dem Geschenk eines Wiedersehens mit meiner Familie belohnen, für das ich jeden Tag betete. Nun neigte sich der Ramadan seinem Ende zu, das durch das Aufgehen des Vollmondes angezeigt wird. Der erste Mensch, der irgendwo auf der Welt den Vollmond sichtet, kann das Ende des Ramadan ausrufen, indem er in die nächste Moschee geht und den Imam davon in Kenntnis setzt. Von diesem Moment an verbreitet sich die Nachricht über die ganze Welt, und der »Eid« beginnt: zwei Tage, in denen das Fastenbrechen mit einem Festmahl gefeiert wird.

Als ich den Frontline Club, meinen Treffpunkt mit Damien, erreichte, war die Sonne gerade über den Dächern von London untergegangen, so dass ich endlich etwas essen durfte. Damien saß im Member's Room des Clubs, einem gemütlichen, mit Holzvertäfelungen und alten Ledersofas ausgestatteten Raum. Der Frontline Club ist für Journalisten gedacht, die in Kriegsgebieten tätig sind. Mein Heimatland zählt eindeutig dazu.

Damien wirkte ungewöhnlich blass und erschöpft, und ich fragte ihn, was ihm denn fehle. Seine Ausflucht lautete, er habe eine scheußliche Erkältung. Aber ich kannte ihn inzwischen gut genug, um zu wissen, dass er mir etwas verheimlichte. Offenbar bedrückte ihn ein Problem.

Ich bestellte Tee, um mein Fasten zu brechen, und gab löffelweise Zucker hinein. Der Tee war heiß, süß und köstlich, und ich hoffte, dass er meine Nerven beruhigen würde. Denn Damiens finstere Miene gefiel mir gar nicht.

»Alles klappt wie am Schnürchen«, verkündete Damien, bemüht zuversichtlich. »Wir fliegen am Sonntag von London nach Kenia und nehmen dort den Anschlussflug nach Loki. Das ist der Flughafen und Stützpunkt für Hilfsorganisationen, die den südlichen Sudan versorgen. Wenn alles gutgeht, sind wir am Dienstagnachmittag bei deiner Familie in Julud.«

»Meinst du, sie werden da sein?«, fragte ich zweifelnd. Julud ist eine Nubasiedlung in der Nähe meines Heimatdorfes Karko und verfügt über eine kleine ungeteerte Landepiste. Dort hatten wir uns verabredet.

»Mein Bruder sagt nämlich, es wäre ziemlich weit zu unserem Dorf.«

Damien lächelte beruhigend. »Sie waren doch bereits einmal in Julud, schon vergessen? Und zwar, als sie sich mit mir getroffen haben. Deshalb dürfte es auch diesmal keine Schwierigkeiten geben. Also sei ganz ruhig. Sie werden bestimmt kommen, auch wenn wir ein paar Tage auf sie warten müssen.«

Damien war vor drei Jahren zum ersten Mal in Julud gewesen. Einige Monate lang hatte er im Auftrag des Internationalen

Komitees des Roten Kreuzes (ICRC) im Sudan einen Film über Kriegsverletzte gedreht und war eines Tages mit einem Flugzeug, das Verwundete abholen sollte, in Julud gelandet. Auf dem Flugplatz war er mit jemandem von einer britischen Hilfsorganisation ins Gespräch gekommen, der ihm erzählt hatte, dass es von Julud bis zu meinem Dorf gar nicht weit war.

An diesem Abend hatte mir Damien eine SMS geschickt:

»Hallo, Mende, wie geht es dir? Heute bin ich in die Nubaberge geflogen – ganz in die Nähe von Karko! Ich habe Grüße von dir ausgerichtet. Sie vermissen dich.«

Damiens Besuch hatte in mir heftiges Heimweh ausgelöst. Da das Gebiet um Julud von der Nubaarmee, und nicht von den sudanesischen Regierungstruppen kontrolliert wurde, würde ich vielleicht hinfliegen können. Denn als Nubafrau, die offen die Menschenrechtsverletzungen durch die sudanesische Regierung angeprangert hatte, durfte ich mich in von Regierungstruppen besetzten Gegenden auf gar keinen Fall blicken lassen. Das Problem war nur, dass ich für diese lange Reise unbedingt einen britischen Pass brauchte.

Ein Jahr später kehrte Damien noch einmal nach Julud zurück, um meinen Eltern eine Videobotschaft zu überbringen. Ich hatte in London etwa eine halbe Stunde in eine Kamera gesprochen und ihnen erzählt, dass ich hoffte und dafür betete, sie eines Tages besuchen zu können. Mit Tränen in den Augen flehte ich sie an, stark und geduldig zu sein und auf mich zu warten. Trotz widriger Umstände gelang es Damien, sich mit meiner Familie im Busch zu treffen, wo er ihnen das Band auf einem mit einem Akku betriebenen Fernsehgerät vorspielte. Beim Zuschauen fingen alle – sogar mein jüngster Bruder Babo – bitterlich zu weinen an.

Die Nuba vor Ort waren von dieser Familienzusammenführung per Video so beeindruckt gewesen, dass sie ein Überraschungsfest veranstalteten. Hunderte von Menschen hatten sich auf dem Marktplatz versammelt und bildeten einen großen Kreis. Dann traten von entgegengesetzten Seiten zwei Gruppen junger Männer in die Mitte. Ihre Körper waren mit weißer Asche bemalt, als zögen sie in den Krieg. Sie bauten sich voreinander auf, sangen, vollführten Luftsprünge und stürmten dann aufeinander zu, um sich zum Kampf aufzustacheln. Das Wettringen begann, und die Kämpfer gingen dabei mit so viel Einsatz vor, dass die kleinen Jungen auf die Bäume kletterten, um besser sehen zu können. Anschließend wurde stundenlang bei Nubatänzen und Gesängen gefeiert.

Da Damien bei seiner Rückkehr von diesen Reisen so guter Dinge und, was meine Heimkehr anging, sehr zuversichtlich gewesen war, fragte ich mich, was ihn wohl jetzt bedrücken mochte.

Ich schenkte mir noch eine Tasse Tee ein und sah ihn an. »Da stimmt doch etwas nicht, richtig? Und du verschweigst es mir.«

»Tja …«

»Du solltest keine Geheimnisse vor mir haben. Ich habe ein Recht darauf, es zu erfahren, auch wenn es schlechte Nachrichten sind.«

»Nun, ich habe gestern Abend mit Sayed gegessen.« Sayed ist ein sudanesischer Freund und ein Mann, auf den wir beide große Stücke halten. »Er hat uns von der Reise abgeraten und uns empfohlen, das ganze Unternehmen abzublasen.«

»Was?«, entsetzte ich mich. »Aber warum denn? Was ist denn passiert?«

Damien spielte betreten mit seiner Teetasse herum. »Seiner Ansicht nach ist es seit Kriegsende im Sudan noch gefährlicher geworden, obwohl eigentlich Frieden herrschen müsste. Er sagt, die bewaffneten Banden wechseln ständig die Seiten, und man wisse nicht, wem man trauen könne. Jeder betrügt jeden, und alle kämpfen um die Macht. Also könne man nirgendwo für deine Sicherheit garantieren.«

Da ich diese Bedenken zum ersten Mal zu hören bekam, fuhr mir der Schreck in alle Glieder, und ich fühlte mich, als senke sich eine schwarze Wolke auf mich herab.
»Und – meinst du auch, wir sollten alles absagen?«, sprach ich die Frage aus, die zwischen uns in der Luft hing.
Damien schwieg nachdenklich und blickte mir dann in die Augen. »Ja und nein, Mende ... Wenn wir hinfliegen, müssen wir uns der Risiken bewusst sein und uns doppelt und dreifach vorsichtig verhalten. Zweifellos wird man es auf dich abgesehen haben, und du schwebst ständig in Gefahr. Das liegt daran, dass du so mutig warst, an die Öffentlichkeit zu gehen. Aber wenn du trotzdem noch willst, bin ich dabei.«
Ich ließ seine Worte auf mich wirken. Bei der bloßen Vorstellung, meinen Traum so kurz vor dem Ziel aufzugeben, versetzte es mir einen Stich ins Herz. Das kam überhaupt nicht in Frage. So lange schon bereitete ich mich innerlich auf diese Reise vor und hatte all meinen Mut zusammengenommen. Jetzt gab es für mich kein Zurück mehr.
»Ich will fliegen«, sagte ich leise. »Wenn du mitkommst.«
Damien nickte. »Tja, dann hätten wir das also geklärt ... Aber du musst dir bewusst sein: Vor kurzem hat es in diesem Gebiet brutale Überfälle gegeben. Hilfskonvois wurden angegriffen und Menschen ermordet. Die Täter sind unbekannt. Ich würde auf Banditen von beiden Seiten tippen, aber niemand weiß Genaueres. Wir können nur hoffen, dass die Nubatruppen sich mit ihrer Zusage, sie würden für deine Sicherheit sorgen, nicht übernommen haben.«
Eine Weile herrschte angespanntes Schweigen, bis ich schließlich durchatmete und lächelnd das Wort ergriff. »Na ja – aber das Schlimmste weißt du ja noch gar nicht: Ich habe noch keine Geschenke für meine Familie!« Keine Ahnung, warum ich mir angesichts der Lebensgefahr Gedanken über solche Kleinigkeiten machte. »Ich hatte überhaupt keine Zeit. Wie soll ich ihnen etwas kaufen, ohne ihre Kleidergröße zu kennen?«

Damien schmunzelte und beruhigte mich. »Sie wollen dich einfach nur sehen, Mende. Zerbrich dir also nicht den Kopf darüber.«

Dann schilderte ich Damien meinen Amerikabesuch und meine Rede über die aktuelle Krise in Darfur. Auch dort wurden schwarze Afrikaner von arabischen Banditen überfallen, getötet, vergewaltigt, versklavt. Moslems griffen ihre eigenen Glaubensbrüder an – genau wie es meinem Stamm, den Karko, geschehen ist. Damien sagte mir einmal mehr, er sei stolz auf mich. Schließlich sei es mir, einer einfachen jungen Frau ohne nennenswerte Schulbildung, gelungen, mir Gehör zu verschaffen und das Leid meines geschundenen Landes öffentlich zu machen.

Einen komischen Nebeneffekt hatte meine Amerikareise auch noch gehabt: Wieder zurück in meiner kleinen Londoner Wohnung, hatte ich einen Anruf von einem Mann aus Michigan erhalten. Es stellte sich heraus, dass er Nuba war und von mir in der Zeitung gelesen hatte. Als er im Internet Fotos von mir entdeckte, hatte er sich angeblich sofort in mich verliebt. Vier Stunden lang bearbeitete er mich am Telefon, weil er mich in London besuchen und gleich heiraten wollte. Aber ich hatte ihm geantwortet, er solle nichts überstürzen; tatsächlich gab es da eine gescheiterte Liebesgeschichte, über die ich noch nicht hinweg war und die ich erst noch verarbeiten musste.

In London hatte ich mich häufig sehr einsam und isoliert gefühlt, da ich die Stadt als riesige und unwirtliche Betonwüste empfand. Niemand hier lächelt einem Fremden zu oder begrüßt ihn. Und so sehnte ich mich danach, zu jemandem zu gehören. Ich wollte einen einfühlsamen und sympathischen Mann finden, der mich liebte, wollte heiraten und eine Familie gründen. Vor drei Jahren hatte ich dann tatsächlich einen netten Nuba kennengelernt, der mir Liebe schwor und mich bat, seine Frau zu werden. Allzu gerne hätte ich ihm geglaubt – doch ich musste erfahren, dass er bereits Frau und Kinder hatte, eine Erkenntnis, die mir fast das Herz brach. Es war die weite Entfernung von meiner Familie und das Wissen, dass ich sie vielleicht nie wiedersehen würde, die mich umso verzweifelter nach einem Partner suchen ließen.

»Er will, dass ich ihm noch mehr Fotos maile«, erzählte ich Damien. »Aber ich habe ihm erklärt, dass ich keinen Computer habe. Er traute seinen Ohren nicht. Wie könnte jemand, der so viel herumreist und auf der ganzen Welt Reden hält, keinen Computer besitzen? Er war kaum abzuwimmeln. Na ja, ich habe ihm gesagt, ich würde nach meiner Reise in die Nubaberge vielleicht über einen Besuch und eine Ehe nachdenken.«

Damien lachte. Da hörte ich hinter mir eine Stimme: »Was höre ich denn da, Mende? Hochzeit?«

Als ich mich umdrehte, erkannte ich das vertraute Gesicht von Hannah Lewis, Damiens Cousine, die mich spitzbübisch angrinste. Hannah ist klein und zierlich und hat langes blondes Haar und blaue Augen. Damien mit seinem dunklen, leidenschaftlichen Blick und seinem schwarzen Lockenschopf sieht ihr gar nicht ähnlich. Hannah ist einer der nettesten und gelassensten Menschen, die ich kenne, und sie hat mir sehr geholfen, mich in London zurechtzufinden. Sie umarmte mich fest und verkündete, sie sei schon fürchterlich aufgeregt wegen der bevorstehenden Reise. Da Hannah an der Produktion eines Dokumentarfilms über mein Leben beteiligt war, würde sie uns in den Sudan begleiten.

Hannah, Damien und ich setzten uns an einen Tisch, um zu essen. Als ich die Speisekarte studierte, konnte ich nichts entdecken, worauf ich wirklich Appetit hatte. Obwohl ich den ganzen Tag gefastet hatte und mir mächtig der Magen knurrte, hatte ich weder Lust auf ein Steak noch auf ein dickes Stück Lammfleisch. Hannah ist Vegetarierin, und das vegetarische Gericht – Gemüse, mit Blauschimmelkäse überbacken – klang interessant. Wir beide bestellten dasselbe. Beim Essen erzählte mir Damien, er habe eine CD mit Fotos von seiner letzten

Reise nach Julud mitgebracht und wolle die Bilder ausdrucken lassen, damit wir sie im Sudan an die Fotografierten verteilen konnten. Da ich sie selbst noch nicht kannte, war ich sehr neugierig darauf.

»Hannah, du hast sicher deinen Laptop dabei«, sagte Damien. »Glaubst du, wir könnten ihn anwerfen und Mende die Fotos zeigen?«

Das erste Bild war eine Nahaufnahme eines Ringers mitten im Kampf. Sein dunkles Gesicht wurde von einer streifenförmigen weißen Kriegsbemalung geziert.

Ich rückte meinen Stuhl näher heran. »Oh, was für ein attraktiver Mann«, sagte ich. »Er hat eine wunderschöne Farbe.«

»Ein fescher Bursche, das steht fest«, witzelte Hannah. »Du wirst dich dort vor schönen Männern nicht retten können, Mende.«

Als Hannah immer mehr Fotos von Ringern aufrief, fühlte ich mich wieder in meine Heimat und in meine Kindheit zurückversetzt. Der Frontline Club verschwamm; um mich herum erstanden die schroffen, felsigen Nubaberge. Ich konnte das Stöhnen und Schreien der Kämpfenden, die Jubelrufe der Zuschauer und das hypnotische Schlagen der Trommeln hören. Der trockene Staub, aufgewirbelt von den Füßen der Männer, klebte mir auf der Zunge. Ich roch den Schweiß, der auf ihren angespannten Körpern glänzte. Der Duft des Öls, mit dem meine Mutter mich eingerieben hatte, damit ich hübsch aussah, stieg mir in die Nase, und ich spürte wieder die eingeflochtenen Perlen in meinem Haar.

Zuletzt war ich im Alter von neun Jahren bei einem Ringkampf gewesen, wie alle anderen Mädchen nackt bis auf die Perlenschnüre, die meinen Körper schmückten. Mein jüngster Bruder Babo war von einem Mann herausgefordert worden, der fast doppelt so groß war wie er, und er hatte trotz meiner eindringlichen Warnung angenommen. Eine schiere Ewigkeit umkreisten sich die beiden Kontrahenten und gingen immer wieder aufeinander los, während ich die Hände vors Gesicht schlug, weil ich nicht hinschauen konnte. Ich war sicher, dass Babo unterliegen und schwere Verletzungen davontragen würde. Einige Male sah es ganz danach aus, als würde der dicke Mann Babo über die Schulter werfen, und die Zuschauer stöhnten entsetzt auf. Doch schließlich gelang es Babo, seinen Gegner zu überlisten, ihn zum Stolpern zu bringen und ihn in den heißen Sand zu schleudern. Eine riesige Staubwolke stieg auf, und der Jubel des Publikums übertönte die Geräusche aller anderen Duelle.

Danach fand ein großes Fest statt. Babo wurde zum *kul*, zum Ringmeister, ernannt. Später wurden Babo und der dicke Mann, der Shadal hieß, gute Freunde. Shadal fand heraus, dass mein Vater schon seit Jahren ein *kul* und einmal der beste Ringer unseres Stammes gewesen war. Dass Babo so ein fähiger und tapferer Kämpfer war, hatte er nur den geduldigen Anweisungen meines Vaters zu verdanken. Wenn Shadal unser Dorf besuchte, saßen er und Babo oft stundenlang im Männerhaus und hörten zu, wie *ba* ihnen von seinen Erlebnissen als Ringer erzählte.

Doch ganz gleich, wie tapfer ein Nuba auch sein mochte, er hatte mit seinem Speer und seinem Lederschild keine Chance gegen die arabischen Milizen, die die Nubadörfer mit Maschinengewehren überfielen. Die Männer, die sich den Mörderbanden mutig entgegenstellten, wurden niedergeschossen, und nur wer stark und schnell war, schaffte es, in die Hügel zu fliehen …

»Schau, da ist ein Foto von deiner Familie«, sagte Damien und versetzte mir einen Rippenstoß.

Mir verschlug es vor Freude die Sprache. Das Bild zeigte meine geliebte Mutter mit einem malvenfarbenen Schal, grauen Wollsocken und Sandalen. Da Damiens Besuch in Julud während der kalten Jahreszeit stattgefunden hatte, hatte sich meine

Mutter wie immer warm eingepackt. Sie saß neben meiner Lieblingsschwester Shokan, der Ältesten. Die beiden schnitten gerade Zwiebeln und bereiteten offenbar eine große Mahlzeit vor, die für alle Anwesenden reichen sollte. Diese Großzügigkeit und Gastfreundschaft war typisch für sie.

Weitere Fotos folgten: mein jüngerer Bruder Babo, mein Onkel Foneshir und noch mehr Aufnahmen von meiner Mutter und meiner Schwester. Meine ganze Familie hatte die langen Kriegsjahre, die Kämpfe und die Überfälle auf die Nubadörfer überlebt und es geschafft, sich vor den Milizen in die umliegenden Berge zu flüchten. Es war eine Gnade Gottes, ein riesiges Glück. Allerdings war meine Mutter bei einem Überfall verwundet worden und nach einem Schlag auf den Kopf auf einem Ohr taub.

Als ich die Bilder betrachtete, fühlte ich mich wieder wie im Schoß meiner liebenden Familie und war emotional so aufgewühlt, dass ich gleichzeitig hätte weinen und lachen können. Ich fragte mich, ob ich sie wirklich, wirklich wiedersehen würde. Es schien so irreal, hier an diesem Tisch in London: Würde ich tatsächlich in einigen Tagen in der Heimat meiner Kindheit, in meinen Nubabergen stehen? Jeden Moment befürchtete ich, dass mein Traum zerplatzen könnte wie eine Seifenblase.

Und noch etwas machte mir Sorgen, das jedoch nichts mit der drohenden Lebensgefahr zu tun hatte und das ich meinen Freunden verschwieg, weil ich es mir selbst nicht einzugestehen wagte: Ich war sehr lange von meiner Familie getrennt gewesen. Wie würden wir nach all den Jahren miteinander auskommen? Was würde meine Familie von mir und meinem jetzigen Leben halten? Hatten wir uns inzwischen vielleicht zu weit voneinander entfernt? Hatte unsere enge und liebevolle Beziehung nicht doch während meiner Zeit im Ausland Schaden genommen? Würde ich meiner Familie so fremd erscheinen wie ein Zwitterwesen, das weder wirklich in den

Westen noch in sein Heimatland gehörte? Die Angst krampfte mir das Herz zusammen.

Früh am nächsten Morgen wurde ich von einem Anruf geweckt. Es war Hannah, und was sie sagte, bestätigte mir, dass meine Furcht vor Komplikationen nicht unbegründet war: Zu meiner Bestürzung erfuhr ich, dass der Treffpunkt mit meiner Familie verlegt worden war. In Julud sei es inzwischen sowohl für uns als auch für meine Freunde nicht mehr sicher genug. Unser neues Ziel sei eine andere Ortschaft in den Nubabergen namens Kauda. Vor Schreck fiel ich aus allen Wolken.

»Warum? Warum wird in letzter Minute alles wieder umgeworfen?«, fragte ich verdattert. »Ich habe mich doch auf Julud eingerichtet …«

Hannah erwiderte, Mariella, die deutsche Fernsehproduzentin, sei bereits im Sudan und habe dort die Information erhalten, dass es in Julud zu gefährlich für uns sei. Deshalb habe sie sich für Kauda entschieden.

Ein Flugzeug dorthin umzudirigieren mochte vielleicht kein Problem sein, aber für mich und meine Familie stand weitaus mehr auf dem Spiel. Es war schon kompliziert genug gewesen, ihnen ausrichten zu lassen, dass sie nach Julud kommen sollten. In zwei Tagen würde ich Großbritannien verlassen und hatte keine Ahnung, wie ich sie zuvor noch erreichen sollte.

Gleich nach diesem Telefonat versuchte ich deshalb, meinen Bruder Kwandsharan anzurufen. Zum Glück war die Verbindung gut. Doch als ich ihm erklärte, dass wir umdisponiert hatten, wurde mir klar, dass ich nichts von der geographischen Lage der beiden Ortschaften wusste.

»Was? Warum erzählst du mir das erst jetzt?«, rief Kwandsharan aus. Kurz herrschte Schweigen in der Leitung.

»Bis nach Kauda ist es viel weiter«, fuhr er dann fort. »Für die Karko gehört Julud gewissermaßen zur Nachbarschaft, und außerdem wohnen dort viele Mitglieder unseres Stammes. Kauda hingegen liegt auf der anderen Seite in den östlichen Bergen.«

Bedrückt schüttelte ich den Kopf. »Und wie sollen sie dort hinkommen?«

»Das weiß der Himmel«, antwortete Kwandsharan. »Und soll ich dir sagen, was das größte Problem ist? Wir haben noch Regenzeit, die Straßen sind praktisch unpassierbar. Wie sollen sie den ganzen weiten Weg nach Kauda schaffen?«

Ich hatte keine Antwort.

Nach dem Telefonat legte ich mich wieder ins Bett. Meine Gedanken überschlugen sich. Zum ersten Mal musste ich die Möglichkeit ins Auge fassen, dass meine so lange geplante Reise nach Hause vielleicht mit einer Enttäuschung – oder noch Schlimmerem – enden würde. Zudem flüsterte eine beharrliche Stimme in meinem Kopf, dass es nicht richtig war, meinen Eltern solche Strapazen zuzumuten: überschwemmte, unbefahrbare Straßen, ausgetrocknete Flussbetten, die sich in reißende Ströme verwandelt hatten, und eine lange Fahrt durch ein gefährliches Kriegsgebiet. Und nun kam als weitere Erschwernis noch ein unbekannter Treffpunkt hinzu. Konnte ich wirklich von ihnen verlangen, dass sie sich derartigen Risiken aussetzten, nur um mich wiederzusehen?

Ich versuchte meine Befürchtungen beiseitezuschieben und verbrachte den restlichen Tag damit, in London herumzuhetzen und noch in letzter Minute Geschenke zu kaufen. Anschließend ging ich früh zu Bett, da ich dringend Ruhe brauchte. Doch mitten in der Nacht wurde ich vom Telefon geweckt. Es war Kwandsharan. Mit klopfendem Herzen umklammerte ich den Hörer und fragte mich, welche Neuigkeiten er wohl haben mochte.

»Ich habe Babo erreicht«, verkündete er. »Es klingt nicht gut. Babo hält es für zu riskant und findet, dass ihr bei Julud als Treffpunkt bleiben solltet. Kauda ist viel zu weit entfernt; die

Straßen sind sehr schlecht. Aber wenn es gar keine Alternative gibt, werden sie es trotzdem versuchen.«

Außer mir vor Zorn und Verwirrung, legte ich den Hörer weg und starrte an die Wand. So lange planten wir schon diese Reise. Warum nur passierte so etwas am Vortag des Abflugs? Über meinem Bett hing ein Foto von meinen Eltern. Ich berührte es mit den Fingerspitzen. Wir hatten ganz dicht davor gestanden, einander wiederzusehen und uns in die Arme schließen zu können. Und jetzt richtete jemand in letzter Minute ein heilloses Durcheinander an.

2
Nach Afrika

Am nächsten Morgen stand ich spät auf und fing an zu packen. Während ich Kleider in meinen Koffer stopfte, betrachtete ich immer wieder die Geschenke für meine Familie. In einem afrikanischen Laden in Shepherd's Bush hatte ich ein paar wunderschöne Schals für meine Mutter und meine Schwester gekauft. Der eine war leuchtend rot und weiß, der andere wies alle Farben des Regenbogens auf, der dritte war in einem intensiven Türkiston gehalten und mit bunten Blumen bestickt, und der vierte war tief goldbraun wie das Fell eines Löwen. Nicht schlecht – wenn es auch hier im Westen noch so viele andere Dinge des täglichen Gebrauchs gab, für die meine Eltern Verwendung gehabt hätten. Doch nun war ich einfach zu müde und zu nervös zum Einkaufen.

Als ich weiter überlegte, was ich ihnen mitbringen könnte, um ihnen wirklich eine Freude zu machen, fiel mir plötzlich etwas ein. Bei unseren seltenen Telefonaten – nur möglich, wenn meine Leute die Nubaberge verließen und in die nächstgrößere Stadt fuhren – war mein Lebenswandel in London stets ihre größte Sorge gewesen. Sie wussten, dass ich allein wohnte und weder Mann noch Kinder hatte – unerhört für eine Nubafrau meines Alters. Hinzu kam, dass ich – unvorstellbar für sie – mit dem Flugzeug in der Welt herumreiste, Vorträge bei Kongressen hielt und im Fernsehen auftrat. Für sie musste das aussehen wie das Leben einer Außerirdischen.

Deshalb beschloss ich, alle Fotos mitzunehmen, die ich im Laufe der Jahre angesammelt hatte, um sie meiner Familie zu zeigen und ihnen so gut wie möglich einen Eindruck von meinem Alltag zu vermitteln. Bald türmte sich ein großer Haufen von Bildern verschiedener Größe, die mich allein oder mit meinen Londoner Freunden zeigten – Schnappschüsse und Pressefotos –, auf dem Boden meines Schlafzimmers. Ich war sicher, dass meine Eltern sich darüber freuen würden. So hatten sie wenigstens etwas, um sich an mich zu erinnern.

Danach ging ich ins Bad, um meine Nubaperlen zu holen, die unbedingt mit auf die Reise mussten. Das eine Kettchen, sehr zart und aus grünen, violetten und blauen Perlen, hatte Damien mir von seinem ersten Besuch in Julud mitgebracht. Außerdem besaß ich noch eine schlichte Kette aus schwarzweißen Perlen, die Peter Mozynsky, ein Engländer, der für die Rechte der Nuba eintritt, mir nach einem Besuch in den Nubabergen geschenkt hatte. Normalerweise trug ich diese Ketten nur zu besonderen Anlässen, da sie für den Alltag viel zu kostbar waren.

Anschließend nahm ich meinen Kaurimuschel-Gürtel aus dem Schrank. Der Gürtel bestand aus einem schlichten schwarzen Baumwollstreifen, auf den in Reihen abwechselnd schimmernd weiße Kaurimuscheln und winzige blaue Perlen aufgenäht waren. In der Tradition der Nuba trägt man einen Kaurimuschel-Gürtel zum *barandea* und *barangot*, einer der wichtigsten Feierlichkeiten des Jahres, bei der die jungen Männer vom *kujur* – dem Schamanen – beschnitten werden. Genaugenommen weiß ich nicht, ob die tatsächliche Operation wirklich während dieser Zeremonien stattfindet, da ich als Frau einer Beschneidung nicht zusehen darf. Jedenfalls schwingt der *kujur* bei der Feier eine große Axt, die sich in meinen Augen schlecht für eine Beschneidung eignet …

Die jungen Männer, die beschnitten werden sollen, nennt man *barangot*, die jungen Mädchen *barandea*. Während der Festlichkeiten, die einen Monat dauern, werden *barangots* und *barandeas* zu Paaren zusammengestellt. Die Rolle der *barandeas* besteht darin, so hübsch wie möglich auszusehen. Sie schmücken sich mit unzähligen Perlenschnüren, ölen ihre Haut und tragen den zeremoniellen Kaurimuschel-Gürtel. Die *barangots* müssen stark und männlich wirken, ringen und rituelle Tänze aufführen. Die Nächte verbringen die jungen Leute draußen im Wald, und zwar in jeweils abgetrennten Bereichen für die Jungen und Mädchen.

Jedem *barangot-barandea*-Paar wird ein kleines Mädchen von sechs oder sieben Jahren zugeordnet, das *kandaran* heißt. Ihre Aufgabe ist es, die beiden mit Wasser, Lebensmitteln und sonst allem Lebensnotwendigen zu versorgen. Jeder Teilnehmer, jede Teilnehmerin an dieser Zeremonie – *barangot*, *barandea* und *kandaran* – muss die ganze Zeit über einen zeremoniellen Stab bei sich führen, der auf seine oder ihre Rolle hinweist und mit kunstvollen Schnitzereien und eingebrannten Tier- und Menschenfiguren verziert ist. Andernfalls könnte die einmonatige Zeremonie ihre magische Kraft verlieren.

Während die *barandeas* und die *kandarans* in den Hügeln ein Festmahl zubereiten, versammeln sich die *barangots* und verbringen den Tag damit, den rituellen Tanz namens *touche* einzuüben und sich auf den letzten Teil der Zeremonie einzustellen. Beim Tanzen stampfen die Männer mit den Füßen. Die Frauen wiegen sich im Takt und halten den Stab hinter dem Rücken verborgen. Am letzten Tag des Monats ziehen alle – *barangots*, *barandeas* und *kandarans* – in einer Prozession vom Haus des einen *kujur* zum nächsten. Nachdem jeder *kujur* die Geister angerufen hat, ist das Fest vorbei.

Falls ich die Nubaberge tatsächlich wiedersehen sollte, wollte ich meine Perlenkette und den Muschelgürtel anlegen und sie dauernd tragen, um meinen Eltern eine Freude zu machen. Sie sollten sehen, dass ich trotz meiner westlichen Kleidung im Grunde meines Herzens noch ein Nubamädchen war. Sie sollten wissen, dass ich mich nicht verändert hatte. Ich schlang mir die Perlenketten um den Hals, betrachtete mich im Spiegel und

beschloss, sie gleich anzubehalten. Sicher würden sie mir Glück bringen.
Dann warf ich einen letzten Blick in den Koffer. Alles war gepackt. Ich machte noch eine Runde durch meine Wohnung, zog den Stecker der Kochplatte und schaltete die Gasheizung ab. Im letzten Moment griff ich nach dem Foto von meinen Eltern, küsste es unter Tränen und betete darum, dass ich sie mit Gottes Hilfe bald in die Arme schließen würde. Hoffentlich würde alles gutgehen.

Es läutete an der Tür. Als ich in den Flur hinaustrat, erkannte ich Hannah durch die Glasscheibe der Eingangstür. Bevor wir mein Gepäck ins Auto luden, bat ich sie noch, mit ihrer Digitalkamera ein paar Fotos von meiner Wohnung zu machen, damit ich sie meiner Familie zeigen konnte. Es dauerte nicht lang, denn schließlich habe ich nur ein kleines Wohnzimmer, eine winzige Küche, ein Badezimmer und ein Schlafzimmer mit Blick auf den Garten. Und doch: Es ist ein Schloss, verglichen mit meinen Behausungen als Sklavin.
Auf der Fahrt in die Innenstadt öffnete der Himmel seine Schleusen, und es begann heftig zu regnen. Eine Stunde später hatten wir uns rettungslos verfahren. Wir konnten kein Straßenschild entdecken, das uns weitergeholfen hätte, und Hannah hatte vergessen, auf welcher Seite des Faltplans sich unser Ziel befand. Ich war völlig ratlos. Für mich sieht die Riesenstadt London nämlich überall gleich aus, und wenn ich nicht mit Bus oder U-Bahn unterwegs bin, habe ich nicht die geringste Orientierung. Nervös saß ich auf dem Rücksitz und wusste nicht, was ich tun sollte. Als ich durch die beschlagene Scheibe spähte, erinnerte mich der Londoner Regen an den, der zurzeit in den Nubabergen wütete. Würde meine Familie es schaffen, sich zu mir durchzuschlagen?
Endlich fanden wir den Frontline Club, wo Damien bereits an der Tür stand und ungeduldig Ausschau nach uns hielt. Neben

ihm erkannte ich Hagen, den hochgewachsenen blonden Kameramann aus Deutschland, dem ich bereits einige Male begegnet war. Wir luden unsere Taschen ins Taxi, und es gelang uns, die verlorene Zeit aufzuholen.
Bei unserer Ankunft am Flughafen waren die neuen Sicherheitsbestimmungen unsere größte Sorge. Nur ein kleines Handgepäckstück war erlaubt, das allerdings keine Flüssigkeiten enthalten durfte. Wir stellten uns am Check-in-Schalter an, wo ich meinen britischen Pass aus der Tasche holte. Er war erst knapp vier Monate alt und bedeutete mir unbeschreiblich viel. Der Tag, an dem ich ihn endlich erhielt, war einer der stolzesten meines Lebens gewesen. Als er mit der Post eintraf, konnte ich das Kuvert vor lauter Aufregung nicht öffnen und nahm es deshalb mit in den Frisiersalon, wo ich als Anlernkraft in Teilzeit arbeite. Ich bat TJ, eine Kollegin aus Eritrea, es für mich aufzumachen. Sie riss den braunen Umschlag auf und reichte mir mit einem breiten Lächeln das kleine Büchlein.
Immer wieder drehte ich den Pass hin und her und musterte ihn ehrfürchtig. Vorne auf dem Einband standen die Worte »Passport – United Kingdom of Great Britain & Northern Ireland«. Außerdem waren in Gold ein Löwe und ein Einhorn eingeprägt, die um die britische Krone kämpfen.
»Jetzt bist du Britin!«, verkündete TJ feierlich. »Genau wie ich.« Sie hatte ihren Pass vor einem Jahr bekommen.
Unter Tränen hielt ich den Pass in den Händen, wohl wissend, wie wichtig dieses kleine Büchlein für mich war. Jetzt, nach so vielen Jahren, hatte ich die Möglichkeit, meine Heimat zu besuchen.

Vorne in der Schlange angekommen, legte ich meinen Pass auf die Theke neben die Ausweise von Hannah, Hagen und Damien. Endlich war ich keine Bürgerin zweiter Klasse mehr, die mit einem Flüchtlingsausweis reisen musste.
Damien griff danach. »Spitze! Da ist er ja.«

Ich lächelte stolz. Doch dann stieß er auf das Foto. »Ach, herrje! Was haben sie denn da mit dir gemacht, dass du so verboten aussiehst?«
Ich grinste, weil ich wusste, dass er mich nur aufheitern wollte, denn angesichts der bevorstehenden Abreise wuchs meine Anspannung. Noch dazu hatte er recht. Das Foto war wirklich grässlich.
»Ich kann nichts dafür«, protestierte ich. »Auf dem ersten Foto habe ich glücklich gelächelt. Aber sie haben es mir zurückgeschickt, weil man auf einem Passfoto nicht lächeln darf. Ich müsse ernst aussehen und die Augen weit aufmachen.«
Hannah griff nach meinem Pass und begutachtete das Bild. Aber offenbar fiel auch ihr nichts Schmeichelhaftes dazu ein. »Wirklich nicht übermäßig. Trotzdem wirst du die nächsten zehn Jahre damit leben müssen.«
Damien hatte ein Päckchen mit Ausgaben meines ersten Buches, *Sklavin*, unter dem Arm. Da sein Koffer zu voll war, fragte er mich, ob ich vielleicht noch Platz in meinem hätte. Ich legte ihn auf den Boden und machte ihn auf. Sofort fielen einige Kleidungsstücke heraus – und auch Uran, meine Teddybärin. Uran – in der Sprache der Nuba bedeutet das Wort »schwarz« – war der Name der Katze gewesen, die ich als Kind gehabt hatte. Der Tag, an dem Uran Kätzchen zur Welt brachte, war der glücklichste meines Lebens gewesen. Aber meine Mutter verschenkte sie, ohne es mir zu erzählen. Ich suchte die Kätzchen überall, bis ich eines unserer Nachbarskinder mit ihnen spielen sah. Aber ich verzieh meiner Mutter bald, vor allem als ich bemerkte, wie wohl sich Urans Katzenkinder in ihrem neuen Zuhause fühlten.
Bei meiner Ankunft in London viele Jahre später hatte ich wieder eine Uran bei mir. Es war ein winziges gelbes Teddybärchen, von einem Kind verloren, von mir gefunden – aber ich stellte mir vor, es sei die Katze aus meiner Kindheit. Ich nahm das Bärchen überall mit hin – zum Sprachkurs für Asylbewerber,

zum Einkaufen und sogar auf Flugreisen. Es hatte mich über schlimme Zeiten hinweggetröstet. Wenn ich einen Vortrag halten musste oder von den Medien interviewt wurde, hatte ich es in der Tasche. Jeden Abend erzählte ich ihm von meinem wunderschönen Leben in den Nubabergen.

Allerdings war es nicht das Stofftier von damals, das jetzt in meinem Koffer lag. Als Damien den Teddybären sah, fielen ihm fast die Augen aus dem Kopf.

»Was um Himmels willen ist denn das?«, entsetzte er sich.

»Nun ... das ist Uran«, erwiderte ich.

Er blickte mich an. »Nein, ist es nicht – es sei denn, Uran wäre zu einer Art Ungeheuer mutiert. Die echte Uran würde in den linken Fuß dieses Dings passen!«

Ich sah ihn bedrückt an. »Ich weiß. Aber die kleine Uran habe ich verloren.« Ich erklärte ihm, wie das passiert war.

Damals wohnte ich bei Joe und Nellie Erlander. Joe war Überlebender des Holocaust, dessen Eltern kurz vor dem Zweiten Weltkrieg aus Deutschland geflohen waren. Bei ihrer Ankunft in England hatten sie nur besessen, was sie am Leibe trugen – und ihr nacktes Leben. Viele ihrer Verwandten hatten weniger Glück gehabt.

Während ihrer Zeit als mittellose Flüchtlinge in Wales waren die Erlanders zur Zielscheibe fremdenfeindlicher Schmähungen geworden, denn die Nachbarn hatten sie – Ironie des Schicksals – als Nazis beschimpft. Deshalb wusste Joe nur zu gut, wie sehr man unter den Vorurteilen dummer Mitmenschen leiden kann, und was es hieß, zur Zielscheibe eines mörderischen Rassismus zu werden.

Joe hatte mein Buch gelesen und war zu Tränen gerührt gewesen. In seinen Augen bedeutete der Völkermord an den Nuba und anderen schwarzen Afrikanern im Sudan, dass sich die Geschichte wiederholte. Also beschloss er, etwas zu unternehmen, und das Erste, was ihm dazu einfiel, war, mir eine

Unterkunft zur Verfügung zu stellen. Und so kam es, dass Joe mir einen Brief schrieb und mir ein Zimmer in seiner Londoner Wohnung anbot. Er verbrachte nur einen Teil des Jahres dort und lebte sonst mit seiner Frau in einem Bauernhaus in Nellies Schweizer Heimat. Damals wohnte ich gerade einsam, verlassen und unter schrecklichen Bedingungen in einem Asylbewerberheim und war völlig verzweifelt. Deshalb ergriff ich die Gelegenheit sofort beim Schopf.

Hin und wieder kamen Joe und Nellie mich besuchen, da Joe Geige spielte und mit Orchestern überall in Großbritannien auftrat. Wenn wir die Wohnung miteinander teilten, behandelten Joe und Nellie mich wie ihre eigene Tochter. Sie hatten zwar Kinder, doch die waren alle schon erwachsen und von zu Hause ausgezogen. Während ihrer Aufenthalte in der Schweiz vermieteten Joe und Nellie das zweite Zimmer, und so hatte ich schon mit einer irischen Krankenschwester und einer Reihe junger Neuseeländerinnen zusammengewohnt.

Während meiner Zeit bei den Erlanders hielt ich bei einer Konferenz im Osten von England eine Rede, eine meiner ersten, und auf dem Rückweg quer durch London vergaß ich in meiner Erleichterung meine Tasche im Bus. Als ich den Verlust bemerkte, war ich außer mir. Die anderen Sachen in der Tasche spielten keine Rolle – mir kam es nur auf Uran an. Einige Tage ließ ich mich von Joe und Nellie zum Fundbüro am Busbahnhof begleiten. Doch die kleine Uran tauchte nie wieder auf. Das war der Grund, warum ich jetzt ein neues Uran-Exemplar bei mir hatte; mir ebenso lieb, aber um ein Vielfaches größer!

Nach dem Einchecken stellten wir uns mit unserem Handgepäck an der Sicherheitsschleuse an. Während wir uns langsam vorwärtsbewegten, bemerkte ich an der Seite einen Tisch, auf dem sich Berge von Cremetuben, Wasserflaschen, Limodosen, Schokoladentafeln, Äpfeln und Orangen türmten – alles Dinge, die man jetzt nicht mehr mit an Bord nehmen durfte. Es war noch immer Ramadan. Ich hatte seit Tagesanbruch gefastet, und mir knurrte entsetzlich der Magen. Die Sonne war gerade untergegangen. Hungrig betrachtete ich die vielen aussortierten Lebensmittel und Getränke. Dann griff ich nach einer Orange, hielt sie mir an die Nase und atmete den frischen Zitrusduft ein. Ich fragte mich, was die Leute hinter mir wohl sagen würden, wenn ich die Frucht einfach schälte und hineinbiss …

Ich schnappte mir eine und grinste meine Begleiter an. »Hmmm … sie ist reif … und duftet so köstlich. Glaubt ihr, ich habe Zeit, sie zu essen, bis wir dran sind?«

»Aber klar«, meinte Hannah. »Lass sie dir schmecken.«

Ich fing an, die Orange mit den Zähnen abzuschälen, und bohrte ein Loch hinein, um den Saft herauszusaugen. Die Leute um uns herum beobachteten mich neugierig, und einige fingen zu lachen an. Aber das war mir egal. Die Orange schmeckte so gut. Nachdem ich sie leergesaugt hatte, legte ich sie zurück auf den Tisch.

Dann entdeckte ich eine köstlich aussehende Banane und strich über die glatte Schale. »Ich darf nicht vergessen, für meine Eltern welche zu kaufen.«

»Bananen?«, wunderte sich Damien.

»Ja. Die gibt es in den Nubabergen nicht.«

Als Hannah sich erkundigte, welche Jahreszeit momentan in den Nubabergen herrschte und wovon wir uns in Julud ernähren würden, musste ich einen Moment nachdenken. Es war Oktober, das Ende der kalten Jahreszeit nach dem Regen. In der Nubasprache nennen wir diese Zeit *cornoh*.

Ich lächelte breit. »Es ist Erntezeit. O ja! Es wird frischen Mais und saftige Gurken geben und Zuckerrohr, so süß, dass man es auslutschen kann. Aber am meisten freue ich mich auf die Maiskolben. Weißt du noch, Damien? Reihe um Reihe.«

Damien nickte grinsend. Als ich bei ihm und seiner Familie gewohnt hatte, hatte ich ihm beigebracht, Maiskolben so zu verspeisen, wie wir es zu Hause taten, und zwar, indem man die süßen Körner reihenweise quer abknabberte, bis der Kolben vollständig leergenagt war.

Irgendwie schafften es Damien und Hagen unter Aufbietung ihres gesamten Charmes, mit der gesamten Kameraausrüstung die Sicherheitskontrolle zu passieren. Als ich es mir für den langen Flug in meinem Sitz bequem machte, sprang der Bordlautsprecher an.

»Willkommen an Bord dieses Kenya-Airways-Fluges. Gleich sind wir in der Luft und werden Paris überfliegen. Von dort aus geht es weiter über Europa und nach Afrika in den sudanesischen Luftraum ...«

Als ich den Namen meines Landes hörte, machte mein Herz vor Freude einen Satz, auch wenn sich eine fast unerträgliche Bangigkeit unter die Aufregung mischte. Nun hatte meine Reise tatsächlich begonnen. Ganz gleich, wie sie ausgehen mochte, ich war auf dem Weg nach Hause. Trotz all meiner Ängste und Befürchtungen wegen der Gefahren, die vor uns lagen, und Sayeds Warnungen vor bewaffneten Milizen und unbekannten Mördern gab es jetzt kein Zurück mehr. Ich sprach ein stilles Gebet, in dem ich darum bat, dass wir wohlbehalten ankommen und dass meine Eltern den Treffpunkt ohne tragische Zwischenfälle erreichen würden. Denn wenn ihnen etwas zustieß, würde ich mir das nie verzeihen können.

Sobald das Anschnall-Zeichen verlosch, stand ich auf, um zur Toilette zu gehen. Damien sah mich an. Ich wusste schon, was jetzt kam.

»Du spülst besser nicht runter, sonst wirst du noch aus der Maschine gesaugt«, neckte er mich.

»Ha!« In gespieltem Ärger schüttelte ich den Kopf. »So naiv bin ich nicht mehr. Inzwischen kenne ich mich aus mit Flugzeugen.«

Als ich vor vielen Jahren mit dem ersten Flug meines Lebens

vom Sudan nach Großbritannien gekommen war, hatte ich eine Todesangst vor dem Fliegen gehabt und mich mit dem Gedanken getröstet, die Maschine würde unterwegs immer wieder anhalten wie ein Zug. Also wartete ich stundenlang ungeduldig ab, um am nächsten Bahnhof endlich auf die Toilette gehen zu können. Ansonsten, befürchtete ich, würde ich während des Fluges aus der Maschine gezogen werden …

Flugerfahren, wie ich nunmehr war, verschlief ich trotz meines Gefühlsaufruhrs den Großteil des Fluges nach Nairobi. Die letzten Tage waren für mich wie eine Achterbahnfahrt gewesen, und ich war hundemüde. Deshalb zog ich mir die Decke über den Kopf, um es hübsch dunkel zu haben, rollte mich zusammen und wachte erst bei der Landung wieder auf. Ich hatte sogar das Frühstück verpasst, weil die Stewardess mich hatte schlafen lassen. Es quietschte und rumpelte, als das Fahrwerk den Boden berührte, aber da ich nicht am Fenster saß, konnte ich nichts sehen. Im nächsten Moment kam es aus dem Lautsprecher:

»Willkommen auf dem Jomo-Kenyatta-Flughafen, Kenia, Ostafrika …«

Diese Worte machten mir schlagartig bewusst, dass wir tatsächlich auf meinem Kontinent waren. Es hielt mich nicht mehr auf meinem Platz, so dass ich den Sicherheitsgurt öffnete, aufsprang und drei Reihen nach vorne zu Damien lief. Dass die Maschine noch immer die Landebahn entlangraste, nahm ich ebenso wenig wahr wie die entgeisterten Blicke der anderen Passagiere.

»Ich bin in Afrika!«, rief ich Damien unter Tränen zu. »Ich bin wirklich in Afrika!«

Damien lächelte. »Ja – aber du musst dich trotzdem wieder hinsetzen und warten, bis das Flugzeug endgültig steht.«

Bei der Passkontrolle wurde mir wie allen anderen britischen Staatsbürgern ein Ankunftsvisum in den Pass gestempelt. Der Grenzbeamte musterte kurz mein Foto und dann mich.

»Sie müssen Kenianerin sein«, verkündete er. »Willkommen zu Hause.«

»Danke, aber ich komme nicht aus Kenia, sondern aus dem Sudan.«

Er reichte mir meinen Pass über den Schalter. »Nun, Sie sind trotzdem eine afrikanische Schwester. Also *karibudada* – willkommen!«

Der Flughafen war schäbig und spartanisch, wirkte auf mich deshalb aber nur umso afrikanischer. Nachdem wir den Zoll passiert hatten, wurden wir von Taxifahrern und Fremdenführern auf Kundenfang bestürmt. Wir ignorierten sie so gut wie möglich, durchquerten die Ankunftshalle und checkten am Inlandsschalter für den Flug nach Loki ein, die nächste Etappe unserer Reise in den Sudan. Da die Maschine erst um 14:30 ging, hatten wir den ganzen Vormittag Zeit, um uns in Nairobi um unsere Nuba-Visa zu kümmern.

Wir beschlossen, das Gepäck am Flughafen zu lassen, anstatt es nach Nairobi und wieder zurück zu schleppen. Allerdings war die Schlange an der Gepäckaufbewahrung endlos lang. Also suchte Damien sich aufs Geratewohl einen Taxifahrer aus, der uns nach Nairobi bringen sollte. Der Fahrer stellte sich mit einem breiten Lächeln als Sam Ndumia vor. Da er eine Gelegenheit sah, sich ein paar zusätzliche Dollar zu verdienen, erbot er sich, unser Gepäck in seinem kleinen Büro am Flughafen unterzustellen.

»Ich verlange nichts dafür, aber über eine kleine Zuwendung würde ich mich freuen«, fügte er hinzu.

Da wurde mir endgültig klar, dass ich mich wieder in Afrika befand. In London oder New York hätte uns niemand so einen Vorschlag gemacht. Jeder hätte befürchtet, die Koffer könnten Bomben enthalten, oder behauptet, keine Zeit oder keinen Platz zu haben. Hier jedoch gingen die Leute menschlich und hilfsbereit miteinander um. Und wenn sie dabei etwas

dazuverdienen konnten, umso besser. Mir gefiel das Lockere und Flexible daran sehr.
Wir folgten Sam über das Rollfeld, fuhren vier Stockwerke mit einem Aufzug hinauf und gingen einen dämmrigen Flur entlang, der das Gebäude mit dem Bürohaus daneben verband. Mir wurde klar, dass ich nie wieder hier herausfinden würde, falls Sam auf den Gedanken kommen sollte, uns zu berauben und sich mit unserem Gepäck davonzumachen. Allerdings traute ich ihm so etwas keinen Moment lang zu. Er führte uns in ein winziges Büro und forderte uns auf, auf einigen Plastikstühlen Platz zu nehmen.
Unsere Koffer, Fotokisten und Rucksäcke wurden in einer Zimmerecke gestapelt. Sam beteuerte, dass unser Gepäck hier in Sicherheit sei, und begann dann, seine Safarifirma Kanga Tours anzupreisen, die er neben seiner Tätigkeit als Taxifahrer betrieb. Wir müssten unbedingt eine Safari unternehmen, um die faszinierende Wildnis Kenias kennenzulernen. Aber Damien erklärte ihm, wir würden noch am selben Nachmittag nach Loki weiterfliegen, hätten also leider keine Zeit für Sehenswürdigkeiten. Vielleicht würde es ja auf dem Rückweg klappen.
Daraufhin schlug Sam uns vor, seinen Wagen für den ganzen Vormittag zu mieten. Wir könnten damit nach Nairobi zu dem Hotel fahren, wo wir mit der deutschen Fernsehproduzentin verabredet waren, und später zum Flughafen zurückkehren.
Als ich erwähnte, ich wolle mir Haarverlängerungen kaufen und sie, wenn möglich, noch vor der Weiterreise in den Sudan einflechten lassen, erwiderte der unermüdliche Sam, er kenne einen Frisiersalon in der Nähe des Hotels und werde sich um alles kümmern. Wir handelten einen Pauschalpreis aus, mit dem alle zufrieden waren.

Vor einigen Wochen hatte ich eine sogenannte Entkrausungslotion angewendet, von der das Haar einer Afrikanerin

So sollte eine Nubafrisur aussehen

so glatt wird wie das einer weißen Frau. In dem Frisiersalon, wo ich arbeitete, ließen viele schwarze Kundinnen ihre Haare auf diese Weise glätten. Sie empfahlen mir, das auch zu tun, und meinten, mein Haar würde danach viel hübscher aussehen. Außerdem hatte ich den Eindruck, dass die Geschäftsführerin des Salons mich ebenfalls lieber mit glatten Haaren gesehen hätte. Vermutlich empfand sie meine Frisur – meistens ein wilder Lockenschopf – als geschäftsschädigend. Und so gab ich mich schließlich geschlagen. Doch das Ergebnis war schauderhaft, denn ich wirkte jetzt überhaupt nicht mehr wie eine Afrikanerin, aber natürlich auch nicht europäisch. Die Haarverlängerungen waren deshalb meine letzte Rettung.

Sam Ndumia packte uns in seinen Minibus, und wir machten uns auf den Weg nach Nairobi. In der Stadt angekommen, gerieten wir sofort in einen Stau. Autos und Lastwagen schossen, von schwarzen Abgaswolken umwabert, wie verrückt zwischen den Fahrspuren hin und her. Die hiesigen Autofahrer waren offenbar nicht mehr bei Verstand, so dass es mir bis heute rätselhaft ist, warum wir weder Zeugen eines Unfalls noch selbst in einen verwickelt wurden. Da es weder Zebrastreifen noch Ampeln gab, sprangen die Fußgänger einfach wie die Lebensmüden auf die Straße. Unterdessen beugten sich die Autofahrer aus den Fenstern, um andere Verkehrsteilnehmer mit Verwünschungen zu überhäufen, wobei sie das Dröhnen der Motoren und das ständige schrille Gehupe überbrüllen mussten.

Drinnen im Minibus konnten wir unser eigenes Wort kaum verstehen. Dennoch gelang es Damien, aus voller Kehle schreiend, ein Gespräch mit Sam anzuknüpfen, und bald debattierten die beiden angeregt darüber, wie viele Ehefrauen ein Mann haben sollte.

Während Damien meinte, dass eine Frau mehr als genug Anstrengung bedeutete, erwiderte Sam schmunzelnd, für ihn gäbe es da keine Obergrenze.

»Das ist ungerecht«, mischte ich mich ein. »Wenn ein Mann mehrere Frauen haben kann, sollte eine Frau das umgekehrt auch dürfen.«

In gespielter Entrüstung schüttelte Sam den Kopf. »Sie haben zu lange im Westen gelebt und Ihre afrikanischen Wurzeln vergessen, meine Schwester.«

»Aber die Frauen würden sich doch sicher bald gegen den Mann verbünden«, beharrte ich. »Stellen Sie sich so ihr Eheleben vor?«

»Nein, nein«, entgegnete Sam. »Offenbar sind Sie in Europa verdorben worden. Kommen Sie zurück nach Afrika und werden Sie eine meiner Frauen. Dann werden Sie schon sehen!«

Dankend lehnte ich ab. Das konnte ja heiter werden.

Bevor wir die interessante Diskussion fortsetzen konnten, stoppte Sams Taxi vor einem sehr teuer wirkenden Hotel, dem Nairobi Grand Regency. Mariella, die Fernsehproduzentin,

frühstückte gerade im Speisesaal. Obwohl dieser in der Mitte des Hotels lag, befand er sich unter freiem Himmel. Ringsherum ragten sechs Etagen mit Schlafzimmern auf. Wie ihr Bruder Hagen war Mariella sehr attraktiv und hatte hellblondes Haar und leuchtend blaue Augen. Seit über einem Jahr drehten die beiden nun schon einen Film über mein Leben. Mariella war ein Vollprofi und nahm ihren Beruf sehr ernst. Sie hatte die letzten Tage im Sudan verbracht, um alles für unsere Reise zu planen.
Wir setzten uns zu Mariella an den Tisch und bestellten Tee. Irgendwann während unseres Nachtflugs von London hierher hatte der Ramadan geendet. Wir hatten Eid, was hieß, dass ich nicht mehr fasten musste. Als ich den ersten Schluck Tee trank, spürte ich, wie ein paar Wassertropfen auf meinem Kopf landeten.
»Es regnet«, verkündete ich. »Sollen wir uns umsetzen?«
Alle blickten nach oben, und die Kellner, die bemerkten, dass da etwas im Argen lag, näherten sich unserem Tisch. Hagen fing als Erster zu lachen an. Hannah und Damien stimmten ein, während ich mich noch fragte, was da so komisch war. Im nächsten Moment sah ich es ebenfalls: Hoch über mir im fünften Stock goss eine Frau die Blumen. Die Zimmer verfügten alle über einen Balkon, wo offenbar gerade die Blumentöpfe überliefen, so dass das Wasser auf mich heruntertropfte.
Die Kellner schrien die Frau an und wedelten mit den Händen, damit sie aufhörte. Da sie ihre Muttersprache Suaheli benutzten, konnte ich sie zwar nicht verstehen, doch ihre Mienen verrieten mir den Sinn ihrer Worte: *Was machst du da? Du bespritzt die Gäste ja mit Wasser! Du dumme Gans! Lass das!*
Das Gesicht der alten Frau, die ein grünes Kopftuch trug, spähte über das Geländer zu uns hinunter. Als ihr klar wurde, was sie angerichtet hatte, verzog sie besorgt das Gesicht. Mir war es entsetzlich peinlich, dass wir so viel Aufsehen erregten. Schließlich hatte ich doch nur ein paar Wassertropfen abgekriegt.

Hagen und Mariella fingen an, die geplanten Filmaufnahmen zu erörtern. Eines der größten Probleme stellte das Wiederaufladen der Akkus für die Filmkameras dar, da es tief in den Nubabergen keinen elektrischen Strom gab. Deshalb hatten sie Solar-Ladegeräte, zusätzliche Akkugürtel und weitere Utensilien mitgebracht. Aber mir wurden die vielen technischen Details bald langweilig.
Also versetzte ich Hannah einen Rippenstoß. »Meinst du, ich habe noch Zeit, mir die Haare richten zu lassen?«, wollte ich von ihr wissen. Ich hatte das Gefühl, dass ich diese Frage schon zum hundertsten Mal stellte.
Sie seufzte theatralisch auf. »Vermutlich nicht, Mende. Wir werden sehen.«
»Das kann ich problemlos organisieren«, verkündete da Sam Ndumia, der plötzlich hinter mir aufgetaucht war. Er hatte den Wagen geparkt und gesellte sich nun zu uns. »Gleich in der Nähe gibt es einen Frisiersalon, wo vier Friseurinnen auf Abruf bereitstehen.«
»Ich würde gerne mitkommen, Mende«, sagte Hagen. Er sprach ein merkwürdig steifes Englisch mit starkem deutschem Akzent. »Ich bin ein ausgezeichneter Frisurenberater.«
Ich musste lachen. Hagen hatte einen seltsamen, sehr trockenen Humor. Wenn er einen Witz riss, verzog er keine Miene, und wer ihn nicht kannte, nahm deshalb häufig an, dass er es ernst meinte. Während alle anderen vor Lachen platzten, rührte sich kein Muskel in seinem Gesicht. Ich fand ihn unbeschreiblich komisch.
»Okay, was haltet ihr davon?«, schlug Damien vor. »Hannah und Mariella, ihr besorgt die Visa. Ihr könnt Mende und Hagen ja unterwegs beim Friseur absetzen.«
»Und was machst du währenddessen?«, erkundigte ich mich argwöhnisch.
Damien klopfte sich auf den Bauch. »Ich bleibe hier und genehmige mir ein großes Frühstück mit Eiern und Speck.

Freiwillig würde ich in Nairobi keinen Fuß auf die Straße setzen. Diese Stadt hat nicht umsonst den Spitznamen ›Nairobbery‹ – ›Nairäuberei‹. Man kommt keine zehn Schritte weit, ohne dass jemand versucht, einen zu bestehlen.«
»Wir wollen nach Kauda, richtig?«, erkundigte sich Hannah. »Nur damit wir bei der Visumsbehörde nichts Falsches sagen.«
Alle Blicke wandten sich Mariella zu. »Ja, nach Kauda«, bestätigte sie. »Julud kommt aus Sicherheitsgründen nicht mehr in Frage.«
»Was hindert uns denn eigentlich daran?«, wollte ich nun endlich wissen, und der seelische Aufruhr der vergangenen Nächte stellte sich nach diesen Stunden der Entspannung schlagartig wieder ein. »Ich habe riesige Schwierigkeiten, meine Familie zu erreichen. Sie bereiten sich gerade in Karko auf die Abfahrt vor und werden bestimmt nach Julud fahren, weil es so abgemacht war, weil sie es kennen und weil es nicht so weit ist … Ich verstehe einfach nicht, warum wir nicht nach Julud können.«
»Ich bin machtlos dagegen, Mende«, erwiderte Mariella. »Unsere Anweisungen von höherer Stelle lauten, uns von Julud fernzuhalten, weil man dort für unsere Sicherheit nicht garantieren kann.«
Eine Weile herrschte angespanntes Schweigen. »Passt auf«, meinte ich schließlich tonlos. »Ich will keinen einzigen Tag im Sudan verbringen, ohne meine Familie gesehen zu haben. Alles andere ist mir egal.«
»Die Entscheidung liegt nicht bei mir, Mende«, antwortete Mariella. »Wir müssen uns an die Empfehlung der Leute vor Ort halten.«
Verzweifelt rang ich die Hände. »Und was ist mit *meinen* Leuten? Wir können ihnen solche Strapazen nicht zumuten. Sie werden es nie nach Kauda schaffen – der Regen, die Straßenverhältnisse …«

»Warum beruhigen wir uns nicht erst einmal?«, unterbrach Damien. »Mende, ich weiß, dass die Lösung einiges zu wünschen übrig lässt. Aber du musst deine Familie einfach noch einmal anrufen und sie nach Kauda umdirigieren. Ich glaube, wir haben keine Alternative.«
»Leihst du mir dein Telefon?«, fragte ich und schnappte ihm sein Handy weg. Ich versuchte es ein ums andere Mal, doch ich konnte unter keiner Nummer jemanden erreichen. Schließlich klappte ich das Telefon wieder zu. Enttäuschung und Wut standen mir ins Gesicht geschrieben.
»Es funktioniert nicht«, verkündete ich mit zitternder Stimme. »Nirgendwo meldet sich jemand. Und was machen wir jetzt?«
»Wenn du niemanden erreichst, müssen wir eben einen Wagen von Kauda nach Julud schicken, um sie zu holen«, erwiderte Damien ruhig. »Wir werden schon einen Weg finden, damit du deine Familie wiedersiehst. Deswegen sind wir hier.«
»Dann darf ich den Fahrer aber wenigstens begleiten«, beharrte ich. »Ich kann nicht tagelang im Sudan herumsitzen und auf meine Familie warten.«
»Ich bin eher skeptisch, ob das gehen wird«, widersprach Mariella. »Die Sicherheitslage ist viel zu unberechenbar, Mende.«
Damien bat mit einer Handbewegung um Ruhe. »Gut, Mende, versuch weiter, deine Leute anzurufen und sie nach Kauda zu beordern. Uns wird später schon etwas einfallen, mit dem alle zufrieden sind.«
Ich schnaubte und wandte mich an Hagen. »Bist du bereit? Ich möchte mir jetzt die Haare richten lassen.«

Ich war wütend und aufgebracht und brauchte dringend ein wenig Abstand. Damien, Hannah und die anderen waren doch vor einem Jahr selbst in Julud gewesen und hatten sich mit meiner Familie getroffen, ohne dass es zu irgendwelchen

Zwischenfällen gekommen war! Warum warfen mir jetzt plötzlich alle Knüppel zwischen die Beine? Ich erinnerte mich an Sayeds Warnungen, in den Bergen trieben sich bewaffnete Banden herum, die ahnungslosen Mitmenschen auflauerten. Wie gefährlich mochte es dort wirklich sein? Außerdem nützte es meiner Familie wenig, dass wir unter Bewachung in Kauda herumsaßen. Wer würde *sie* auf der weiten Fahrt beschützen?
Als wir Sam Ndumia zum Frisiersalon folgten, versuchte ich, nicht mehr über meine missliche Lage nachzudenken. Doch so oft ich mir auch sagte, dass es zwecklos war, wenn ich mir weiter das Hirn zermarterte, wollten sich meine Befürchtungen nicht legen. Ich ließ Hagen und Sam ein Stück vorausgehen. Wir hatten nur zwölf Tage Aufenthalt im Sudan. Länger zu bleiben hätte nämlich bedeutet, dass zu viele Leute von meiner Anwesenheit erfuhren, was gefährlich für mich werden konnte. Und jetzt machte es ganz den Eindruck, als würde diese wertvolle Zeit vergeudet werden, ohne dass ich meine Familie wiedersah.
Als ich so weitergrübelte, spürte ich plötzlich einen Ruck an der Schulter.
»Hey, was soll das!«, schrie ich, denn ein junger Mann zerrte an meiner Handtasche.
Das Tauziehen dauerte eine Weile, da er versuchte, mir die Tasche zu entreißen, während ich beharrlich den Riemen umklammerte. Kurz bevor ich das Gleichgewicht verlor, bekam er es offenbar mit der Angst zu tun und ergriff die Flucht. Allerdings lief er nicht weit, sondern rottete sich ein Stück die Straße hinauf mit zwei weiteren Jugendlichen zusammen. Die drei überquerten die Fahrbahn und kamen wieder auf mich zu. Als ich zu rennen begann, löste sich einer der Jungen von der Gruppe und machte sich – von seinen Kumpanen mit Blicken und Gesten angefeuert – daran, mich zu verfolgen. Doch ich holte Hagen und Sam Ndumia ein, ehe er mich erwischen konnte, und erzählte ihnen rasch, was geschehen war. Sofort

Meine Haarverlängerungen

stellten sie sich schützend vor mich. Ich atmete erleichtert auf. In meiner Tasche befanden sich mein gesamtes Reisegeld, mein britischer Pass und meine Flugtickets. Der Verlust wäre eine Katastrophe gewesen.

Wir erreichten den Frisiersalon ohne weitere Zwischenfälle. Als ich die Haarverlängerungen begutachtete, stellte ich fest, dass es sich um das Produkt eines mir unbekannten Herstellers handelte: »Sangita. Original Darling – für Anwendung mit heißem Wasser. Vorsicht vor Fälschungen.« Doch da sie in Farbe und Dicke meinen Vorstellungen entsprachen, kaufte ich sie trotzdem. Leider musste ich jedoch erfahren, dass die vier Friseurinnen mehrere Stunden brauchen würden, um sie in meine Haare einzuflechten – und unser Flug ging in einer guten Stunde. Also wieder nichts – das Haarproblem würde mich noch eine Weile begleiten.

Bei meiner Rückkehr ins Hotel erwartete mich eine Überraschung, die mich wieder ein wenig aufmunterte. Die Nubabehörden hatten mir die Einreisegenehmigung in die Nubaberge kostenlos ausgestellt, während Damien, Hannah, Mariella und Hagen die üblichen fünfzig Dollar pro Person zahlen mussten. Ali, der Leiter der Niederlassung in Nairobi, fand, es sei nicht richtig, Geld von mir zu verlangen, denn schließlich sei ich eine Nubaschwester, die nach vielen Jahren des erzwungenen Aufenthalts in der Fremde in ihre Heimat zurückkehrte.

Ich musterte das blaue Stück Pappe, meine Eintrittskarte in die Nubaberge. Oben links war ein Stempel angebracht: »Sudanesische Volksbefreiungsbewegung – Einigkeit, Gleichheit, Fortschritt.« Rechts prangte ein weiterer mit der Aufschrift: »Sudanesische Volksbefreiungsarmee – SPLA.« Darunter stand in großen, schwarzen Fettbuchstaben: »EINREISE-ERLAUBNIS. Ausgestellt von SPLM/SPLA, südliches Kordofan-Gebiet (Nubaberge).«

Mein Kopf schwirrte, so dass ich in dieser Minute nicht einmal mehr wusste, wofür die SPLM und die SPLA eigentlich standen. Ich starrte nur still auf das Papier, das es mir ermöglichen würde, meine Heimat wiederzusehen.

3
Die Schwestern vom Frisiersalon

Auf dem Flug von Nairobi nach Norden blickte ich auf die gewaltige afrikanische Savanne hinab, wo sich auf der staubigen Ebene kreisförmig angeordnete Hütten neben mit Holzzäunen eingefriedeten Viehpferchen drängten. Die fruchtbare rote Erde war von Tausenden von Hufen zerwühlt. Schmale Fußwege, die die Häuser mit Feldern, Wasserstellen und üppigen Weiden verbanden, schlängelten sich – vorbei an Bäumen und an Flüssen – goldgelb durch den braunen Busch. Die Rinderherden trotteten im warmen Sonnenschein dahin, der den von ihren Hufen aufgewirbelten Staub zum Schimmern brachte. Ihnen folgte eine magere Gestalt, der Hirte, der sein Vieh gut im Auge behielt. Selbst vom Flugzeug aus konnte ich diese vertrauten ländlichen Szenen, die mich an meine Kindheit erinnerten, deutlich erkennen.

Während ich aus dem Fenster starrte, spürte ich, wie mir jemand auf die Schulter klopfte.

»Halt die Augen offen. Gleich sind wir in Lokichokio«, meinte Damien. »Beim Landeanflug schau nach vorne, wo Norden ist. Dann kannst du den Sudan sehen.«

»Wirklich?«, verwunderte ich mich. »Ich habe gar nicht gewusst, dass es so nah ist.«

»Ja. Die Landebahn von Loki befindet sich direkt an der sudanesischen Grenze, sozusagen am letzten Zipfel von Kenia. Nördlich von hier liegt deine Heimat.«

Wir trafen auf unsere erste Wolkenbank, die grau und von Regen angeschwollen war. In der Kabine wurde es dunkel, und

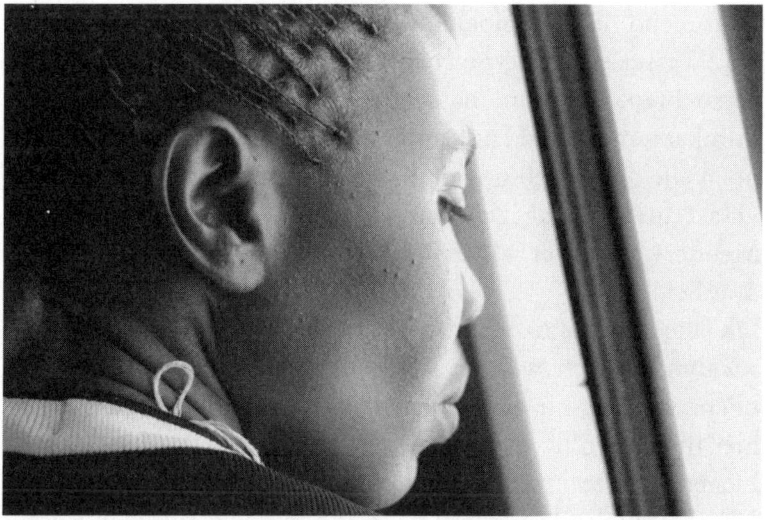

Vom Flugzeug aus sehe ich mein Heimatland Sudan

Tropfen prasselten an die Fensterscheibe. Als die Maschine unter die Wolkendecke sank, konnte ich einen Blick auf die Bergkette und kahle Felswände erhaschen, die sich links und rechts von uns erhoben. Auf den niedrigeren Hügeln wuchsen silbrige Bäume. Dazwischen wogte grüngoldenes Steppengras.

»Die Berge!«, flüsterte ich. »Es sieht genauso aus wie zu Hause.«

Zwischen den Berghängen war unter uns eine schwarz geteerte Landebahn zu erkennen, deren eine Seite von riesigen Zelten gesäumt wurde. »UNITED NATIONS WORLD FOOD PROGRAMME« – Welternährungsprogramm der Vereinten Nationen – stand in großen blauen Buchstaben auf ihren Dächern. Von Loki aus werden Lebensmittel-Hilfslieferungen mit dem Flugzeug in das gewaltige Kriegsgebiet des südlichen Sudan gebracht. Neben den Zelten parkten vier große blauweiß lackierte Frachtmaschinen, deren Tragflächen das Emblem der Vereinten Nationen trugen.

Platschend und rumpelnd kamen wir auf der Landebahn auf. Wasser spritzte vom Fahrwerk hoch, während die Räder versuchten, auf dem nassen Asphalt Halt zu finden. Die Filmkamera in der Hand, sprang Hagen von seinem Sitz hoch, noch ehe die Maschine richtig stand.
»Hast du etwas dagegen, wenn ich dich beim Aussteigen filme, Mende?«, fragte er. »Dazu müsstest du aber abwarten, bis ich draußen bin.«
Ich lächelte ihm zu. »Schon in Ordnung.«
»Wahrscheinlich werden sie dich festnehmen«, mahnte Damien. »Das ist mir nämlich auch passiert, als ich das letzte Mal hier filmen wollte.«
Hagen grinste nur. »Dann musst du eben deinen britischen Charme spielen lassen und mich aus dem kenianischen Kerker befreien.«

Ich gab Hagen Zeit zum Aussteigen und schloss mich dann, erfüllt von banger Erwartung, den Menschen an, die sich langsam auf den Ausgang zubewegten. Die meisten waren schwarze Afrikaner, aber es waren auch ein paar Weiße darunter. Als ich die Treppe hinunterging, bemerkte ich verwundert, wie nass und dunkel es draußen war. Die Wolken hingen tief am Himmel. Damien und ich steuerten auf die Ankunftshalle, eine Reihe von Hütten aus Holz und Wellblech neben der Landebahn, zu. Nun war ich meiner Heimat wieder ein Stück näher gekommen.
Hagen bildete, die Kamera auf der Schulter, die Vorhut. Ich stellte fest, dass einige sich ihrer eigenen Wichtigkeit bewusste Uniformierte ihn bereits mit feindseligen Mienen beäugten.
Schon im nächsten Moment traten zwei von ihnen unter dem Wellblechdach hervor und näherten sich Hagen. Ich betete, dass er uns mit seiner Kamera nicht in Schwierigkeiten gebracht hatte. Schließlich hatte Damien ihn gewarnt, und dass meine Heimreise wegen seiner Dreharbeiten in letzter Minute

doch noch scheiterte, hätte mir gerade noch gefehlt. Aber da erschien plötzlich ein Mann in gepflegter einheimischer Tracht, um uns zu begrüßen.
»Hallo, wie schön, Sie wiederzusehen«, verkündete er und hielt Damien und Hannah mit einem breiten Lächeln die Hand hin. »Und Sie müssen Mende sein. Ich bin Sirus vom Trackmark Camp. Sie übernachten heute bei uns.«
Sirus warf einen besorgten Blick auf Hagen, der inzwischen in eine Diskussion mit einem aufgebrachten Flughafenwachmann verwickelt war. Er hatte sofort aufgehört zu filmen und die Kamera sinken lassen. Nun spielte er unter den argwöhnischen Blicken des Wachmanns einen Teil des Films auf seinem Videomonitor ab. Kurz darauf gesellte sich ein weiterer Uniformierter dazu und wollte von Hagen wissen, was er da triebe.
»Entschuldigen Sie mich einen Moment«, meinte Sirus. »Ich werde sehen, was ich tun kann.«
Sirus wechselte ein paar Worte mit den Männern, zu denen er trotz der angespannten Stimmung ein gutes Verhältnis zu haben schien. Auf Sirus' Rat erklärte Hagen, er habe einzig und allein meine Ankunft filmen wollen. Der restliche Flughafen sei ihm gar nicht ins Bild gekommen. Die Wachleute erwiderten, die Sicherheitslage sei wegen des Krieges im nahegelegenen Südsudan angespannt, weshalb jeder, der hier drehen wolle, zuvor eine Genehmigung der kenianischen Flughafenbehörde beantragen müsse. Hagen durfte seinen Film zwar behalten, wurde aber verwarnt, er werde im Wiederholungsfall im Gefängnis landen.

Dank Sirus dauerten die Einreiseformalitäten nicht lang. Draußen erwartete uns ein Jeep von Trackmark. Sobald wir saßen und das Gepäck verladen war, erkundigte sich Hannah bei Sirus, ob er mich dringend zu einem Friseur fahren könne. Inzwischen hatte sie dieses Vorhaben zu ihrer persönlichen

Mission erklärt. Da es bereits vier Uhr nachmittags an einem kenianischen Staatsfeiertag – dem Eid – war, und wir uns außerdem in einer abgelegenen Gegend des nördlichen Kenia befanden, rechnete ich mir keine großen Chancen aus.

Auf dem Weg zum Trackmark Camp setzten wir Hagen und Mariella am Tor des UN-Stützpunkts ab, denn sie wollten sich noch einmal vergewissern, dass unser morgiger Flug in die Nubaberge tatsächlich starten würde. Sirus beschloss, sie zu begleiten, und wies Sammy, unseren Fahrer, an, uns an einen Ort zu bringen, dessen Name für mich wie »Cake Camp« klang. Nach Sirus' Worten befand sich dort der beste Frisiersalon von Loki.

»Was ist denn Cake Camp?«, erkundigte ich mich, als wir weiterfuhren. »Ihr wollt mich doch nicht etwa dort alleinlassen!«

Damien schnaubte spöttisch. »Es heißt nicht Cake Camp, sondern Kate Camp.«

»Keine Sorge, Mende«, mischte sich Hannah ein. »Kate Camp ist so etwas wie eine kleine Ferienanlage. Dir kann also nichts passieren.«

Kate Camp entpuppte sich als eine Reihe hübscher strohgedeckter Bungalows, umgeben von einer Mauer. Ein weiterer Gebäuderiegel beherbergte ein Restaurant und die Bar. In einem kleineren Haus war der Frisiersalon untergebracht. »Wood 34« stand auf dem Schild über der Tür.

»Hier wären wir«, verkündete Damien. »Aber fragt mich nicht, warum der Salon ›Wood 34‹ heißt. Sogar in Afrika ein komischer Name für ein Friseurgeschäft. Außerdem scheint geschlossen zu sein.«

Damit hatte er eindeutig recht. Die Tür war zu, die Fenster waren dunkel. Als Sammy sich aus dem Fenster beugte und Erkundigungen bei einer Mitarbeiterin von Kate Camp einholte, erfuhr er, dass der Salon wegen des Eid-Feiertags heute nicht mehr öffnen würde.

»Sammy, warum bitten wir diese Frau nicht, die Friseurin zu

suchen?«, schlug Damien vor. »Sie soll ins Trackmark kommen und Mende dort heute Abend die Haare richten.«
Sammy sah ihn zweifelnd an. »Es ist Feiertag.«
Trotzdem wandte er sich wieder an die Frau, die ihm versprach, ihr Glück zu versuchen.
»Ich habe mir schon gedacht, dass wir auf dieser Reise mit Schwierigkeiten zu kämpfen haben würden«, murmelte Damien. »Aber ich hätte nie gedacht, dass Mendes Friseurbesuch die größte davon ist.«
Während der Pick-up des Trackmark weiter durch die Stadt Loki rollte, spähte ich aus dem Fenster. Die Teerstraße wurde auf beiden Seiten von baufälligen Hütten aus Holz und Wellblech gesäumt. Vor zwanzig Jahren hatte es hier nichts als Busch gegeben, bis die UN einen Stützpunkt eingerichtet hatte, um den vom Krieg geschundenen Sudan aus der Luft zu versorgen. Als die Menschen vom hiesigen Volk der Turkane dahinterkamen, dass der Flugplatz und die wohlhabenden Ausländer Geld in die Region bringen würden, war rasch die Stadt Loki entstanden. Heute starten hier täglich UN-Flugzeuge, die Säcke mit Mais und Reis für die hungernden Kriegsflüchtlinge abwerfen. Außerdem betreiben Dutzende weiterer kleiner Hilfsorganisationen in und rings um Loki einen Stützpunkt.
Obwohl Loki hauptsächlich aus schäbigen Läden und Buden entlang der holperigen, schlammigen Straßen zu bestehen schien, spürte ich, dass in dieser Stadt Pioniergeist und das afrikanische Leben pulsierten. Die Schilder an den Holzhütten waren in bunten Regenbogenfarben bemalt. Eine Hütte trug den Namen »Garten des Trostes – Café und Metzgerei«, eine andere »Turkana – Afrikanische Kreativität und Kunst«. Die meisten Rätsel gab mir jedoch die Aufschrift auf einer blauen Wellblechhütte auf, die »Oasis Club – Bier, Choma, Chemsa und Gebratenes« lautete.
Wir kamen am »Uliza Pommeshaus«, am »Hotel Rotes Meer« und am »Survivor – Hotel und Metzgerei« vorbei. Ich fragte

mich, wie man ein Hotel und eine Metzgerei bloß unter einem Dach unterbringen konnte. Am meisten amüsierte mich eine winzige, leuchtend gelb und grün gestrichene Hütte, die etwa die Größe und Form einer Toilettenkabine hatte. »Schönheitssalon« verkündete das Schild an der Tür. Ein Glück, dass ich die Dienste dieses Friseurs nicht in Anspruch nehmen musste!

Wir bogen um eine Ecke, verließen die Teerstraße und die Stadt und fuhren in den Busch. Vor uns erhoben sich die Berge, die ich bereits beim Landeanflug gesehen hatte. Die Landschaft erinnerte mich sehr an zu Hause. Durch das Wagenfenster erkannte ich einen Baum, dessen Äste sich unter langen Holzstacheln bogen. In meiner Heimat war das ein alltäglicher Anblick gewesen, doch nun hatte ich so einen Baum schon seit mehr als zehn Jahren nicht mehr gesehen.

»Schaut euch das an!«, rief ich aus. »Mit solchen Stacheln hat meine Mutter mir früher das Haar gescheitelt, um es zu flechten.«

»Das ist eine Akazie«, stellte Damien verwundert fest. »Es hat doch sicher wehgetan, wenn sie dich aus Versehen damit gestochen hat?«

Ich nickte fröhlich. »Klar, manchmal schon. Dann habe ich laut geschrien. Aber meine Mutter war eigentlich immer sehr vorsichtig.« Vorfreude wärmte mich, als ich an die wichtigste Frau in meinem Leben dachte.

»Na, falls die Friseurin heute Abend auch solche Dornen benutzen sollte«, meinte Damien mit einem hinterhältigen Grinsen, »werden wir sicher schon tief und fest schlafen und deine Schmerzensschreie deshalb nicht hören.«

»Ach, sei doch still«, schimpfte ich, konnte mir aber ein Lachen nicht verkneifen.

Es war seltsam, wieder in Afrika zu sein, und allmählich wurde mir klar, warum mir das Land gleichzeitig so fremd und dennoch so vertraut erschien. Großstädte wie Nairobi waren für mich inzwischen Alltag, denn schließlich hatte ich viele Jahre in London verbracht. Auch im wilden Busch und in den Bergen fühlte ich mich zu Hause. Der Teil des afrikanischen Lebens, der sich zwischen diesen beiden Extremen abspielte, blieb mir hingegen verschlossen, und ich empfand die schäbigen und heruntergekommenen Straßen von Loki, wo die Menschen, die den Busch verlassen hatten, in Armut lebten und um ihren Platz in einer scheinbar verheißungsvollen Moderne kämpften, als sehr gewöhnungsbedürftig.

Das Trackmark Camp entpuppte sich als eine gepflegte Ferienanlage, bestehend aus *tukuls* – traditionellen afrikanischen Hütten –, alle mit angeschlossenem Badezimmer. Es lag am Ufer des Loki-Wadi, eines Flussbetts, das neun Monate im Jahr ausgetrocknet ist, wenn es nicht regnet. Da jedoch schon seit einigen Tagen sintflutartige Niederschläge von einem dunklen Himmel prasselten, hatte es sich in einen reißenden schlammbraunen Strom verwandelt. Als wir uns an der Rezeption anmeldeten, konnten wir hinter uns das Hochwasser rauschen und gurgeln hören. Es bildeten sich gewaltige Strudel, die ganze Bäume vom Ufer wegschwemmten. Damien machte mich mit Samantha, der Empfangsdame des Trackmark, bekannt, einer Weißen aus Südafrika, die sehr nett und tüchtig war. Er erklärte ihr, ich wollte mein Haar richten lassen, hätte aber nicht viel Zeit, da wir früh am nächsten Morgen in den Sudan weiterfliegen würden.
»Ich habe meine Familie viele Jahre lang nicht gesehen«, erklärte ich. »Jetzt werde ich sie im Sudan wiedertreffen und möchte einen möglichst guten Eindruck auf sie machen.«
Samantha nickte verständnisvoll, antwortete aber, hier sei eine Spezialistin gefragt, die in Loki schwer zu finden sei. Sie könne mir jedoch eine Frau empfehlen – und sie erbot sich gleich, jemanden loszuschicken, um sie zu suchen. Wie unglaublich nett die Leute alle waren! Ich konnte es kaum fassen, wie viele

unterschiedliche Menschen hier ohne mit der Wimper zu zucken bereit waren, sich mit den Haarproblemen einer fremden Frau zu beschäftigen!

Nachdem wir unser Gepäck in die *tukuls* gebracht hatten, versammelten wir uns in der Lounge. Sie war mit weichen Kissen, Sesseln und einem Schiebedach ausgestattet. Als ich dasaß und dem Rauschen des Flusses hinter uns lauschte, dachte ich an jenen Tag, an dem ich mit meinem Vater auf dem Esel zu den Feldern geritten war. Damals war ich noch ein kleines Mädchen von fünf Jahren gewesen. Mein Vater hatte sich erst bereiterklärt, mich mitzunehmen, als ich angeboten hatte, die Vögel von der jungen Saat zu verscheuchen. Meine Aufgabe war es, Steine nach ihnen zu werfen, wenn sie nach den Samen pickten. Unterwegs mussten wir einige reißende Flüsse überqueren.
»Erinnerst du dich an die Geschichte, wie mein Vater mich über den Fluss getragen hat?«, fragte ich Damien.
Ich ahmte einen Menschen mit einem Kind auf den Schultern nach. »Ich saß da oben, und mein Vater wollte mich übers Wasser tragen. Aber weil er in jeder Hand einen dicken Stock hatte, um sich aufzustützen, konnte er mich nicht festhalten. Ich hatte solche Angst, weggeschwemmt zu werden, und habe ständig gejammert und geweint, bis mein Vater lachen musste, obwohl wir inzwischen mitten im Fluss standen. Schließlich meinte er, wir müssten beide ertrinken, wenn er die Stöcke loslassen würde, um die Hände für mich freizubekommen. Es war so komisch – im Nachhinein.«
Wir hatten damals zwar ohne weiteren Zwischenfall die Felder erreicht, doch leider hatte das Wasser einen Teil unseres Proviants weggespült. Nachdem wir mit dem Säen fertig waren, ging mein Vater los und versprach, am nächsten Tag mit neuem Proviant wiederzukommen. Obwohl mein Onkel auf dem Nachbarfeld arbeitete, ich also nicht ganz allein war, war ich überzeugt, dass im Wald gruselige Gespenster lauerten. Als

Mende mit ihrem »Kätzchen« Uran

links: *Mende freut sich an einer Ähre mit Sorghumhirse*

Dramatik am Satellitentelefon: Werden sie es schaffen?

mein Vater auf dem Esel davonritt, rannte ich ihm deshalb schluchzend nach und flehte ihn an zu bleiben. Er setzte sich zu mir, sprach ein ernstes Wort mit mir und erklärte mir, warum er fortmüsse, während ich die Felder bewachen solle. Nach einer Weile sah ich es ein. Nachts schlief ich in der Hütte meines Onkels und kehrte am nächsten Morgen aufs Feld zurück, um die Vögel zu vertreiben.

Doch plötzlich erschien ein wilder Hund aus dem dunklen Wald. Wilde Hunde jagen in Rudeln, und alle Nuba wissen, dass sie manchmal auch ein Baby oder ein Kleinkind reißen. Also nahm ich die Beine in die Hand und flüchtete mich auf einen hohen Baum. Zitternd vor Angst sah ich zu, wie der wilde Hund über das Feld streunte. Als ich schon sicher war, dass er mich gewittert hatte und sich jeden Moment auf mich stürzen würde, packte der Hund einen der Vögel. Der Vogel kreischte, Federn stoben, und schon war der Hund mit seiner Beute verschwunden.

Als mein Vater zurückkam, stürzte ich ihm entgegen, beteuerte, ich sei von wilden Tieren angefallen worden, und zeigte ihm die Lache angetrocknetes Vogelblut. Zunächst erschrak er sehr, doch dann bemerkte er die Federn und wusste, dass ich ihn ausgetrickst hatte. Wir beide bogen uns vor Lachen.

Als ich dieses Erlebnis nun Revue passieren ließ, wurde mir klar, dass der Fluss, den ich damals mit meinem Vater überquert hatte, verglichen mit dem gurgelnden und tobenden Strom hinter mir nur ein Rinnsal war. Ich malte mir ähnlich breite und gefährliche Flüsse aus, die nun sicher auch zwischen Karko und Kauda verliefen, und erschauderte bei der bloßen Vorstellung. Vor meinem geistigen Auge sah ich, wie riesige Äste und knorrige Wurzeln mitgerissen wurden. Nur ein Fehler, eine kleine Unachtsamkeit des Fahrers, und ich würde meine Familie niemals wiedersehen.

Außerdem machte es ganz den Eindruck, als türmten sich auch vor uns neue Hürden auf. Als Mariella und Hagen in die

Lounge des Trackmark kamen, stand ihnen die Enttäuschung ins Gesicht geschrieben.
»Tja, die UN können wir wohl vergessen«, verkündete Mariella. »Offenbar gibt es keinerlei Aufzeichnungen darüber, dass wir jemals einen Flug gebucht haben. Angeblich startet morgen gar keine Maschine. Die nächste geht erst wieder in fünf Tagen.«
Erschöpft ließ sie sich in einen Sessel sinken. »Tagelang habe ich mich mit der Planung abgemüht. Verdammter Scheißladen!«
»Ach, wie ich dieses afrikanische Chaos liebe!«, ließ sich Hagen vernehmen.
Ich betrachtete die besorgten Mienen meiner Reisegefährten. Wenn wir nicht mit einer UN-Maschine fliegen konnten, blieb uns wohl nichts anderes übrig, als selbst ein Kleinflugzeug zu chartern. Nachdem wir die verschiedenen Alternativen erörtert hatten, kamen wir zu dem Schluss, dass wir es versuchen mussten, obwohl wir dafür vermutlich bis zu zehntausend Dollar pro Strecke aufbringen mussten – immer vorausgesetzt, dass so kurzfristig überhaupt eine Maschine zur Verfügung stand. Da das Budget des Filmteams begrenzt war, hatte man mich bereits vorgewarnt, dass ich mich in diesem Fall an den Kosten würde beteiligen müssen.
Nachdem Mariella und Hagen rasch eine Tasse Tee hinuntergestürzt hatten, fuhren sie zurück zum Flugplatz, denn die Büros der Fluggesellschaften würden bald schließen. Damien und Hannah gingen duschen, und ich blieb in der Lounge zurück, um zu warten, ob irgendeine der angekündigten Friseurinnen erscheinen würde. Während ich so mit »Uran, dem Ungeheuer« auf dem Schoß dasaß, fragte ich mich niedergeschlagen, warum denn auch das jetzt noch schiefgehen musste. Dass es nicht leicht sein würde, meine Familie nach Julud – oder nach Kauda – zu bringen, hatte ich ja gewusst. Doch ich hätte nie gedacht, dass schon die Reise in die Nubaberge an sich ein Problem darstellen würde.

Zwei weiße Frauen kamen herein und setzten sich an den Nachbartisch. Bald waren sie ins Gespräch vertieft, und ich konnte ein paar Worte aufschnappen. Offenbar hatten sie Schwierigkeiten, in den Sudan einzureisen, und saßen schon seit zwei Tagen hier fest, weil ihr Flug wegen des Regens immer wieder abgesagt worden war.

Heute Morgen waren sie sogar gestartet, jedoch sofort danach in ein Unwetter geraten. Da die meisten Rollbahnen im Sudan nur unbefestigte Staubpisten sind, hatte der Pilot befürchtet, im Morast nicht landen zu können, und den Flug abgebrochen. Während ich lauschte, trommelte der Regen immer heftiger aufs Dach.

Eine Stunde später kehrten Hagen und Mariella vom Flugplatz zurück. Sie hatten drei Angebote eingeholt, eines von Trackmark, eines von Safair und eines, das billigste, von einem kleinen Unternehmen, dessen Namen sie sich nicht merken konnten und das uns für den Schnäppchenpreis von fünftausend Dollar in den Sudan fliegen wollte. Morgens müsse der Pilot noch einen Auftrag erledigen, doch am Nachmittag sei er frei. Wenn wir nach dem Mittagessen aufbrächen, würden wir am Nachmittag in den etwa neunhundert Kilometer entfernten Nubabergen sein. Falls meine Familie also wie durch ein Wunder bereits eingetroffen sein sollte, würden wir noch pünktlich zu unserer Verabredung kommen.

Hagen hatte noch eine Neuigkeit für uns. Auf der Rückfahrt vom Flughafen seien sie zufällig der Friseurin aus Kate Camp begegnet. Sie erwarte mich am Wagen, da sie mich mit in ihren Salon nehmen wolle, um mir dort die Haare zu waschen – eine sehr willkommene Ablenkung.

Die Friseurin war eine beleibte Kenianerin mit einem freundlichen Mondgesicht. Sie hatte ein schüchternes Lächeln und stellte sich als »Medicine« vor – zumindest war es das, was ich verstand.

Die Fahrt nach Kate Camp dauerte nicht lang. Medicine schloss ihren Salon auf, wusch mir die Haare und bat mich dann, mich zurückzulehnen, damit sie sie föhnen könne. Die Gerätschaften in ihrem Salon machten einen ziemlich altersschwachen Eindruck. Und tatsächlich stieß der Föhn schon wenige Sekunden nach dem Einschalten dicke schwarze Rauchwolken aus. Ich erschrak, aber Medicine schien das für völlig normal zu halten.
»Willst du mir die Haare trocknen oder mich anzünden?«, fragte ich sie mit aufgerissenen Augen.
»Nein, nein, es ist alles in Ordnung«, versicherte mir Medicine. »Ich benütze ihn jeden Tag.«
Ich schüttelte den Kopf. »Nein, gar nichts ist in Ordnung. Das Ding brennt.«
Medicine schaltete den Föhn ab. »Gut, dann werde ich ihn eben reparieren.«
Medicine klopfte ein paarmal kräftig auf das Gerät und schaltete es wieder an.
»Stopp, um Himmels willen – ich nehme lieber ein Handtuch!«, protestierte ich, denn inzwischen sprühten Funken hinten aus dem Föhn, so dass ich nicht nur um meine, sondern auch um Medicines Sicherheit fürchtete.
Bevor Medicine Einspruch erheben konnte, ertönte draußen ein lauter Knall, und der Generator stoppte. Damit gab gottlob auch der feuerspeiende Föhndrache seinen Geist auf. Im Salon herrschte völlige Dunkelheit. In der Stille war nur Medicines Gelächter zu hören. Nachdem sie sich wieder beruhigt hatte, erklärte sie mir, der Generator liefe nur, wenn Kundschaft da sei. Ansonsten säße sie einfach in der Dunkelheit und warte, bis jemand käme. Da wir heute Eid hatten, vermutete Medicine, dass dem Generator der Sprit ausgegangen war. Ich war erleichtert. So blieb es mir erspart, die Londonerin und die Afrikanerin in mir gegeneinander antreten zu lassen.
Ein Handtuch um mein feuchtes Haar gewickelt, stieg ich wieder ins Auto. Medicine schlug vor, eine weitere Friseurin hinzu-

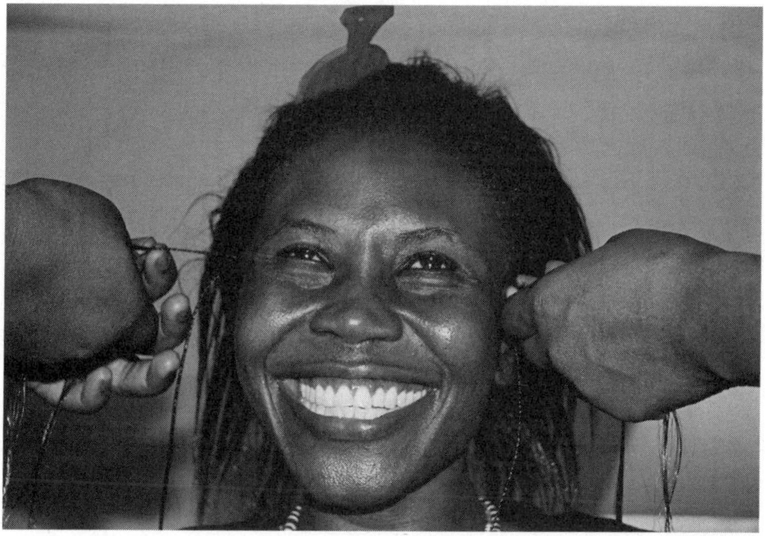

Beim Zöpfeflechten

zuziehen, weil das Flechten auch zu zweit mindestens vier Stunden dauern würde. Also fuhren wir in die Stadt und holten ein hübsches junges Mädchen namens Leticia ab. Sie trug das Haar fest geflochten und hatte große Kreolen in den Ohren. Zurück im Trackmark, ging ich mit den beiden in mein Zimmer und nahm zwischen ihnen auf einem Stuhl Platz, damit sie mit der Arbeit beginnen konnten. Obwohl sie sehr schüchtern wirkten, wollte ich unbedingt mit ihnen über ihr Leben in Afrika sprechen.

»Ich war viele Jahre fort«, meinte ich. »Also erzählt mir, was hier los ist. Sagt einfach alles, was euch einfällt.«

Anfangs waren die beiden recht wortkarg und kicherten nur verlegen. Während ich mich in Europa und Amerika inzwischen an meine Rolle als bedauernswertes Flüchtlingsmädchen gewöhnt hatte, galt ich hier offenbar als wohlhabende und exotische Ausländerin. Zumindest schienen Medicine und Leticia mich so zu sehen, und ich konnte ihnen keinen Vorwurf daraus machen. Schließlich war ich in Begleitung von

Europäern aus einem fernen Land eingeflogen, und ein weißer Mann, Hagen, hielt mir ständig eine Kamera ins Gesicht. Trotzdem war es mir ziemlich unangenehm, auf diese Weise hofiert zu werden, denn ich wollte nur eine ganz gewöhnliche afrikanische Schwester sein. Ihr Verhalten löste in mir ein eigenartiges Gefühl der Fremdheit aus. Allmählich bezweifelte ich, dass ich je wieder hier zu Hause sein würde.

Deshalb unternahm ich einen erneuten Anlauf. »Warum schildert ihr mir nicht eure Arbeit und euren Alltag? Was machen die Leute in Loki denn so, um ihren Lebensunterhalt zu verdienen?«

»Nichts«, murmelte Medicine.

»Wie können sie nichts tun? Betreiben sie denn keine Landwirtschaft?«

»Es gibt keinen Regen.«

»Es regnet doch gerade recht kräftig.«

»Den Großteil des Jahres ist es aber zu trocken. Die Leute halten ein paar Tiere, zum Beispiel Ziegen oder Kühe. Aber es wächst nichts.«

»Und wovon leben die Menschen dann?«

»Einige Mädchen versuchen, in Nairobi Arbeit zu finden. Andere gehen in den Südsudan.«

»In den Sudan?«, verwunderte ich mich. »Warum ausgerechnet dorthin?«

»Weil sie mehr Geld verdienen können, wenn sie für die UN oder andere Organisationen arbeiten. Solche Stellen findet man in Kenia nicht.«

Ich hatte nicht geahnt, dass es Menschen gab, die tatsächlich freiwillig zum Arbeiten in den Sudan gingen. Gerade wollte ich Medicine bitten, mir das näher zu erklären, als es an der Tür klopfte. Ich machte auf und stand vor Damien und einem Einheimischen. Damien bat den Mann herein und stellte ihn uns vor.

»Younis, das sind Medicine und Leticia … und das ist Mende.«

Der Mann trat vor, schloss mich in die Arme, drückte mich kurz an sich, trat dann zurück und hielt mir die Hand hin.
»Sei willkommen, Mende«, verkündete er mit strahlenden Augen. »Auch ich bin aus den Nubabergen.«
»Mein Gott, du bist ein Nuba!«, rief ich begeistert aus. »Zu welchem Stamm gehörst du?«
»Ich bin ein Moro. Unser Stamm lebt weit weg von deinem. Doch alle Nuba sind Brüder und Schwestern. In Loki gibt es viele Nuba, die dich gerne kennenlernen würden, Mende.«
»Wirklich? Ich würde mich auch freuen. Aber woher wissen sie, dass ich hier bin?«
Younis erklärte mir, er sei der Sprecher der Nuba in Loki. Er habe an der Vorbereitung unseres Aufenthalts mitgewirkt und den hiesigen Nuba meine Ankunft angekündigt. Wenn ich einverstanden sei, würde er am nächsten Vormittag mit mir die Nubagemeinde besuchen. Da unser Flug nun erst am Nachmittag ginge, hätte ich jede Menge Zeit.
»Wir sind alle so stolz auf dich«, fügte Younis hinzu. »Weil du öffentlich für die Rechte der Nuba eintrittst. Wie schön, dass du auf dem Weg nach Hause bei uns Station gemacht hast. Wir glauben an dich. Also lass dich nicht unterkriegen. Auch wenn du uns nicht persönlich kennst, ist dein Name allen Nuba ein Begriff. Vergiss nie, dass wir hinter dir stehen und dich unterstützen.«
Ich war sprachlos, denn mit so einem Empfang hatte ich nicht gerechnet. Eigentlich hatte ich doch nur in aller Stille meiner Heimat einen Besuch abstatten und einige ruhige und friedliche Tage mit meiner Familie verbringen wollen. Aber offenbar waren sämtliche Nuba über mein Eintreffen informiert.
Ich erwiderte, ich würde meine Landsleute gern am nächsten Morgen begrüßen. Ja, ich sehnte mich wirklich nach einem Wiedersehen mit Menschen meines Volkes, da ich hoffte, mich dann endlich mehr zu Hause zu fühlen.
Nachdem Younis fort war, plauderten die Mädchen und ich

noch ein wenig. Als sie mich fragten, warum ich so lange fort gewesen sei, wiegelte ich ab – es sei eine sehr lange Geschichte. Ich wollte lieber hören, was sie über Afrika zu berichten hatten.

Medicine vertraute mir an, sie sei alleinerziehende Mutter und führe mit ihrem zweijährigen Sohn ein hartes Leben. Häufig habe sie in ihrem Frisiersalon eine ganze Woche lang keinen einzigen Kunden, so dass oft nicht genug Geld für das Essen da sei. Mir wurde klar, dass die bescheidene Entlohnung – fünfzig Dollar –, die ich mit ihr ausgehandelt hatte, für Medicine ein kleines Vermögen bedeutete.

Sie und Leticia spielten mit dem Gedanken, in den Sudan auszuwandern, denn seit der kürzlichen Friedensvereinbarung zwischen den Kriegsparteien zogen alle Hilfsorganisationen aus Kenia dorthin ab. Am meisten florierte die Wirtschaft in der Umgebung von Juba, der neuen Hauptstadt des Südsudan, und dort wollten die beiden auch hin. Als ich mich erkundigte, warum sie sich nicht überlegten, so wie ich nach Großbritannien zu gehen, lächelten sie traurig und auch ein wenig mitleidig wegen meiner Ahnungslosigkeit. Ein Land mit kostenlosen Schulen und Gesundheitsversorgung erschiene ihnen zwar wie ein Paradies, antworteten sie dann, doch da sie niemals das Geld für ein Visum und Flugtickets aufbringen könnten, käme es für sie in diesem Leben nicht in Frage.

Während ich mit den beiden sprach, hatte ich das Gefühl, dass meine Welt kopfstand. In England, Europa und Amerika betrachteten die Menschen mich noch immer als Opfer eines afrikanischen Regimes und als eine Frau, der man im Westen Asyl gewährt hatte. Hier hingegen gingen die Leute ganz anders mit mir um, denn für sie war ich eine Besucherin, die aus einem wohlhabenden und privilegierten Land kam. Vielleicht würde es den Menschen in den Nubabergen, ja, sogar meinen eigenen Angehörigen, ganz ähnlich ergehen. Womöglich war ich tatsächlich und endgültig ein anderer Mensch geworden, so dass es ein zweckloses Unterfangen war, mir die schlichte Magie meiner Kindheit und die Liebe meiner Familie zurückerobern zu wollen – genau die Dinge, die ich eigentlich in Afrika wiederzufinden hoffte. Ein sehr beunruhigender Gedanke, den ich rasch beiseiteschob.

Zum Glück klopfte es wieder an der Tür, so dass ich aus meinen düsteren Grübeleien gerissen wurde. Es waren Damien und Hannah, die tellerweise Essen brachten. Weder die Mädchen noch ich hatten seit dem Frühstück etwas zu uns genommen. Also legten wir eine Flechtpause ein, um uns zu stärken.

»Setzt euch, wohin ihr wollt«, forderte ich sie auf.

Medicine und Leticia nahmen steif auf der Bettkante Platz, griffen nach ihren Tellern und musterten verdattert das Besteck. Dann sagte Medicine in ihrer Muttersprache etwas zu Leticia, worauf diese die Achseln zuckte. Ich erkannte das Problem sofort: Sie wussten nicht, was sie mit Messer und Gabel anfangen sollten.

Also griff ich, wie in den Nubabergen üblich, mit der rechten Hand in den mit Bohnen vermengten Reis, rollte ihn zu einer Kugel und steckte ihn in den Mund. Beim Kauen grinste ich den beiden aufmunternd zu. Medicine und Leticia lächelten zurück und machten sich dann mit den Händen über ihr Essen her.

Als die Mädchen mit dem Flechten fertig waren, war es 2:30 morgens. In den letzten Stunden hatte ich zwar aufrecht auf dem Stuhl gesessen, aber dabei vor mich hin gedöst. Nun legten wir uns zu dritt auf das große Doppelbett. Beim Einschlafen lauschte ich, wie der sintflutartige Regen über mir auf das Strohdach trommelte. Die Botschaft, die er mir ins Hirn hämmerte, war keine, die ich hören wollte: *Du wirst deine Familie nie wiedersehen. Du wirst deine Familie nie wiedersehen. Du wirst deine Familie nie wiedersehen …*

Am nächsten Morgen bedankte ich mich bei Medicine und Leticia, umarmte sie und gab ihnen ihr Geld. Als sie mir alles Gute und eine glückliche Reise wünschten, kam das aus tiefstem Herzen. Und dann waren sie fort. Während sie in ihren unbeschreiblich mühevollen Alltag zurückkehrten, lebte ich in einer Welt, die sich ihrer Vorstellungskraft entzog. Es war eine Kluft, die sich trotz der in dieser Nacht zwischen uns entstandenen Nähe nicht überbrücken ließ.

In den wenigen Stunden mit Medicine und Leticia hatte ich nun doch einiges von jener afrikanischen Lebensform erfahren, die ich bisher nicht gekannt hatte: dass es zwischen der friedlichen, anspruchslosen Existenz in einem Dorf und dem Wohlstand und der Hektik der Großstadt noch den harten Daseinskampf der mittellosen und ungebildeten Afrikaner gab, die kaum Arbeit fanden, von der Hand in den Mund lebten und in Bretterhütten wohnten. Ihre Zukunftschancen waren gering, die meisten Wege mündeten für sie in einer Sackgasse, und ihr Leben war von enttäuschten Hoffnungen und nicht erfüllten Erwartungen geprägt. Bei Menschen wie Medicine und Leticia kam noch erschwerend hinzu, dass sie immer wieder einen Blick auf die Reichtümer dieser Welt erhaschen durften – in dem Wissen, dass sie ihnen stets verwehrt bleiben würden.

Obwohl ich als Letzte zum Frühstück erschien, hatte ich keinen Hunger, denn die Angst vor der bevorstehenden Reise schnürte mir den Magen zu. Während die anderen ihre Teller leerten, versuchte ich, meine Familie zu erreichen. Mein Mobiltelefon funktionierte noch, weil Loki an das kenianische Mobilfunknetz angeschlossen war.

Wie immer war Kwandsharan der Einzige, den ich an die Strippe bekam. Er hatte mit meinem Bruder Babo gesprochen und von ihm erfahren, dass die Straße von Karko nach Kauda mehr oder weniger unpassierbar war, da sie durch einige große Wadis führte. Babo befürchtete, es würde nicht zu schaffen sein.

Ich spürte, wie eine kalte Hand sich um mein Herz legte. Doch bevor ich Gelegenheit hatte, dieses Problem mit meinen

Reisegefährten zu erörtern, erschien Younis mit dem Auto, um mich zu den hiesigen Nuba zu bringen. Damien und Hannah kamen mit, während Hagen und Mariella sich vergewissern wollten, dass auch alles mit dem Flug klappen würde. Eine Weile fuhren wir über Straßen voller Schlaglöcher. Aus einem bleigrauen Himmel regnete es unablässig, was meiner düsteren Stimmung entsprach. Als wir die Siedlung erreichten, wo Younis wohnte, war meine Laune auf einem Tiefpunkt angelangt. Außerdem traute ich meinen Augen nicht: Die Nubasiedlung bestand nur aus einer steinigen Schlammwüste und ein paar äußerst spartanischen Steinhütten. Das Ganze wirkte wenig einladend und ziemlich primitiv. Wie viele Nuba lebten hier? Und wovon ernährten sie sich?

Younis führte uns in den Raum, der ihm gleichzeitig als Schlafzimmer, Wohnzimmer und Büro diente. Nachdem er einen Stapel sauberer Wäsche vom Bett geräumt hatte, forderte er uns auf, dort Platz zu nehmen. Bald kam eine lange Schlange von Frauen mit Babys und Kleinkindern auf dem Arm durch den Morast auf uns zugewatet. Selbst wenn Younis es mir nicht gesagt hätte, hätte ich auf Anhieb gewusst, dass sie Nuba waren. Ich stand auf und lächelte ihnen zur Begrüßung zu.

»*Assalam alaikum* – Friede sei mit euch«, begann ich. »Wie geht es euch? Woher kommt ihr? Ach, es ist so schön, euch kennenzulernen und wieder unter Nuba zu sein.«

Die Frauen umarmten mich und erzählten mir ihre Geschichte. Die meisten von ihnen lebten in einem riesigen kenianischen Flüchtlingslager namens Kakuma, wohin sich Hunderttausende von Sudanesen vor den Kämpfen geflüchtet hatten. Da nun Frieden herrschte, warteten sie auf eine Möglichkeit, in ihre Heimat, die Nubaberge, zurückzukehren. Viele harrten inzwischen schon monatelang aus und hofften auf einen Platz in einem Flugzeug. Allerdings konnte sich keiner von ihnen ein Flugticket leisten, geschweige denn eine Maschine chartern.

Und so war ein Fußmarsch, der jedoch mehr als vier Monate dauern und zudem durch gefährliches Gebiet führen würde, die einzige Alternative.
Während des Gesprächs mit den Nubafrauen bekam ich Hochachtung vor ihrer Ruhe und Gelassenheit und sah meine eigene Reise und meine Probleme ein wenig realistischer. Wie um alles in der Welt schafften sie es nur, monatelang ohne Aussicht auf eine Lösung hier in dieser gottverlassenen Einöde an der Grenze zwischen Kenia und ihrem Heimatland herumzusitzen?
»Im letzten Jahr sind zweiundzwanzig Menschen bei dem Versuch gestorben, zu Fuß nach Hause zurückzukehren«, erklärte Younis, als habe er meine Gedanken gelesen. »Deshalb ist es nur zu verständlich, dass sie auf einen Flug warten.«
Ich erkundigte mich, was ihnen passiert war.
»Banditen«, erwiderte Younis. »Banditen und Hunger.«
Er fügte hinzu, dass einige Frauen auf einen Platz in unserer Maschine hofften. Da wir nur zu fünft seien und sieben Sitze hätten, seien noch zwei frei, antwortete Damien. Younis solle entscheiden, für wen die Rückkehr nach Hause am wichtigsten sei.
Während dieser die Liste aufstellte, stand den Menschen die bange Erwartung ins Gesicht geschrieben. Alle wären gerne mitgeflogen. Ich hatte großes Mitleid mit denen, die zurückbleiben mussten.
Damien, der die Anspannung offenbar spürte, versuchte, die Stimmung ein wenig aufzulockern, indem er die Frauen bat, sich in einer Reihe aufzustellen. Er wollte sie zusammen mit mir fotografieren. Da seine Digitalkamera ein großes Display besaß, konnte er die Aufnahme allen zeigen. Aufgeregt drängten sich die Mädchen um ihn und trauten anfangs ihren Augen nicht. Doch nach einer Weile zeigten sie lachend mit dem Finger auf ihr Konterfei.

»Miss Nuba« und ich

»Wir können uns anschauen!«, rief eine. »Das ist wie Zauberei!«
»O mein Gott, das bin ja ich. Seht nur!«, verwunderte sich eine andere.
»Du meine Güte, meine Haare sind ganz zerzaust!«, beschwerte sich eine dritte.
Damien bat uns, wieder Aufstellung zu nehmen. Ein paar weitere Frauen kamen hinzu.
»Rückt zusammen, rückt zusammen!«, forderten die Neuankömmlinge die in der Mitte Stehenden auf. »Sonst kriegt er uns nicht alle aufs Bild.«
Ich fand es wunderbar, wie sich die Frauen über die Fotos freuten.
»Also, meine Damen, schauen Sie gut hin!«, verkündete Damien, als sich wieder alle um ihn drängten und verlangten, das Foto zu sehen. »Denn jetzt veranstalten wir einen Schönheitswettbewerb und wählen die Miss Nuba 2006.«
Inzwischen war ich an Damiens verrückte Einfälle gewöhnt

und übersetzte seinen Vorschlag. Die Mädchen kicherten und tuschelten aufgeregt.
»Ach, da gewinne ich nie!«
»Wenn ich wenigstens mein bestes Kleid anhätte!«
»Los, Mädchen«, sagte ich, während sie an ihren Kleidern und Frisuren herumnestelten. »Seid einfach ganz natürlich. Ihr seht alle wundervoll aus, auch wenn nur eine von uns gewinnen kann.«
Wir stellten uns wieder in einer Reihe auf und blickten lächelnd in die Kamera. Diesmal stürmten die Mädchen regelrecht auf Damien zu, um das Foto zu begutachten, und man war sich rasch einig, dass ich und das Mädchen, das links neben mir stand, in die Endausscheidung kommen würden. Sie war ein wenig kleiner als ich, hatte aber eine wunderschöne blauschwarze Hautfarbe. Das Haar trug sie ähnlich geflochten wie ich.
»Also, wir haben zwei Finalistinnen, Mende und dich«, verkündete Damien. »Stellt euch zum letzten Foto auf. Dann wählen wir die Miss Nuba 2006.«
»Wie heißt du?«, fragte ich das Mädchen, während wir unsere Positionen einnahmen.
»Intesar«, antwortete sie schüchtern.
»Ich glaube, du wirst gewinnen«, meinte ich zu ihr.
»Auf keinen Fall! Du bist doch viel schöner.«
»Gut. Wer für Mende stimmt, hebt jetzt die Hand!«, rief Damien. »Lasst sie bloß nicht gewinnen. Sie ist sowieso schon eingebildet genug.«
Drei Mädchen meldeten sich. Die übrigen sechs stimmten lachend für Intesar.
Damien griff nach Intesars Hand und hielt sie hoch. »Hier haben wir die Siegerin! Applaus für die Miss Nuba 2006.«
»Das ist ungerecht«, brummte ich in gespieltem Ärger. »Sie ist ja sowas von jung. Ich fordere eine Altersgrenze!«

4
Kakas Geschichte

Nach dem improvisierten Schönheitswettbewerb, der uns allen großen Spaß gemacht hatte, zwängten wir uns wieder in Younis' Jeep. Intesar und eine der anderen Frauen kamen mit, denn sie waren die beiden Glücklichen, die mit uns nach Kauda fliegen würden. Wir verabschiedeten uns von den anderen und fuhren los.

Younis warf mir im Rückspiegel einen Blick zu. »Und du hast jetzt also einen britischen Pass, Schwester?«

»Stimmt«, erwiderte ich mit einem breiten Grinsen.

»Aber du bist immer noch eine Nuba, oder?«

Ich nickte. »Das werde ich immer sein.«

»Aber du bist bestimmt eine britische Nuba, keine nubische Britin«, witzelte Younis, absichtlich auf Englisch.

»Nein, sie ist garantiert eine nubische Britin«, mischte sich Damien ein und gab ihm einen Rippenstoß. »Oder glaubst du, wir verteilen unsere Pässe an jeden x-Beliebigen?«

»Falsch«, protestierte ich vom Rücksitz aus. »Ich bin eine britische Nuba, wie Younis gesagt hat.«

In Wahrheit jedoch zweifelte ich seit meiner Ankunft in Afrika mehr als je zuvor an meiner Identität. Ich hoffte nur, dass ich wieder wissen würde, wo ich hingehörte, wenn ich nur erst in meiner Heimat, bei meinem Stamm, den Karko, und vor allem bei meiner Familie war. Würde ich dann vielleicht gar lieber hierbleiben wollen? Würde ich mich in meiner Heimat so geborgen fühlen, dass ich mein einsames Leben in meiner kleinen Londoner Wohnung gerne dafür aufgab?

Im strömenden Regen holten wir unser Gepäck vom Trackmark ab und brachen auf zum Flugplatz. Entlang der riesigen Zelte der Vereinten Nationen und vorbei an dem großen UNO-Transportflugzeug, fuhren wir zu einem winzigen Gebäude, das das Büro von Turbine Air, unserer Chartergesellschaft, beherbergte. Ringsherum parkten die Wracks einiger Flugzeuge in verschiedenen Zerfallsstadien, so dass ich mich an einen Friedhof erinnert fühlte. Ich fragte mich, ob eine dieser Maschinen wohl unsere war – und wenn ja, ob man sie auch nur entfernt als flugtüchtig bezeichnen konnte ...

Unser Pilot hieß Paul und stammte aus Neuseeland. Er war hochgewachsen und blond. Ich schätzte ihn auf Mitte vierzig. Paul machte einen erfahrenen Eindruck, und seine fröhlich funkelnden Augen und sein freundliches Gesicht gefielen mir auf Anhieb. Er zeigte uns unser Flugzeug, das auf dem von Pfützen durchsetzten Asphalt neben dem Büro stand. Die zweimotorige Maschine war nur wenig größer als der Minibus, in dem Sam Ndumia uns durch Nairobi kutschiert hatte. Bis jetzt war ich nur in den großen Linienmaschinen internationaler Fluggesellschaften gereist. Würde dieses winzige Ding mich wirklich nach Hause bringen?
Als wir uns anschickten, an Bord zu gehen, fühlten sich meine Beine bleischwer an. Ich fürchtete mich davor, den ersten Schritt zu machen, nur um vielleicht erleben zu müssen, wie unser Flug wegen schlechten Wetters gestrichen wurde. Tief hängende Wolken rasten über den aufgepeitschten Himmel und versperrten uns die Sicht auf die Berge. Regen trommelte unablässig auf den Rumpf der Maschine. Als ich auf meinem winzigen Sitz Platz nahm, wurde ich beim Gedanken, in wenigen Stunden vielleicht den Sudan und meine Familie wiederzusehen, von übermächtigen Gefühlen ergriffen.
Beim Anschnallen bemerkte ich, dass mir lautlos Tränen aus

den Augen tropften. Rasch wischte ich sie weg und hoffte, dass es niemand bemerkt hatte. Intesar, die bereits hinten in der Maschine neben der anderen Nubafrau saß, lächelte mir aufmunternd zu und streckte die Hand nach mir aus. Nachdem ich mir die Augen getrocknet hatte, drückte ich ihre Hand dankbar.

Dann sank mir erneut das Herz in die Magengrube. Paul befürchtete plötzlich, die Maschine könnte zu schwer werden, so dass das Fahrwerk sich in die vom Regen aufgeweichte Sandpiste eingrub. Mussten unsere Passagiere jetzt etwa wieder aussteigen? Dass dieses Los Intesar traf, kam für mich überhaupt nicht in Frage. Schließlich musste die Miss Nuba 2006 unbedingt mit von der Partie sein. Dann aber beschloss Paul, das Risiko einzugehen. Wir konnten starten.

»Hoffentlich regnet es bei unserer Ankunft in Kauda nicht auch so stark«, meinte er vielsagend, als er sich an mir vorbei zum Pilotensitz zwängte.

»Insh'Allah«, erwiderte Damien passend – Arabisch für »so Gott will«.

Paul grinste schief. »Ja, ganz richtig, Kumpel. Im Sudan kommt man ohne Allahs Hilfe nicht weit.«

Regentropfen spritzten in alle Richtungen, als die kleine Maschine die Startbahn entlangschoss und mühelos startete. Während wir in die Wolken hinaufstiegen, machte mein Herz einen Satz. Immer mehr gewannen wir an Höhe und ließen Loki weit hinter uns zurück. Plötzlich jedoch hörte ich, wie Damien hinter mir einen Schmerzensschrei ausstieß.

»Mein Gott, Mädchen, pass doch auf!«, rief er. »Du brichst mir noch den Hals.«

Als ich mich umdrehte, bot sich mir ein ausgesprochen merkwürdiger Anblick: Die Frau neben Intesar hatte nach vorne gegriffen, Damiens Hand gepackt und sie ganz nach hinten gezogen, so dass ihm sein eigener Arm nun die Kehle abschnürte. Ihre Finger gruben sich in seine Haut, die sich bereits heftig rötete. Damien verzog gequält das Gesicht, während sich in den Zügen der Frau Todesangst malte.

Er wies mit dem freien Daumen auf unsere Mitreisende. »Sie dreht anscheinend vor Angst gleich durch!«, krächzte er. »Wie im Schraubstock! Tu etwas, um sie zu beruhigen, Mende, bevor sie mich noch erwürgt.«

Ich erkannte das Mädchen vom Nuba-Schönheitswettbewerb wieder. Sie verdrehte panisch die Augen, wann immer die Maschine auf eine Wolkenbank stieß oder ein wenig ruckelte, und als ich sie nach ihrem Namen fragte, stieß sie nur durch zusammengebissene Zähne »Zainab« hervor. Auf meine Frage, ob sie Damien erdrosseln wolle, bewegte sie tonlos die Lippen. Ihr Blick huschte unruhig hin und her.

Ich wandte mich an Intesar. »Was hat sie denn? Ist sie krank? Fliegt sie zum ersten Mal?«

Intesar nickte. »Ich glaube schon.«

Um Zainab ein wenig von dem schwankenden Flugzeug abzulenken, fing ich an, mit Intesar zu plaudern.

»Intesar ist doch sicher dein arabischer Name. Wie lautet denn dein Nubaname? Mich hat man auch lange Zeit nicht bei meinem wirklichen Namen genannt.«

Intesar lächelte. »Ich heiße eigentlich Kaka. Das bedeutet erstgeborenes Mädchen.«

»Dann werde ich dich Kaka nennen. Oder lieber *Miss Nuba*? Schließlich hast du ja den Schönheitswettbewerb gewonnen.«

Kaka lachte auf und drehte sich verlegen zum Fenster um.

»Wo bist du eigentlich zu Hause?«, erkundigte ich mich. »Kommst du auch aus dem Flüchtlingslager in Kakuma?«

Kakas Miene verdüsterte sich. »Ja, ich habe lange in Kakuma gelebt. Ich kann es noch gar nicht glauben, dass sich jetzt endlich eine Möglichkeit ergeben hat, nach Hause zu fahren. Viele, viele Jahre habe ich mein Dorf und meine Familie nicht gesehen.«

»Da steckt doch noch mehr dahinter«, hakte ich neugierig nach. »Lass uns ganz am Anfang beginnen.«
Wieder blickte Kaka aus dem Fenster und schwieg eine Weile. Ich nahm an, dass sie ihre Gedanken ordnen wollte, und wartete darauf, dass sie zu sprechen begann. Dann jedoch fiel aus dem wolkigen Himmel ein Lichtstrahl in die Kabine, und ich bemerkte eine Träne, die ihr lautlos die Wange hinunterkullerte. Der winzige silbrige Tropfen hob sich vom regnerischen Grau ab.
Ich griff nach ihrer Hand. »Schon gut. Du brauchst nicht darüber zu reden, wenn es dir zu schwer fällt.«

»Ich war noch ein kleines Mädchen«, fing Kaka nun an. »Und wohnte mit meiner Mutter in Khartoum. Wir hatten uns vor den Kämpfen in den Nubabergen dorthin geflüchtet. Doch in Khartoum ging es uns nicht gut, und so beschlossen wir, nach Hause zurückzukehren. Dann, ich weiß nicht mehr genau wann, vielleicht 1988 oder 1989, überfielen die arabischen Milizen unser Dorf.«
Ihre Worte legten sich mir wie Blei auf die Seele. Ich wusste, ich würde gleich einen Teil meiner eigenen Vergangenheit hören.
Kaka sah mir eindringlich in die Augen. »Als nachts die bösen Männer kamen, lief ich los. Die Araber zündeten alle Hütten an, verbrannten unsere Habe und ermordeten die Menschen. Die Leute aus unserem Dorf lagen sterbend in ihrem Blut.«
Kaka hielt inne, nestelte an ihren Kreolen herum und kämpfte mit den Tränen.
»Ich konnte zum Glück entkommen«, fuhr sie fort und wischte mit der Handkante eine Träne weg. »Mein Onkel war groß und stark und hat es geschafft, mich aus dem Dorf zu bringen. Aber ich wurde dabei von meiner Mutter getrennt. Die Banditen nahmen viele Frauen und Kinder gefangen, die zu schwach oder zu langsam waren, um zu fliehen, oder die

einfach Pech gehabt hatten. Seitdem herrscht in unserem Gebiet Unruhe.«

»Oh, Kaka, meine kleine Schwester.« Mit Tränen in den Augen beugte ich mich vor, um sie in die Arme zu schließen. »Was für eine Geschichte. Also hat dein Onkel dich gerettet?«

Kaka nickte. »Richtig. Ohne ihn wäre ich sicher wie die anderen geschnappt worden. Die arabischen Banditen versuchten, zuerst alle Männer zu töten, damit sie auf weniger Widerstand stießen. Die Frauen und Kinder wurden verschleppt. Wir wussten nicht, was aus ihnen geworden war, und wollten lieber gar nicht daran denken. Inzwischen aber sind wir im Bilde: Die Araber zwingen die Kinder, für sie zu arbeiten, und sie behandeln sie sehr schlecht.«

»O mein Gott, Kaka, wie entsetzlich.« Ich streichelte ihre Wange. »Du hast so viel durchgemacht.«

Kakas tränennasse Augen blitzten zornig. »Nie werde ich es ihnen verzeihen. Die arabischen Milizen haben uns so viel Leid zugefügt, dass wir niemals vergessen, uns mit ihnen versöhnen oder in Frieden mit ihnen leben können.« Heftig schüttelte sie den Kopf. »Niemals, Mende, nicht in einer Million Jahren.«

»Warum, glaubst du, sind sie so mit euch umgegangen?«, fragte ich. Obwohl ich die Antwort kannte, wollte ich wissen, ob Kaka genauso empfand.

Kaka sah mir ins Gesicht. Inzwischen weinte sie nicht mehr, und in ihren Augen loderte eine stille Wut. »Warum? Dafür gibt es eine ganz einfache Erklärung, Mende. Sie tun es, weil wir schwarz sind. Das ist arabischer Kolonialismus. Es liegt einzig und allein an unserer Hautfarbe.«

Ich nickte zustimmend. »Ist je einer der Entführten aus eurem Dorf zurückgekehrt?«

»Nach einer Weile gelang einigen die Flucht«, erwiderte Kaka. »Ein paar konnten den Arabern entkommen. Allerdings standen sie vor einer schrecklichen Entscheidung. Wenn sie davonliefen, konnten sie nur eines ihrer Kinder mitnehmen, denn sie mussten es ja den ganzen Weg tragen. Wer also mehrere Kinder hatte, war gezwungen, die anderen zurückzulassen. Unsere Leute standen vor der Wahl, mit allen Kindern in Sklaverei zu leben oder sich bis auf eines von ihnen zu trennen.«

Kaka und ich fielen uns in die Arme. Schließlich lehnte ich mich zurück, umfasste fest ihre Hand und zwang mich zu einem Lächeln. »Kaka, kleine Schwester, du weißt ja sicher, was mir zugestoßen ist.«

Kaka nickte. »Das meiste schon. Es tut mir so schrecklich leid für dich, Mende.«

Kaka und ich umarmten uns abermals. »Aber weißt du was?«, meinte ich schließlich. »Auch *du* solltest ein Buch schreiben. Dieser weiße Mann hier heißt Damien Lewis und kann dir helfen, der Welt deine Geschichte zu erzählen.«

Kaka lächelte und warf Damien einen schüchternen Blick zu. Dieser verzog das Gesicht, denn Zainab hielt ihn weiterhin im Schraubstockgriff, und er sah in diesem Moment nicht so aus, als könne er irgendjemandem eine große Hilfe sein.

Inzwischen war das Wetter noch stürmischer geworden. Rings um uns türmten sich düstere Wolkenbänke auf, und die winzige Maschine wurde herumgewirbelt wie ein Körnchen Sorghumhirse im Wind. Zainab schien immer noch Todesängste auszustehen.

»Ich glaube, wenn Zainab mit mir fertig ist, kann ich das Schreiben an den Nagel hängen«, witzelte Damien. »Bestimmt hat sie mir die Hand gebrochen – und als Nächstes ist mein Genick dran.«

Wir lachten. Obwohl Zainabs Augen weiterhin schreckgeweitet waren, schien sie zumindest wahrzunehmen, dass wir mit ihr redeten, und ihr Griff um Damiens Hals lockerte sich ein wenig. Nachdem ich nun Kakas tragisches Schicksal kannte, fragte ich mich, was Zainab wohl durchgemacht haben mochte. Sicher hatte auch sie die Hölle hinter sich. Hier in Afrika war ich mit meiner traurigen Vergangenheit nicht allein, sondern hatte unzählige Leidensgenossen.

Jemand tippte mir auf die Schulter. »Mende, hast du einen Moment Zeit?«, fragte Mariella.

Sie wollte ein kurzes Interview mit mir aufzeichnen, in dem ich über meine Gefühle bei der Heimkehr in die Nubaberge und das Wiedersehen mit meiner Familie sprechen sollte. Ich hätte am liebsten darauf verzichtet, denn Kakas Schicksal war mir sehr nahegegangen. Vielleicht hätte Mariella besser *sie* befragen sollen. Doch Mariella hielt mir bereits ein riesiges Mikrophon ins Gesicht, und Hagen, der auf dem Copilotensitz saß, schaltete die Kamera ein.

»Mende, was ist deine größte Angst auf diesem Flug nach Hause?«, begann Mariella.

»Meine größte Angst?«, wiederholte ich und versuchte, mich zu konzentrieren. »Oh – ich bin mir so unsicher, ob ich meiner Familie zeigen kann, wie sehr ich sie liebe und sie vermisst habe. Wahrscheinlich ist es das Beste, wenn ich sie einfach umarme, damit sie es in ihren Herzen spüren.«

»Du hast dich seit deiner Zeit im Sudan äußerlich sehr verändert. Glaubst du, dass die Menschen dich als fremd empfinden werden?«

»Ich weiß, dass ich anders aussehe«, antwortete ich. »Aber das ist, wie ich hoffe, wirklich nur äußerlich. In meinem Inneren bin ich ganz wie früher noch immer ein Nubamädchen.«

»Wie, glaubst du, wird deine Familie auf dich reagieren?«

»Sie werden stolz auf mich sein, weil ich mich nicht unterkriegen lasse. Allerdings haben sie auch schon viel durchgemacht, weil ich an die Öffentlichkeit gegangen bin.«

Meine Familie hatte tatsächlich einiges auszuhalten gehabt. Dass eine ungebildete Nubafrau wie ich aufstand und über das Leiden ihres Volkes und die Sklaverei sprach, war bis jetzt im Sudan noch nicht vorgekommen. Deshalb hatten meine

Auftritte auf internationalem Parkett – wie beispielsweise vor den Vereinten Nationen und Regierungs- und Medienvertretern weltweit – bei den Schuldigen lautstarkes Protestgeheul ausgelöst. Die Methoden, mit denen diese Verbrecher meinen Eltern zeitweise das Leben zur Hölle gemacht hatten, wagte ich mir nicht auszumalen.

Im weiteren Verlauf des Interviews erklärte ich Mariella, dass ich am liebsten für immer in den Nubabergen bleiben und nie wieder fortgehen würde, um mich für den Rest meines Lebens nicht mehr von meiner Familie trennen zu müssen. Jedoch sei Großbritannien inzwischen meine zweite Heimat geworden, der Ort, an dem ich mir ein neues Leben aufgebaut hatte. Ich sei hin und her gerissen zwischen meiner Zukunft im Westen und meiner Vergangenheit in den Nubabergen.

»Hast du eigentlich das Gefühl, eine Sonderposition einzunehmen?«, erkundigte sich Mariella. »Schließlich besitzt du einen britischen Pass und kannst dich, anders als Kaka, einfach ins nächste Flugzeug setzen, um deine Familie zu besuchen.«

Natürlich war ich froh über das Privileg, einen britischen Pass zu haben, doch das konnte ich in Gegenwart von Menschen wie Kaka und Zainab ja schlecht sagen, wenn ich nicht prahlerisch wirken wollte.

»Ich kann mich in Kakas Situation bestens hineinversetzen«, erwiderte ich deshalb. »Ebenso wie ich früher hat auch Kaka keinen Pass und hat lange, lange Zeit darauf gewartet, ihre Familie wiederzusehen. Denk nur, welche Schwierigkeiten sie deshalb durchstehen musste. Sie ist ein Mensch wie ich und hat genau dieselben Gefühle, aber ihr fehlt im Gegensatz zu mir die Unterstützung. Sie hat niemanden, der ihr hilft – und das tut mir schrecklich leid.«

»Meinst du, die Menschen könnten neidisch auf dich werden?«

Daran hatte ich noch gar nicht gedacht. Wieder versuchte ich, mich in die Lage der anderen zu versetzen.

»Ich an ihrer Stelle würde wohl beten«, sagte ich. »Ich würde mir wünschen, ebenfalls ungehindert herumreisen und meine Familie besuchen zu können. Doch neidisch wäre ich vermutlich nicht. Es wäre schön, wenn die Menschen hinter mir stünden, anstatt mich zu beneiden.«

Das Interview war vorbei. Offenbar hatte Paul den Autopiloten eingeschaltet, denn er drehte sich zu mir um. In seiner Sonnenbrille konnte ich mein Spiegelbild erkennen.

»Hoffentlich stört es Sie nicht, dass ich mitgehört habe«, überschrie er den Motorenlärm und lächelte mir zu. »Willkommen im Sudan. Was die hiesige Bevölkerung mitmachen muss, ist unfassbar ... Vor ein paar Monaten habe ich einen Burschen in den Sudan geflogen, der seine Familie seit sage und schreibe siebzehn Jahren nicht gesehen hatte und als Flüchtling in den USA lebte. Es war sein erster Besuch zu Hause.«

»Das glaube ich sofort. Hier spielen sich unzählige traurige Schicksale ab«, erwiderte ich. »So viel Leid ...«

»Es war eine sehr emotionale Reise«, fuhr Paul fort. »Genau wie heute. Bei der Landung hat der Mann geweint. Sie können sich sicher vorstellen, wie das Treffen mit seiner Familie ablief. Ich war zu Tränen gerührt.«

Ich nickte und erwiderte sein Lächeln. »Danke.«

»Und jetzt zur schlechten Nachricht«, sprach Paul weiter. »Sicher ist Ihnen auch schon aufgefallen, dass um uns herum schwere Unwetter toben. Schauen Sie sich zum Beispiel diese beiden Schätzchen vor uns an. Wir fliegen genau in zwei dicke Gewitter hinein. Falls eines davon über Kauda liegt, kann ich nicht landen, da die Sichtweite dann null beträgt. In diesem Fall müsste ich auf einen anderen Flugplatz ausweichen.«

Vor Schreck blieb mir fast das Herz stehen. Mir wurde flau im Magen, und ich wusste nicht, was ich sagen sollte. Offenbar war Paul mein Entsetzen nicht entgangen.

»Keine Angst«, meinte er. »Wenn irgend möglich, bringe ich

Sie nach Kauda oder zumindest in die nähere Umgebung.« Er warf einen Blick aus dem Fenster. »Eigentlich sollte die Regenzeit schon zu Ende sein. Mit so einem Wetter hätte jetzt niemand mehr gerechnet. Wochenlang war es hier knochentrocken. Sie haben einfach Pech.«

Ich lehnte mich in meinem Sitz zurück und versuchte mich zu beruhigen. Doch ich spürte, wie meine den ganzen Vormittag nur mühsam bewahrte Fassung zu bröckeln begann und meine Gefühle mich zu überwältigen drohten. Ob wir das alles je schaffen würden? Wenn die Bedingungen in Kauda zu schlecht waren, würden wir auf einem Flugplatz viele Kilometer weit weg vom vereinbarten Treffpunkt landen müssen. Nie war ich den Nubabergen so nah und gleichzeitig so weit von meiner Familie und meinem Zuhause entfernt gewesen.

Plötzlich sackte die Maschine ab und verlor im düsteren, aufgewühlten Himmel rasch an Höhe. Paul zeigte mit dem Finger nach links und drehte sich zu mir um.

»Die Nubaberge. Fast zu Hause. Drücken Sie die Daumen!«, rief er mir zu.

Ich blickte in die angegebene Richtung, wo in der Ferne einige nadelspitze Gipfel aus der Ebene ragten. Vor uns zwischen den Bergen schlängelte sich ein hellgelbes Band dahin, ein ausgetrocknetes Flussbett, das auf die Regenfluten wartete. Mein Magen flatterte vor Aufregung, und ich fühlte mich wie in einem Traum. Dunkle Wolken hingen über den Gipfeln, wo der Himmel jeden Moment seine Schleusen zu öffnen drohte. Ich wünschte mir ganz fest, die Berge würden näher kommen und die Wolkendecke möge sich lüften, um uns Platz zu machen. Am liebsten hätte ich die Hände nach ihnen ausgestreckt.

Unvermittelt ging Paul in einen steilen Sinkflug und tauchte zwischen zwei riesigen schwarzen Wolkensäulen hinab. Unten in der Dämmerung war ein winziger Streifen aus rotem Sand zu sehen.

»Heute ist euer Glückstag, Leute!«, rief er. »Es ist zwar ziemlich wolkig hier, aber die Landepiste in Kauda ist frei. Los geht's!«
Die winzige Maschine sank immer schneller. Hellgrüne Bäume rasten an meinem Fenster vorbei. Der Boden war ein Meer aus goldenen Gräsern. Der Schatten des Kleinflugzeugs veränderte immer wieder seine Form, während er unter uns dahinsauste. In wenigen Sekunden hatte Paul die Piste überflogen und wendete nun, um zu landen.
»Keine Kühe auf der Landebahn«, verkündete er. »Mal eine Abwechslung. Und trocken ist es hier offenbar auch. Also los.«
Als er eine enge Kehre flog, blickte ich gebannt aus dem Fenster auf den Boden, der mir so nah erschien, dass ich schon glaubte, die Tragfläche würde ihn jeden Augenblick streifen. Schwarze Gesichter starrten zu uns hinauf. Ich suchte die Menschenmenge nach meiner Familie ab, aber alles ging viel zu schnell. Dennoch überkam mich schlagartig die schreckliche Gewissheit, dass sie gar nicht da waren. Kein Mitglied meiner Familie erwartete mich.
Als das Flugzeug den Boden berührte, ertönte ein Knall, dass der ganze Rumpf erzitterte. Paul hatte seine liebe Not, die Maschine unter Kontrolle zu halten. Nachdem er die Schubumkehr eingeschaltet hatte, hallte das Dröhnen der Propeller in der Kabine wider. Unter uns hörten wir das Klappern und Poltern des Fahrwerks auf dem unebenen Boden, während das Flugzeug holpernd ausrollte. Ich war froh über den ohrenbetäubenden Lärm, denn er übertönte – hoffentlich – mein Schluchzen.
Als das Flugzeug endlich Bodenkontakt hatte, brachen sich all meine aufgestauten Gefühle Bahn, und ich schlug bitterlich weinend die Hände vors Gesicht. Ich wusste selber nicht, warum ich Tränen vergoss – war es aus Freude, weil ich trotz widriger Umstände endlich zu Hause war, oder aus Enttäuschung

und Trauer, weil meine Familie mich offenbar nicht hier erwartete? Ich war völlig durcheinander, emotional aufgewühlt, erschöpft und am Ende meiner Kräfte.
Nachdem wir schließlich standen, schaltete Paul die Triebwerke ab. Dann drehte er sich zu uns um. »Ich steige als Erster aus, Leute. Und niemand rührt sich von seinem Sitz, bis die Propeller endgültig angehalten haben.«
Als er sich erheben und sich an mir vorbeizwängen wollte, bemerkte er meinen aufgelösten Zustand und nahm mit verlegener Miene wieder Platz. Doch sooft ich mir auch die Nase putzte und die Tränen abwischte, ich konnte einfach nicht aufhören zu weinen. Unablässig blickte ich aus dem Fenster, um ein bekanntes Gesicht zu entdecken – leider vergeblich.

Nachdem ich mich einigermaßen beruhigt hatte, stieg ich aus und betrat den vom Regen durchweichten schlammigen Boden. Eine Menschenmenge umringte uns, und kleine Jungen drängelten, um einen Blick auf die Zaubermaschine zu erhaschen, die gerade vom Himmel gefallen war. Als ich mich aufgeregt umsah, bemerkte ich eine Gruppe bis an die Zähne bewaffneter Männer und drei Militärjeeps. Die Männer waren keine Nuba, so viel stand fest. Sie sahen nicht einmal wie Afrikaner aus. Vermutlich gehörten sie den UN-Friedenstruppen an. Man hatte nämlich internationale Truppen in die Nubaberge entsandt, um den Waffenstillstand zu überwachen, und offenbar waren diese Soldaten zum Schutz des Flugplatzes abgestellt. Ich fragte mich, ob sie wohl wegen der Plünderer und Milizen hier waren, vor denen Sayed uns in London gewarnt hatte.
Da löste sich ein Mann aus der Menge. »Du bist sicher Mende«, verkündete er. »Ich bin Omer von MORDAR. Ihr wohnt bei uns.« Er umarmte mich rasch. »Willkommen daheim. Sei stark. Du bist jetzt bei deinem Volk.«
Ich bedankte mich bei Omer. MORDAR ist die Abkürzung

für *Mountains Organization of Relief, Development and Rehabilitation* (Organisation für Unterstützung, Entwicklung und Wiederaufbau der Gebirgsregion), eine Hilfsorganisation der Nuba. Omer winkte einen zerbeulten Toyota-Jeep heran, der rückwärts an die Maschine heranrangierte, und begann, unser Gepäck umzuladen. Ich sah mich ein letztes Mal um und suchte die Menschenmenge nach einem vertrauten Gesicht oder meiner Familie ab. Allerdings vergebens.
»Sie sind nicht da«, sagte ich zu Damien. »Meine Familie ist nicht da.« Meine Enttäuschung drohte in Panik umzuschlagen.
Wortlos schüttelte er den Kopf. »Lass uns einfach hoffen, dass sie noch unterwegs sind«, meinte er schließlich.
Spontan bückte ich mich, nahm eine Handvoll roter Erde, hielt sie mir ans Gesicht und atmete den feuchten, kräftigen Geruch ein.
»Ich bin zu Hause, ich bin wirklich zu Hause«, flüsterte ich, während ich mir die Erde durch die Finger rinnen ließ. »Ich bin zu Hause. Aber ich will meine Familie sehen.«
Die letzten Erdkrumen fielen zu Boden. Wieder strömten mir die Tränen übers Gesicht. Ich hatte meine Gefühle einfach nicht im Griff. Inzwischen hatte sich eine Menschenmenge um mich geschart und wollte mich trösten. Es waren samt und sonders Fremde – alte Nubamänner, junge Mädchen und Frauen, in meinem Alter oder ein wenig jünger. Alle umarmten und begrüßten mich und hießen mich willkommen.
»Schön, dass du wieder zu Hause bist, Schwester«, sagten sie.
Ich war nicht sicher, ob sie überhaupt wussten, wer ich war. Vermutlich waren sie einfach nur an Menschen gewöhnt, die, Tränen der Freude und der Trauer in den Augen, nach Hause zurückkehrten. Für sie war ich eben eine jener Nubatöchter, die nach unendlich langer Zeit und vielen Leiden und Prüfungen ihre Heimat wiedersahen.
In den Hügeln westlich von uns ertönte ein dumpfes Grollen,

Freudentränen – afrikanische Erde in meiner Hand

eine dicke, bedrohlich wirkende Wolkenbank zog heran, und Donner hallte rings um uns von den Felswänden wider. In der Schwärze zuckten Blitze. Paul blickte besorgt in diese Richtung.

»Ich muss schleunigst verschwinden, alter Junge«, meinte er zu Damien. »Und zwar bevor das verdammte Unwetter losbricht.«

Er fragte, ob er sich vor dem Abflug mit mir fotografieren lassen könne. »Schließlich habe ich nicht alle Tage so prominente Fluggäste«, witzelte er, als er den Arm um mich legte.

Ich spürte, wie mir erneut die Tränen in die Augen stiegen. »Keine Angst«, versuchte Paul mich zu beruhigen. Obwohl es ihm offensichtlich unangenehm war, eine weinende Frau zu trösten, gab er sich redlich Mühe. »Nur immer mit der Ruhe. Sie werden Ihre Familie schon treffen.«

Wieder grollte der Donner. Paul verzog das Gesicht. »Jetzt aber los.«

Er sprang ins Cockpit, ließ die Triebwerke an und rollte zum Ende der Piste. Wenige Sekunden später kam er auf uns zugerast. Die Positionslichter an seinen Tragflächen leuchteten in der Düsternis. Ich trat mit Kaka und Zainab zurück, und wir schauten dem Flugzeug nach, das sich in die Luft erhob und immer höher in den Himmel hinaufstieg. Als Paul eine scharfe Kehre flog, zeichnete sich der weiße Rumpf der Maschine kurz vor den dunklen Bergen ab. Dann wandte er sich nach Süden und schien dem Unwetter vorwegzufliegen, das sich hinter ihm zusammenbraute. Ich betete, er möge eine sichere Reise haben.

Während sein Flugzeug in den Wolken verschwand, fiel mein Blick auf einen Gegenstand, der, halb vom Dickicht verborgen, auf dem Boden lag. Erschrocken stellte ich fest, dass es sich um das Wrack einer ziemlich großen Maschine handelte. Die Tragflächen steckten zwischen Ästen fest, und der Rumpf wies große gezackte Risse auf. Offenbar war das Flugzeug über die Landepiste hinausgeschossen und in den Busch geschleudert worden. Das führte mir noch einmal vor Augen, wie gefährlich eine Landung hier bei Unwetter war und was Paul für uns riskiert hatte.

»Viel Glück, Paul«, sagte ich leise, als sein Flugzeug sich in der Ferne in einen winzigen weißen Punkt verwandelte. »Kommen Sie gut nach Hause.«

5
Heimkehr unter schlechtem Stern

Nachdem wir unsere Reisegefährtinnen noch einmal fest umarmt hatten, winkte uns Omer zum Jeep, um uns nach Kauda zu fahren. Doch ich wollte lieber zu Fuß gehen, um mich schrittweise wieder an meine Heimat anzunähern und den so lang entbehrten Boden unter meinen Füßen zu spüren. Damien, Hannah, Mariella und Hagen beschlossen, mich zu begleiten. Nach dem langen Aufenthalt in der engen Flugzeugkabine hatten wir alle das Bedürfnis, uns die Beine zu vertreten. Es donnerte und blitzte immer noch, und aus den Hügeln im Westen kam ein Grollen. Aber der Regen ließ noch auf sich warten, und die Temperatur war ideal für einen Spaziergang.

Also folgten wir einer gewundenen Schotterstraße in den Busch. Kaka und Zainab waren im Auto mitgefahren. Ich schlenderte neben einem jungen Nubamädchen her, das denselben Weg hatte wie wir. Sie sagte, sie hieße Awatif, aber als ich mich nach ihrem Nubanamen erkundigte, stellte sich heraus, dass ihr Name ebenfalls Kaka lautete. Da so ziemlich jede Familie ein »erstgeborenes Mädchen« hat, gab es bei den hier ansässigen Kawalib-Nuba ziemlich viele Kakas (und Kukus, »erstgeborene Jungen«), was recht verwirrend sein konnte.

Als ich die neue Kaka nach ihrem Alter fragte, erwiderte sie, sie sei fünfundzwanzig. Allerdings sah sie eher aus wie neunzehn, was ich ihr auch sagte. Darauf grinste sie, denn auch sie kannte ihr wahres Alter nicht. Vielleicht hatte ich recht, und sie war erst neunzehn? Bei mir war es genau dasselbe, denn wir

Nuba notieren unseren Geburtstag nicht und berechnen die Jahre anhand des Wechsels der Jahreszeiten. Trockenzeit, kalte Jahreszeit, Regenzeit und Erntezeit ersetzen für uns den Kalender.
Kaka erzählte mir, sie arbeite am Flugplatz, wo es eine sehr spartanisch ausgestattete Zollstation gab. Ihre Aufgabe bestand hauptsächlich darin, dafür zu sorgen, dass die Flugpassagiere weder Waffen noch Sprengstoff mit an Bord brachten. Eigentlich hätte sie auch das Gepäck kontrollieren müssen, doch sie hatte unseres kaum eines Blickes gewürdigt. Offenbar hielt sie sich nicht allzu streng an die Vorschriften.
Immer wieder entdeckte ich in den Feldern zu beiden Seiten des Weges etwas, das mich interessierte, und ich konnte der Versuchung nicht widerstehen, die Pflanzen anzufassen, daran zu schnuppern oder davon zu kosten. Zuerst fiel mir die Sorghumhirse auf. Ihre dicken Stengel überragten uns, wurden von einer speerspitzenförmigen Ähre voller goldener Körner gekrönt und bogen sich unter deren Gewicht. Ich lief einen schlammigen Pfad entlang. Plötzlich stand ich mitten im Feld, wo ich die Hand ausstreckte, um nach den schweren, von prallen, reifen Körnern strotzenden Ähren zu greifen. Ich strich mit den Fingern darüber. Sie fühlten sich an wie winzige Murmeln, hart und leicht klebrig.
»Schau nur!«, rief ich Damien zu. »Das ist Sorghumhirse. Ich kann es immer noch nicht fassen, dass ich wirklich zu Hause bin. Hier ist es wie in meiner Kindheit. Es riecht sogar genauso. Ich fühle mich wie in einem Traum.«
In meiner Kindheit war diese Hirse das wichtigste Grundnahrungsmittel in unserem Dorf gewesen. Bei einer guten Ernte, wie sie offenbar auch den Bewohnern Kaudas bevorstand, waren alle Menschen glücklich und feierten. Eine Missernte hatte hingegen schreckliche Folgen. Zuerst magerten die Tiere ab und verhungerten. Dann waren die Menschen an der Reihe. Die Alten und die Kleinkinder starben zuerst,

weil sie die schwächsten waren. In ganz schweren Fällen waren auch die Erwachsenen betroffen.

Ich kann mich noch gut an das Jahr der Missernte erinnern. Nur Hilfe von außen hatte uns gerettet. Eine Karawane funkelnder Lastwagen war den Berg hinaufgekrochen, um Lebensmittelspenden, Decken und Saatgut in unser Dorf zu bringen. Am Marktplatz hatten die Lastwagen zum Abladen angehalten. Doch die Männer, die aus den Fahrzeugen stiegen, waren leichenblass gewesen. Wir Kinder hatten uns vor ihnen gegruselt wie vor Geistern, denn wir hatten noch nie zuvor einen Weißen gesehen. Es hieß, die Hilfsgüter kämen aus Amerika. Und so dichteten die Dorffrauen ein Loblied auf Präsident Bush (senior), das bald alle sangen. Eigentlich wollten sie auch ein Loblied auf seine Frau dichten, aber niemand kannte ihren Namen. Damals verloren wir viele unserer Rinder. Die Lebensmittellieferungen waren unsere letzte Hoffnung und schließlich die Rettung gewesen.

Awatif-Kaka folgte mir ins Hirsefeld. Für sie war es unbegreiflich, wie ich mich so sehr über eine simple Hirsepflanze freuen konnte.

»Offenbar hast du deine Heimat wirklich vermisst«, meinte sie lächelnd. »Du schnupperst an allem und fasst es an. Durch dich fallen mir hier gerade Dinge auf, die ich noch nie gesehen habe.«

Ich reichte ihr eine Ähre. »Für dich ist das hier ganz normal. Aber ich … du kannst nicht wissen, wie lange ich darauf verzichten musste!«

Während wir die Straße entlang weiterschlenderten, nahm ich vor allem den Geruch wahr. Kann ein Ort einen eigenen Geruch haben?, fragte ich mich. Oder eine Zeit? Ein Volk? Menschen einer bestimmten Hautfarbe? Ein Kapitel der eigenen Lebensgeschichte? Ich weiß es nicht. Jedenfalls hatte ich den Eindruck, dass die reife, goldene, frische Luft, die ich einatmete, all dies und noch viel mehr enthielt. Es war unverkennbar der Duft meiner Nubaheimat.

Kauda liegt in einer großen Ebene inmitten eines von schroffen Bergen umgebenen Kessels. Jetzt, mitten in der Regenzeit, waren die Hügel ringsum üppig grün. Hier und da waren kegelförmige Strohdächer von Lehmhütten zu sehen, die sich aus dem hohen Buschgras erhoben. Die kleinen Siedlungen auf den mit Gesteinshaufen erhöhten Kuppen der Hügel, die miteinander um die beste Aussicht zu wetteifern schienen, standen zwischen Bäumen, an denen Mangos und andere Früchte wuchsen. Diese Bauweise war bei den Nuba aus Verteidigungsgründen üblich, und ich fragte mich, ob das auch hier in Kauda galt.

Als wir unseren Weg in den Ort fortsetzten, wies ich auf Felder mit Sesampflanzen, deren hellgrüne, blättrige Stengel wie lange Finger aus der roten Erde ragten. Bis zur Ernte würde es noch eine Weile dauern, denn wenn Sesam reif ist, verfärben sich die Blätter gelb und fallen ab, so dass nur die kahlen Stengel zurückbleiben. Die Sesamsamen kleben in Klumpen daran. Zwischen den Feldern mit Sesam und Hirse wuchsen Erdnüsse, grüne Pflanzen, die in Größe und Aussehen an kleine Kartoffelpflanzen erinnern. Wie die Nüsse geröstet und gesalzen schmecken, weiß die ganze Welt.

»Pflück dir eine«, meinte Awatif-Kaka und zeigte mit dem Finger. »Dann siehst du, ob sie reif sind.«

»Das geht doch nicht. Es wäre Diebstahl. Wir müssen zuerst den Bauern fragen.«

Ich bückte mich und griff nach der Pflanze, um mich daran zu erinnern, wie es gewesen war, sie auszureißen. Dabei stellte ich mir die Nüsse vor, jede in ihrer hölzernen Schale, die am unteren Ende der Pflanze hingen. Als Kind hatte ich mit meinem Vater viele Stunden auf dem Feld bei der Erdnussernte verbracht. Die Technik bestand darin, die Pflanzen auszureißen und hinter sich zu werfen, bis man müde war. Anschließend sammelten wir sie alle ein und schichteten sie in einem hohlen Turm, der so hoch war, dass ich das obere Ende nicht erreichen konnte. Dort ließen wir sie, die Wurzeln und die Nüsse nach außen gewandt, liegen, damit sie in der Sonne trockneten.

Ich tastete den Boden rings um die Pflanze ab. Trotz des vielen Regens fühlte er sich locker und trocken an. Mir fiel ein, dass man Erdnüsse in trockenen, sandigen Boden pflanzen musste, da die Nüsse sonst in der Erde steckenblieben, wenn man die Pflanze ausriss. Bei der Hirse war es genau umgekehrt. Sie brauchte einen klebrigen, feuchten, tonhaltigen Boden, der das Wasser speicherte und feucht blieb, auch wenn es tagelang nicht regnete.

In diesem Moment hörte ich ein Motorengeräusch und drehte mich um. Der Jeep von MORDAR kam den Weg entlanggeprescht und stoppte in einer Staubwolke. Obwohl wir schon seit fünfundvierzig Minuten unterwegs waren, war es nach Kauda noch ein gutes Stück. Wir stiegen ein und fuhren los. Bald kamen wir an einigen Flussbetten vorbei, die sich in ein Gewirr aus tiefen Rinnen verwandelt hatten. In einigen davon hatten sich Wasserpfützen gesammelt. Während der Jeep krachend und polternd hindurchholperte, fragte ich mich, wie um alles in der Welt meine Familie die Fahrt nach Kauda bloß schaffen sollte. Schon die kurze Strecke vom Flugplatz in die kleine Stadt hatte mir die Straßenverhältnisse wieder drastisch vor Augen geführt. Wie mochte es wohl mitten in den Bergen aussehen?

Der Jeep rumpelte das breiteste Flussbett hinunter; es war der goldgelbe Sandstreifen, den ich vom Flugzeug aus gesehen hatte. Als die Reifen auf eine tiefe Rinne trafen, wurden wir alle in die Luft geschleudert. Ich stieß mit dem Kopf gegen das Wagendach und hörte, wie die anderen vor Schmerz aufschrien.

Nachdem sich das Fahrzeug noch einen steilen, steinigen Pfad hinaufgequält hatte, lag eine weite Ebene am Fuße eines malerisch geschwungenen Berges vor uns. Ich blickte mich um. Auf der einen Seite entdeckte ich eine Reihe von Backsteinhäusern mit blauen Fensterrahmen und Türen, vor denen eine lange Veranda verlief. Gegenüber standen einige Lehmhütten mit spitzen Strohdächern. Obwohl sie eckig waren, nicht rund wie die in meinem Heimatdorf, fühlte ich mich gleich an meine Kindheit erinnert. Im hinteren Teil der Anlage bemerkte ich einige Akazien, deren Schatten zur Rast einluden.
Als ich aus dem Wagen stieg, kam eine Frau auf uns zu, um uns zu begrüßen. Sie hatte dicke, schimmernde Verlängerungen in ihr Haar geflochten und trug ein hübsches traditionelles afrikanisches Gewand. Sie gefiel mir auf Anhieb mit ihrem sympathischen Lächeln. Die Frau stellte sich als Shwaya, stellvertretende Leiterin des MORDAR-Camps, vor und erzählte mir, sie sei eigentlich eine Nuba, habe aber ihr ganzes Leben in Kenia verbracht. Sie war Mitte zwanzig und erst vor kurzem in die Nubaberge zurückgekehrt.
Fünf weiße Gartenstühle aus Plastik waren um einen ebenfalls weißen Plastiktisch neben der aus Backsteinen gemauerten Veranda angeordnet. Shwaya forderte uns auf, Platz zu nehmen, machte uns mit ihren Mitarbeiterinnen bekannt und erklärte, dass sie für uns kochen und die Wäsche erledigen würden. Mit dem Kopf wies sie auf ein Gebäude, das offenbar das Kochhaus war, eine Bude, aus deren Ritzen Rauch quoll. In den Nubabergen findet das Kochen nämlich nicht im Wohnhaus statt, so seltsam das auf Außenstehende auch wirken mag.

In meiner Kindheit hatte meine Mutter im Freien, und zwar im sogenannten »Kitting« gekocht, einem Holzverschlag, der zwischen unseren beiden Hütten stand. Eine Ecke des Kitting diente ausschließlich der Nahrungszubereitung und wurde peinlich sauber gehalten. Nur meine Mutter und ich durften sie betreten. Sie kochte, während ich ihr dabei zur Hand ging. Unterdessen saß mein Vater daneben auf einem der aus Bast geflochtenen Betten, redete und erzählte Geschichten. Der Vorteil des Kochens im Freien besteht darin, dass der kleinste Lufthauch das Feuer anfacht und gleichzeitig die Küchendünste vertreibt.

Ich erklärte Shwaya, dass wir zuerst Tee brauchten, denn meine britischen Freunde schütteten ihn, wie ich wusste, für gewöhnlich literweise in sich hinein und hatten seit dem Frühstück keinen mehr bekommen. Das heiße Wasser wurde bald darauf in Plastikflaschen mit golden lackierten Henkeln an unseren Tisch gebracht. Der Tee selbst befand sich in einer Plastiktüte. Allerdings hatte ich solchen Tee noch nie zuvor gesehen. Mich erinnerte er eher an gefriergetrockneten Instantkaffee. Das Etikett mit der Aufschrift »Coftea« steigerte meine Ratlosigkeit noch.
»Was ist das?«, fragte ich Shwaya und hielt die Coftea-Tüte hoch. »Tee, Kaffee oder eine Mischung aus beidem?«
»Es ist Tee«, erwiderte Shwaya lachend.
Ich stimmte ein. »Warum heißt das Zeug dann Coftea? Das finde ich ziemlich verwirrend.«
Shwaya schüttelte den Kopf und zeigte mir dann, wie man ein paar Löffel Coftea in ein Teesieb gab, es über eine Plastiktasse hielt und heißes Wasser darüber goss. Anschließend reichte sie mir einen Becher mit einer Flüssigkeit, in der rote Blätter schwammen.
Ich steckte die Nase hinein und schnupperte. »Das ist ja *kakade!*«, verkündete ich mit einem breiten Lächeln. »Keine Ahnung, wie es auf Englisch heißt, aber wir nennen es *kakade*. Meine Mutter hat es früher für uns gemacht.«
»Ja, es ist *kakade*«, bestätigte Shwaya lachend. »Das kannst du dazugeben, wenn du magst.«

»Sehr gern, es ist wirklich lecker.«
Auf dem Weg vom Flughafen war mir ein grüner *Kakade*-Busch mit seinen unverkennbaren roten Blüten aufgefallen. Wie sich herausstellte, heißt die Pflanze in Europa Hibiskus. Ich servierte Damien, Hannah, Mariella und Hagen ihren Tee. Sie probierten alle ein bisschen *kakade* dazu.
Als ich meinen Tee trank und mich umsah, fiel mir auf, wie primitiv die Verhältnisse hier waren. Ich würde damit leben können. Allerdings machte ich mir ein wenig Sorgen um meine weißen Freunde.
Damien, der schon oft in Afrika und auch im Sudan gewesen war, würde schon damit zurechtkommen. Auch Hannah, die ihn einige Male begleitet hatte, würde sich wahrscheinlich rasch eingewöhnen. Jedoch wusste ich nicht, wie es um Hagen und Mariella bestellt war. Und da sie alle Gäste in meiner Heimat waren, fühlte ich mich in gewisser Weise für ihr Wohlergehen verantwortlich. Ich verspürte den inständigen Wunsch, wir hätten meine Familie zu Hause in meinem hübschen Dorf besuchen können. Und dieser Gedanke erinnerte mich wieder daran, dass ich noch immer nichts von meinen Eltern gehört hatte.

Ich sprach unter vier Augen mit Shwaya. »Hast du Nachricht von meiner Familie? Eigentlich wollte ich mich in Kauda mit ihnen treffen.«
»Ja, ich weiß«, antwortete sie. »Deshalb bist du ja hier. Aber bis jetzt fehlt von ihnen noch jede Spur. Woher kommen sie denn?«
»Aus Karko.«
»Gut, aus Karko.« Shwaya überlegte. »Tja, das heißt, dass sie über Kadugli und Dilling fahren.« Besorgt runzelte sie die Stirn. »Nun, Schwester, ab Kadugli sind die Straßen sehr schlecht, insbesondere jetzt nach dem Regen. Also wirst du Geduld haben und warten müssen.«

Ich nickte und zwang mich zu einem Lächeln. In Wirklichkeit aber war ich unglaublich enttäuscht. Obwohl ich über den Zustand der Straßen Bescheid gewusst hatte, war es doch etwas anderes, diese Information von einer Einheimischen bestätigt zu bekommen. Allen Widrigkeiten zum Trotz waren wir zu guter Letzt wohlbehalten eingetroffen. Doch wer konnte für die Sicherheit meiner Familie garantieren? Wie lange würden wir wohl warten müssen? Wieder einmal schoss mir durch den Kopf, dass ich bestimmt schon mit meiner Familie vereint gewesen wäre, hätten wir uns nur an unseren ursprünglichen Plan gehalten, ins leichter erreichbare Julud zu fliegen. Ich ärgerte mich, weil ich hier am falschen Ort herumsitzen musste – allerdings ohne zu wissen, wem ich eigentlich böse sein sollte, oder ob mein Groll überhaupt gerechtfertigt war.

Hannah riss mich aus meinen düsteren Grübeleien, indem sie sich erkundigte, ob ich sie nach Kauda zum Markt begleiten wolle. Sie hatte versucht, eine klare Antwort auf die Frage zu bekommen, ob in den Übernachtungspreis auch die Mahlzeiten eingeschlossen seien. Da wir mit MORDAR im Voraus zehn Dollar pro Tag vereinbart hatten, fand ich das zwar ziemlich wahrscheinlich, doch bis jetzt hatte ihr niemand eine verbindliche Auskunft geben können. Wir alle hatten seit dem Frühstück nichts mehr gegessen, und so hatte Hannah beschlossen, auf dem Markt Proviant zu kaufen, nur für den Fall, dass es heute Abend nichts geben sollte.

»Uff, das sind ja Zustände wie im Hotel California«, seufzte Damien, als wir uns auf den Weg machten. »Es ist zwar ganz nett hier, aber niemand hat einen Schimmer, was läuft.« Er erklärte mir, »Hotel California« sei ein bekanntes Lied von der Gruppe »The Eagles« und handle von einem Hotel, das man trotz aller Bemühungen nicht mehr verlassen könne. *»You can check out anytime you like, but you can never leave …«*

Da wusste ich, dass der Spitzname hängenbleiben würde. Von

jetzt an hieß das MORDAR-Camp bei uns nur noch »Hotel California«.
Als wir das breite, sandige Flussbett durchquerten, begegneten wir am anderen Ufer zwei Nubamännern. Bei meinem Anblick kamen sie lächelnd auf mich zu und fielen mir um den Hals, so dass ich mich im ersten Moment fragte, ob sie vielleicht Freunde oder Verwandte aus meinem Dorf waren, die ich nicht wiedererkannt hatte.
»Willkommen zu Hause, willkommen in *deinem* Land«, wiederholten sie ein ums andere Mal. Dabei betonten sie das »dein«, damit ich mich auch tief in meinem Herzen zu Hause fühlte.
Sie sprachen meine Muttersprache Karko, die ich so viele Jahre lang so schmerzlich vermisst hatte. Obwohl ich die beiden Männer nicht kannte, kamen sie von meinem Stamm und aus meinem Dorf und waren deshalb gewissermaßen Angehörige. Sie schlugen vor, uns später am Abend nach unserer Rückkehr vom Markt im Camp zu besuchen, was ich gerne annahm, denn ich freute mich darauf, noch ein wenig mit ihnen zu plaudern.
»Woher wusstet ihr, dass ich hier bin?«, wunderte ich mich schließlich.
Sie lachten. »Alle Nuba in Kauda wissen Bescheid.«
Ich lächelte. »Vielen Dank für die nette Begrüßung.« Mir war noch nicht klar, wie sehr ich mich schon bald nach ein wenig Anonymität sehnen würde.
Als wir so dastanden und uns unterhielten, hörte ich einen alten Mann kichernd vor sich hin murmeln. *»Khawaja! Khawaja*! Was habt ihr hier zu suchen, *khawaja?«*, wiederholte er unablässig. *»Khawaja«* heißt auf Arabisch »Weißer«.
Ich drehte mich um und sah den Alten im Schatten einer Mauer sitzen. Auf dem Kopf trug er eine weiße Kappe, und er hielt einen knorrigen Stock in der Hand, mit dem er immer wieder anklagend in unsere Richtung zeigte. Er rief noch etwas, aber

seine Sprache war verwaschen, als wäre er betrunken. Vielleicht gebärdete er sich ja deshalb so merkwürdig, dachte ich.

Ich warf einen verstohlenen Blick auf meine Begleiter. Damien und Hannah wussten sicher, was *khawaja* bedeutete, doch es schien sie beide nicht sonderlich zu stören. Als wir weiter zum Markt gingen, hörte ich rings um uns die Kinder *»Khawaja! Khawaja! Khawaja!«* rufen. Offenbar war das in Kauda so üblich, weshalb es nichts brachte, sich deswegen aufzuregen oder für meine europäischen Freunde in die Bresche zu springen. Vermutlich bekamen die Menschen hier nur sehr selten so viele Weiße auf einmal zu Gesicht. Die Kinder waren einfach nur neugierig und aufgeregt, während der alte Mann offenbar ein Alkoholproblem hatte.

Wir gingen zwischen einigen strohgedeckten Hütten hindurch, wo kleine Kinder im Staub spielten, und traten auf den Marktplatz. Der aus gestampfter Erde bestehende quadratische Platz wurde von Holzbuden und gedrungenen Ladengebäuden gesäumt. Am einen Ende standen uniformierte Männer mit Gewehren über der Schulter. Ich nahm an, dass es sich um einige der Nubasoldaten handelte, die so lange gegen die Araber gekämpft hatten – doch Genaueres konnte mir niemand sagen. Angesichts der vielen Gefahren, vor denen man uns gewarnt hatte, erschienen mir die Sicherheitsvorkehrungen in unserem Camp ziemlich lasch. Es gab keinen bewaffneten Sicherheitsdienst. Außerdem konnten wir uns offenbar völlig frei bewegen. Ich verstand die Welt nicht mehr und wusste nicht, was ich davon halten sollte.

Auf unserem Weg über den Platz wurden wir von allen Seiten neugierig gemustert. Kaufleute spähten aus Türbogen hervor, Fensterläden wurden weit aufgerissen, um die Waren zur Schau zu stellen, Kunden hielten mitten im Verkaufsgespräch inne, um uns anzustarren, und eine Kinderhorde heftete sich an unsere Fersen. Der Markt erinnerte mich an den, der in meinen Kindertagen bei uns im Dorf stattgefunden hatte, nur dass dieser hier größer und besser sortiert war. Doch als ich ihn mit Brick Lane, meinem Lieblingsmarkt in London, verglich, hatte ich plötzlich den Eindruck, dass es hier fast nichts zu kaufen gab. Ein Mann kauerte vor einem Sortiment gebrauchter Schuhe auf dem Boden. Ein anderer handelte mit zerbeulten Autoteilen, ein dritter mit Altkleidern, die er an einem Baum drapiert hatte. Es handelte sich durchweg um Gegenstände, die in Europa zweifellos längst auf dem Müll gelandet wären. Andererseits herrschte auf diesem Markt eine lebendige, farbenfrohe Atmosphäre, die mich für die Ärmlichkeit mehr als entschädigte. Ich sah einige kleine Kinder, die herumtollten und sich spielerisch balgten, ohne dass ihre Eltern irgendwo in Sicht gewesen wären. Sie wirkten so frei und glücklich. So etwas wäre in London schlechterdings unmöglich gewesen, denn englische Eltern wagen ihre Kinder keine Minute aus den Augen zu lassen. Aber in einer kleinen Gemeinde wie dieser kannten die Menschen einander oder hatten zumindest gemeinsame Verwandte und Freunde, so dass den Kleinen keine Gefahr drohte.

Doch dass die Leute uns so anstarrten, fand ich dann doch ziemlich seltsam. Ihre Neugier auf die *khawajas* konnte ich ja noch nachvollziehen. Allerdings schienen sie über mich nicht minder erstaunt zu sein. Ich sah an mir herunter: schwarzweiß gestreiftes Oberteil, schwarze Jeans, Nubaperlen. Wirkte ich damit so exotisch? Wenn ich Blickkontakt zu den neugierig hinstarrenden Menschen aufnahm, lächelten sie freundlich, und einige begrüßten mich sogar – und zwar auf Englisch. Offenbar ahnten sie nicht, dass ich eine Nuba war, denn sonst hätten sie ja Arabisch oder einen hiesigen Nubadialekt mit mir gesprochen.

Allmählich verloren die Leute das Interesse an uns und wandten sich wieder ihren Einkäufen zu. Dabei standen die Kunden an den Ladentüren und baten die Kaufleute, ihnen dieses oder jenes zu zeigen. In den Nubabergen ist es nämlich nicht üblich, einen Laden zu betreten. Stattdessen fordert man den Besitzer auf, einem das Gewünschte zu holen, damit man es einer gründlichen Musterung unterziehen und sich in Ruhe überlegen kann, ob man es kaufen will.

Ich bemerkte, dass Mariella vor einem Laden stehen geblieben war. Im nächsten Moment marschierte sie schon ins Gebäude. Erschrocken schlug ich die Hand vor den Mund – aber es war zu spät, um sie aufzuhalten. Der Ladenbesitzer blickte ihr entgeistert nach. Ich sah, dass er sie beobachtete, während sie durch den Laden schlenderte, Dinge von den Regalen nahm und sie begutachtete.

Endlich kam sie mit einem Arm voller Waren wieder zum Vorschein: zwei Tüten Nudeln, eine Tüte Coftea und ein paar Dosen mit Obst. Sie rief mich, damit ich ihr beim Bezahlen half, doch ich kannte mich mit sudanesischem Geld auch nicht besser aus als sie. Sie reichte mir eine sudanesische Banknote, einen abgegriffenen, schmutzigen Lappen, der in der Mitte von einem Klebestreifen zusammengehalten wurde. »Bank of Sudan – Fünfhundert Sudanesische Dinar«, stand darauf. Ich hatte immer gedacht, dass im Sudan das Pfund und nicht der Dinar galt. Außerdem hatte ich keine Ahnung, wie viel diese Banknote wert war, wie ich Mariella erklärte. Sie gab dem Kaufmann einige Geldscheine, bekam ein dickes Bündel als Wechselgeld zurück, und dann schlenderten wir zum nächsten Stand.

Da heftete sich ein alter Mann in einer zerlumpten und fleckigen Galabiya – dem traditionellen knöchellangen arabischen Gewand – an unsere Fersen und fing an, Mariella zu bedrängen. Er brabbelte etwas vor sich hin und deutete dabei immer wieder grinsend mit dem Finger auf sie. Da er Arabisch sprach, verstand ich, was er sagte, aber es war mir peinlich, sein wirres und obszönes Geschwätz zu übersetzen. Offenbar war er nicht mehr ganz bei Verstand.

»Warum immer ich?«, meinte Mariella und verdrehte entnervt die Augen.

Es gibt in den Nubabergen keine psychiatrischen Behandlungen oder gar Kliniken, so dass die Geisteskranken einfach so mitlaufen. Da die meisten von ihnen harmlos sind, kommt es nur äußerst selten zu einem Zwischenfall.
Nun stimmte der alte Mann ein Lied im Singsangton an. Mariella, die versuchte, die Situation von der witzigen Seite zu nehmen, machte ein paar Tanzschritte. Die Markthändler lachten laut über das Treiben des Alten.
»*Khawaja*-Frau, *khawaja*-Frau«, rief der Mann. »Wackelarsch! Wackelarsch!«
Ich konnte auch nicht mehr an mich halten.
»Was sagt er?«, fragte Mariella.
»Er hat gerade das arabische Wort für *Arsch* benutzt.«
Schließlich gelang es uns, den Alten abzuschütteln, und wir gingen zu einer Bude am Eingang des Platzes, die frisches Brot führte, wo wir ein Dutzend kleiner, runder Laibe auswählten. Als der Händler uns den Preis nannte, verstand ich »zweitausend sudanesische Pfund«, was ich für Mariella übersetzte.
»Zweitausend?«, entsetzte sie sich. »Das kann nicht stimmen. Für zweihundert Dinar bekommt man einen Dollar, also wären zweitausend zehn Dollar. Zehn Dollar für zwölf kleine Brotlaibe?«
Inzwischen schwirrte mir der Kopf. Ich kann nicht gut mit Zahlen umgehen. Je höher sie sind, desto mehr wächst meine Verwirrung. Ich muss mir die betreffende Zahl vorstellen können, um einen Begriff von der jeweiligen Menge zu bekommen. Zehn bedeutet zum Beispiel kein Problem, denn zehn Kühe sehe ich vor meinem geistigen Auge. Bei einhundert denke ich an zehn mal zehn Kühe in einer langen Reihe. Aber bei tausend setzt mein Verstand aus, und eine Million sprengt für mich sämtliche Grenzen. In der Schule war ich im Rechnen stets die Schlechteste. Obwohl ich sonst eine ausgezeichnete Schülerin war, wurde mir dieses Fach immer wieder zum Verhängnis.

Schließlich kamen Damien und Mariella dahinter, wo das Problem lag. Doch trotz all ihrer Erklärungen habe ich es bis heute nicht genau verstanden.

Auf dem Rückweg zum Hotel California spürte ich, wie sich wieder Anspannung in mir ausbreitete. Was, wenn meine Familie während unseres Besuches auf dem Markt eingetroffen war? Doch als wir das Flussbett überquerten und wieder den Hügel zum Camp hinaufstiegen, fehlte von ihnen weiterhin jede Spur.

Inzwischen war es früher Abend, und über den Bergen ging die Sonne unter. Da ich vermutete, dass meine Familie die Fahrt bei Nacht nicht riskieren würde, sank meine Stimmung ebenso schnell wie der Sonnenstand. Heute würden sie auf keinen Fall mehr eintreffen. Ich war enttäuscht und verzweifelt. Es musste doch einen Weg geben, Kontakt zu ihnen aufzunehmen und herauszufinden, wo sie steckten. Ob es vielleicht möglich war, sie telefonisch oder per Funk zu erreichen?

Ich fragte Omer, den MORDAR-Mitarbeiter, ob seine Organisation in einer der beiden Städte, die meine Familie unterwegs passieren musste, vielleicht ein Büro unterhielte. Als er das bestätigte, bat ich ihn, per Funk dort nachzufragen, ob es Neuigkeiten gebe. Bedauern malte sich auf seinem Gesicht: Leider sei momentan niemand da, der das Funkgerät bedienen könne. Er werde sich gleich am nächsten Morgen darum kümmern. Also blieb das Telefon unsere letzte Chance, nur dass unsere Mobiltelefone hier oben in den Nubabergen leider keinen Empfang hatten. Also bat ich Mariella, mir ihr Thuraya-Satellitentelefon zu leihen. Nachdem sie mir gezeigt hatte, wie es funktionierte, stellte ich mich mitten auf den Hof, damit nichts das Signal störte.

Über eine Stunde lang versuchte ich vergeblich, meinen Bruder Babo und meinen Cousin Awad, die beide im Dorf Karko wohnen, zu erreichen. Allmählich wurde es dunkel, und meine Stimmung war auf einem Tiefpunkt angelangt. Jetzt war ich nach einer Reise, die ich nie für möglich gehalten hätte, endlich in den Nubabergen – und hatte dennoch keine Möglichkeit, meine Eltern und Geschwister zu kontaktieren und herauszufinden, wo sie steckten. Ich wusste nicht einmal, ob sie unterwegs nach Kauda oder nach Julud waren. Ich war völlig ratlos, fühlte mich hilflos ausgeliefert und fragte schließlich Omar, was ich tun sollte. Trotz aller Selbstbeherrschung merkte er mir an, wie verzweifelt ich war.

»Warum fährst du nicht einfach nach Julud, wenn du glaubst, dass deine Familie dort sein könnte?«, meinte er.

Verdattert sah ich ihn an. »Ist das denn nicht zu gefährlich? Ich dachte, die Sicherheitslage dort sei angespannt«, stammelte ich.

»In Julud? Da ist es genauso sicher wie hier. Es gibt keinen Unterschied, denn beides liegt in von der SPLA kontrolliertem Gebiet. Du weißt ja, die SPLA ist so etwas wie die Nubaarmee – Nubasoldaten, die gegen die Araber und die sudanesische Regierung kämpfen. Unserer Armee des Volkes untersteht der Großteil der Nubaberge, einschließlich Kauda und Julud, und wir wissen über die Sicherheitslage in den einzelnen Regionen Bescheid. Nach Julud zu fahren dürfte also kein Problem sein.«

Ich bedankte mich bei Omer für den Tipp. Meine Gedanken überschlugen sich. Was wurde hier eigentlich gespielt? Warum zwang man meine Eltern, die lange und gefährliche Reise durch ein Kriegsgebiet nach Kauda auf sich zu nehmen, wenn Omer recht hatte? Ich verstand die Welt nicht mehr. Also machte ich mich auf die Suche nach meinen Reisegefährten. Sie saßen um den weißen Plastiktisch auf der Veranda und warteten mit dem Essen auf mich. Die Küchenfrauen hatten scharfe Linsen mit Reis für uns zubereitet. Der Tisch bog sich unter Schüsseln mit Speisen.

»Omer sagt, es sei überhaupt nicht riskant, nach Julud zu fahren«, platzte ich heraus, ohne das Essen eines Blickes zu würdigen. »Warum tun wir es dann nicht einfach? Weshalb muss meine Familie unbedingt nach Kauda kommen?«

»Mende, wir können nicht nach Julud«, entgegnete Mariella. »Das habe ich dir doch schon erklärt.«

»Nein, hast du nicht«, protestierte ich. »Du schützt Sicherheitsgründe vor, Omer hingegen hält es für ungefährlich. Was ist also das Problem?«

»Das Problem ist, dass man uns davon abgeraten hat«, wiederholte Mariella. »Und wir sind verpflichtet, uns an diese Empfehlung zu halten. Die Abmachung steht, dass wir in Kauda bleiben müssen.«

»So ein bodenloser Schwachsinn!« Vor Wut und Enttäuschung brach ich in Tränen aus. »Mich interessiert nichts anderes, als meine Familie wiederzusehen. Ich will zu meiner Familie. Ich will zu meiner Familie«, schluchzte ich.

Nachdem mich alle nach Kräften getröstet hatten, klärten Damien, Hannah und Mariella mich über die Gefahren auf. Sayeds Warnung in London war unmissverständlich gewesen: Infolge der Friedensvereinbarung hatten sich auf beiden Seiten bewaffnete Splittergruppen formiert. Alle Menschen, mit denen Mariella im Sudan gesprochen hatte, hatten einhellig von Greueltaten und Blutvergießen berichtet. Die Täter seien unbekannt. Möglicherweise war Omer ja nur unvollständig informiert. Jedenfalls wisse er ganz sicher nicht, wer ich sei und in wessen Interesse es liegen könnte, mich auszuschalten. Außerdem würde es mir in Begleitung von vier weißen Europäern sicher nicht gelingen, mich unbemerkt im Land zu bewegen.

Ich sah ihre Einwände ein. Da Kauda Sitz des Hauptquartiers der SPLA war, eignete es sich wohl tatsächlich am besten als Treffpunkt. Allerdings hatte dieses Wissen nur unbeträchtlichen Einfluss auf die Sorge und Enttäuschung, die mich quälten. Wenn man mich vor die Wahl gestellt hätte, ich hätte lieber mein eigenes Leben riskiert als das meiner geliebten Familie. Jedoch konnte ich das kaum von meinen Reisegefährten verlangen, die mich sicher daran gehindert hätten, etwas derart Leichtsinniges zu tun.

Bedrückt schweigend nahmen wir unser Abendessen ein, und ich spürte, wie sich eine tiefe Niedergeschlagenheit in mir breitmachte. Anschließend ließen sich Damien und Hannah auf den Betonstufen nieder, um eine Zigarette zu rauchen. Doch plötzlich ertönte ein Schreckensschrei.

»Setzt euch bloß nicht auf die Stufen!«, rief Shwaya. »Hier wimmelt es überall von Skorpionen.«

Die beiden sprangen auf und suchten mit Blicken den Boden ab.

»Igitt! Ich kann Skorpione wirklich überhaupt nicht ausstehen«, entsetzte sich Hannah und bückte sich, um ihre brennende Zigarette aufzuheben, die ihr vor lauter Überraschung heruntergefallen war. Sie rauchte Selbstgedrehte.

»Ich auch nicht«, stimmte ich zu. Wenn ich etwas in den Nubabergen fürchtete, dann Skorpione. Ihre Stiche taten höllisch weh und konnten tödlich sein. Ich wollte nicht, dass meinen Freunden etwas zustieß.

Also sah ich mich gründlich um. »Da hätten wir schon einen!«, verkündete ich erschrocken, denn ich hatte auf der Betonsäule neben Damien ein kleines blaugraues Exemplar entdeckt.

»Mein Gott, sie hat recht!«, rief er aus und machte einen Satz. Dann drehte er sich um und zertrat den Skorpion mit seinen schweren Stiefeln.

Hannah beleuchtete die Überreste des Tiers mit ihrer Taschenlampe. »Pfui, ich finde die Biester echt fies! Eigentlich bin ich ja Naturfreundin, aber Skorpione können mir gestohlen bleiben.« Im nächsten Moment sprang sie ebenfalls zurück. »Passt auf! Da ist noch einer.«

Ich schaute in die Richtung, in die ihre Taschenlampe leuchtete. »Nein, das ist eine Spinne«, sagte ich. »Nur eine kleine Spinne.«

Hannah sah mich argwöhnisch an. »Das sind auch nicht unbedingt meine Lieblingstiere, Mende.«

»Lass die Spinne in Ruhe«, sagte ich grinsend, denn Hannahs Theater wegen des Skorpions hatte mich ein wenig aufgeheitert. »Kennt ihr eigentlich die Geschichte vom Propheten Mohammed und der Spinne?«

»Nein, Mende, erzähl sie uns.«

»Gut. Eines Tages wurde der Prophet Mohammed von seinen Feinden durch die Wüste gejagt. Schließlich erreichte er die Berge und fragte sich, wie er wohl am besten entkommen könnte. Da entdeckte er eine Höhle und versteckte sich darin. Nachdem er sich dort verkrochen hatte, wehte der Wind an der Höhle vorbei und löschte seine Fußspuren aus. Dann kam eine Spinne und knüpfte ein Netz über den Eingang zur Höhle. Kurz darauf erschienen die Feinde. Als sie in der Höhle nachsehen wollten, bemerkten sie das Spinnennetz über dem Eingang. Dort kann er sich also nicht versteckt haben, dachten sich die Feinde. Und so zogen sie weiter. Auf diese Weise hat die Spinne dem Propheten Mohammed das Leben gerettet, und deshalb darf niemand eine Spinne töten. Ganz im Gegensatz zu Skorpionen.«

Damien schnaubte verächtlich. »Wenn dich demnächst eine giftige nubafressende Riesenspinne anspringt, sollen wir also nicht auf deine Hilfeschreie achten?«

Ich lachte. Damien tat immer so, als habe er keinen Respekt vor der Religion, aber ich wusste, dass das nicht stimmte.

Nach der Episode mit dem Skorpion setzten wir uns wieder – allerdings in einem sicheren Abstand zur Veranda – auf die Gartenstühle und blickten in den Nachthimmel hinauf. Das Gespräch drehte sich um die jüngsten Entwicklungen im

Sudan, und ich hörte trotz meiner Sorgen aufmerksam zu, weil ich das Gefühl hatte, trotz aller Reisevorbereitungen immer noch viel zu wenig darüber zu wissen.

Wie Damien erklärte, waren die Interessen der Nuba in der Friedensvereinbarung mehr oder weniger unter den Tisch gefallen. Während der Südsudan das Recht erhalten hatte, sich vom Norden abzuspalten und einen neuen Nationalstaat zu gründen, galt dies für die Nubaberge nicht, und das, obwohl die Nuba Seite an Seite mit der Armee des Südens gegen die sudanesische Regierung gekämpft hatten und Waffenbrüder des Südens waren.

Während der Süden die Gelegenheit bekommen würde, über die Trennung von den Erzfeinden im Norden abzustimmen, blieb diese Möglichkeit den Nuba verwehrt. Selbst ich, die ich mich kaum in der Politik auskannte, konnte mir nicht vorstellen, dass die Nuba sich klaglos damit abfinden würden, wenn man sie dem Norden zuschlug. Allein der Gedanke an eine Zwangsvereinigung mit dem arabischen Regime, das seit Jahren alles daransetzte, sie auszurotten, war empörend, und die Nuba würden sich das niemals gefallen lassen. Wenn der Norden also keine Bereitschaft zeigte, die Nubaberge aufzugeben, würden die Nuba wieder in den Krieg ziehen müssen.

Zu meinem Entsetzen wollte die Regierung sogar den Namen der Nubaberge ändern und sie offiziell in »Südliches Kurdofan« umbenennen. Ich traute meinen Ohren nicht, denn es handelte sich um einen weiteren Versuch, meine Heimat in ein arabisches Gebiet mit einem arabischen Namen und einer arabischen Identität zu verwandeln – ungeachtet dessen, dass diese Gegend schon seit Menschengedenken von schwarzen Afrikanern und Nuba bewohnt wurde. Die Situation erinnerte mich an das, was ich als Kind in unserer Dorfschule erlebt hatte, wo wir von den arabischen Lehrern gezwungen worden waren, arabische Namen anzunehmen und ausschließlich Arabisch miteinander zu sprechen. Wenn wir wagten, unsere

Nubanamen zu benutzen oder uns auf Nuba zu unterhalten, setzte es Hiebe.
Irgendwann war alles gesagt, und wir lehnten uns bequem zurück. Ehrfürchtig betrachtete ich den gewaltigen pechschwarzen Himmel. Nach so vielen Jahren in der Stadt mit ihren Autoscheinwerfern, Straßenlaternen und beleuchteten Bürotürmen hatte ich ganz vergessen, wie wunderschön eine wirklich stockdunkle Nacht sein konnte, in der wie heute dichte Regenwolken den Mond und die Sterne verhüllten.
Das Motorengeräusch eines Jeeps, der sich weit unter uns das Flusstal hinaufquälte, drang an mein Ohr, und ich wurde von Aufregung ergriffen. War das vielleicht doch meine Familie? Aber kein Auto traf im Camp ein. Bei jedem Fahrzeug, das ich hörte, wünschte ich mir wieder, es möge hier erscheinen, und mein Herz begann heftig zu klopfen. Natürlich wurde ich ein ums andere Mal enttäuscht. Irgendwann siegte die Erschöpfung, und ich beschloss, zu Bett zu gehen.
Als ich mich zum Schlafen in eine der Lehmhütten zurückzog, entsprach die Dunkelheit draußen der Düsternis in meinem bangen Herzen.

6
Vermisst in den Bergen

Am nächsten Morgen war der Himmel grau und bedeckt, und es regnete in Strömen. Von meiner Familie fehlte noch immer jede Spur. Ich traf zwar Omer an, aber der Funker war offenbar erkrankt. Als ich Omer fragte, wann denn mit seiner Genesung zu rechnen sei, zuckte dieser nur die Achseln.

Also wandte ich mich an Shwaya: »Ich brauche deine Hilfe. Telefonisch kann ich meine Familie nicht erreichen, und Omer sagt, der Funker sei krank. Ich habe nur zehn Tage im Sudan. Einer ist bereits vorbei. Was soll ich tun?«

Shwaya tätschelte mir die Schulter. »Keine Sorge, Schwester. Mit dem Funkgerät komme ich schon klar.«

»So etwas kannst du?«, gab ich erstaunt zurück.

Shwaya schmunzelte. »Ach, Schwester, so schwierig ist das nun auch wieder nicht. Aber du weißt ja, wie die Männer sind … Sie wiegen sich gern in dem Glauben, dass wir ohne sie völlig hilflos wären. Bis zur Gleichberechtigung der Geschlechter ist es noch ein weiter Weg.«

Shwaya ging mit mir zu einem Bürogebäude im hinteren Teil des Camps. Nachdem sie die Abdeckung vom Funkgerät genommen hatte, schloss sie einige Drähte an einen Akku an und griff zum Kopfhörer. Inzwischen hatten sich Damien und Hannah zu uns gesellt. Hagen und Mariella bereiteten währenddessen die Filmausrüstung vor. Zuerst wollte Shwaya das MORDAR-Büro in Julud anfunken, um festzustellen, ob meine Familie vielleicht dort eingetroffen war.

Schwieriger Funkkontakt zu meiner Familie

Sie betätigte einige Knöpfe, nahm das Mikrophon und begann zu sprechen. »Red Kilo ruft Red Jigsaw, bitte kommen.«
Lautes Geknister ertönte. Die Stimme, die antwortete, war so verzerrt, dass ich angestrengt die Ohren spitzen musste.
»Hier spricht Red Jigsaw, ich höre euch laut und deutlich.«
»Okay, Jigsaw. Wir haben eine Frau hier, die gestern aus Großbritannien eingetroffen ist, und wollen jetzt wissen, ob sich ihre Familie bei euch aufhält. Verstanden?«
»Verstanden.«
»Habt ihr weitere Informationen, Red Jigsaw? *Over.*«
»Ja. Der Onkel der Dame ist hier und würde gern mit ihr reden. *Over.*«
Shwaya drehte sich zu mir um. »Dein Onkel kommt gleich an den Apparat.«
Sie drückte mir das Mikrophon in die Hand und betätigte den Sendeknopf.

»Salaam alaikum. Wer bist du?«, fragte ich mit zitternder Stimme.
»Salaam alaikum, ich bin Onkel Abdel Gadir.«
Mein Herz machte einen Satz. Onkel Abdel Gadir war ein Cousin meines Vaters. »Onkel, hast du meine Familie gesehen?«, wollte ich aufgeregt wissen. »Kannst du mir sagen, wo sie sind? Ich warte hier in Kauda auf sie. Oder sind sie vielleicht bei dir?«
»Nein, Mende, sie sind noch im Dorf.«
»O mein Gott!«, rief ich aus. »Noch im Dorf? Aber warum denn?«
»Keine Ahnung. Aber ich glaube, sie wollten bald nach Julud aufbrechen. Zumindest hatten sie das vor, als ich Karko vor vier Tagen verlassen habe.«
»Onkel, kannst du jemanden nach Karko schicken, um herauszufinden, ob sie schon weg sind?«, fragte ich. Kurz entstand Verwirrung, weil die Antwort meines Onkels im Geknister unterging. Ich glaubte, das Wort *»umi«* – Mutter – aufgeschnappt zu haben.
»Umi!«, hakte ich nach. *»Umi!* Hast du *umi* gesagt? Ist sie bei dir?« Nervös blickte ich mich in alle Richtungen um und wartete. Doch es erfolgte keine Reaktion.
»Moment mal«, unterbrach Shwaya, nahm mir das Mikrophon ab und bediente ein paar Knöpfe am Funkgerät.
Kurz darauf hatte ich wieder Funkkontakt. Mein Onkel erwiderte, meine Mutter sei nicht bei ihm. Kein Mitglied meiner Familie befände sich in Julud. Dann versprach er, jemanden mit dem Fahrrad nach Karko zu schicken, der Erkundigungen einholte.
»Mit dem Fahrrad?«, verwunderte ich mich. »Kann man wirklich mit dem Rad nach Karko fahren, Onkel?«
»Aber natürlich«, bestätigte er. »Es ist ja nicht weit.«
Ich bedankte mich bei meinem Onkel und gab Shwaya das Mikrophon zurück.

Erschöpft fuhr ich mir mit der Hand übers Gesicht. Offenbar hatte das Schicksal nun einmal beschlossen, meine Familie nach Julud, nicht nach Kauda, zu bringen. Dass Julud von Kauda aus sogar mit dem Rad zu erreichen war, hatte ich gar nicht geahnt.
»Es ist doch zwecklos, weiter hier herumzusitzen«, murmelte ich. »Diese Untätigkeit macht mich noch verrückt. Ich muss nach Julud oder sogar nach Karko. Es interessiert mich nicht, wie gefährlich es ist. Inzwischen ist mir alles egal. Ich will nur meine Familie sehen.«
Eine Weile herrschte ein angespanntes Schweigen, das man fast mit Händen greifen konnte.
Endlich ergriff Damien das Wort. »Tja, vielleicht sollten wir noch mal darüber nachdenken, nach Julud zu fahren, Mende. Lass uns in Ruhe überlegen. Noch ist nicht aller Tage Abend.«
»Julud kommt überhaupt nicht in Frage«, mischte sich Mariella ein. Sie stand, den Mikrophongalgen in der Hand, da, während Hagen filmte.
»Sei doch nicht so schrecklich unbeweglich«, gab Damien zurück. »Wenn sich die Umstände ändern, muss man eben umdisponieren.«
»In Julud ist es viel zu gefährlich, und das weißt du genau«, beharrte Mariella.
»Ich habe mehr als zehn Jahre Erfahrung im Sudan«, schimpfte Damien. »Und wenn ich dabei eines gelernt habe, dann ist es, flexibel auf die Informationen zu reagieren, die man vor Ort bekommt. Man muss auch mal bereit sein, von seiner Meinung abzurücken…«
Bedrückt sah ich den beiden beim Diskutieren zu. In mir tobten widerstreitende Gefühle. Dass Julud für alle Menschen, die mir etwas bedeuteten, leichter zu erreichen war, stand außer Frage. Und dennoch wollte ich auf keinen Fall, dass meine Freunde und Reisegefährten sich deshalb zerstritten. Aller-

dings endete die Debatte so rasch, wie sie angefangen hatte, ohne dass man zu einer Einigung gelangt wäre.
Ich wandte mich an Shwaya. »Danke für die Hilfe«, murmelte ich.
Sie lächelte. »Keine Ursache, Schwester.«
»Glaubst du, sie schaffen es nach Kauda?«, fragte ich sie auf Arabisch, damit die anderen nichts verstanden. »Sag mir die Wahrheit.«
Shwaya zuckte die Achseln. »Ich weiß nicht, obwohl ich es natürlich hoffe. Allerdings ist es wegen des Regens sehr, sehr schwierig. Jetzt schüttet es schon seit Anfang Juli. Eigentlich hätte es schon längst aufhören müssen. Manchmal ist die Straße nach Kauda unpassierbar. Aber hin und wieder kommt ein Auto durch, auch wenn es mehrere Tage dauert.«

Ich verließ den Funkraum und ging in meine Hütte, um ein wenig allein zu sein. Dort legte ich mich aufs Bett und drückte Uran fest an mich. Mir schwirrte der Kopf. Ich wusste nur, dass sich jeder Tag, den ich auf meine Familie warten musste, für mich anfühlte, als stieße mir jemand einen Speer ins Herz. Da mir jeder gemeinsame Augenblick mit ihnen so unendlich viel bedeutete, war ich bereit, sämtliche Risiken dafür einzugehen.
Damien folgte mir nach einer Weile und setzte sich neben mich aufs Bett.
»Mach dir keine Sorgen, Mende«, sagte er. »Wenn wir unbedingt nach Julud müssen, muss es eben sein. Die prekäre Sicherheitslage dort macht mir zwar Sorgen – aber wir haben schon öfter Glück gehabt. Im Moment ist eher das Problem, dass wir ja gar nicht wissen, wo sich deine Familie derzeit aufhält. Vielleicht sind sie gerade auf dem Weg nach Julud. Sie können aber genauso gut nach Kauda aufgebrochen sein. In diesem Fall würdest du genau das Gegenteil erreichen, wenn du jetzt nach Julud fährst. Deshalb sollten wir besser hier

warten, bis wir mehr wissen und etwas entscheiden können. Einverstanden?«

Ich nickte. Obwohl Damiens Einwände natürlich vernünftig waren, fühlte ich mich ausgelaugt und verzweifelt. Nachdem ich mich mit ein paar Tassen heißem, süßem Tee gestärkt hatte, kehrte ich in den Funkraum zurück. Shwaya hatte mir versprochen, auch das Büro in Kadugli anzufunken und sich nach Neuigkeiten über meine Familie zu erkundigen. Als ich mich neben sie setzte, sah ich, dass sie unwillig das Gesicht verzog.

»Red Kilo, unterbrechen, unterbrechen«, wiederholte sie ein ums andere Mal.

Doch ich hörte nur zwei Männerstimmen, die unbeirrt weiterredeten und Shwaya völlig ignorierten.

Nach einer Weile drehte sie sich verzweifelt zu mir um. »Ach, diese Männer. Die beiden haben offenbar noch nie eine Frau am Funk gehabt. Ich kriege sie einfach nicht dazu, mal eine Pause einzulegen und den Kanal freizumachen.« Sie seufzte auf. »Gleichberechtigung ist für sie ein Fremdwort, Mende.«

Shwaya versprach, es weiter zu versuchen, aber ich hatte nur wenig Hoffnung.

Nach einer größtenteils in angespanntem Schweigen verlaufenen Mahlzeit aus Bohnen und Brot zog ich mich zum *zuhur* – zum Mittagsgebet – zurück. Als ich Shwaya bat, mir ihre *muslayah* – ihren Gebetsteppich – zu leihen, wollte sie mir einen nagelneuen aus einem seidig glänzenden Stoff geben. Doch ich nahm lieber einen alten, der aus Sackleinen bestand, denn ich wollte, dass sie den schöneren selbst benutzte.

Ich ging mit Shawayas Gebetsteppich zu dem alten Ölfass, das als Wasserreservoir diente, füllte einen Plastikkrug und setzte mich damit vor meine Hütte, um Hände, Füße und Gesicht zu waschen. Vor dem Gebet ist nämlich das *wudu*, das traditionelle islamische Reinigungsritual, an der Reihe. Shwaya kam, um mit mir zu beten. Sie breitete ihre Matte so aus, dass sie auf

die wunderschönen Berge zeigte, wo am Morgen die Sonne aufgegangen war. »Komm beten, Mende. Osten ist da drüben.«
»*Bismillah ah rahman ah rahim* – In Gottes Namen …«, begann ich.
Ich bat Gott, meine Familie zu mir zu führen, sie unterwegs vor Gefahren zu schützen und mir meinen größten Wunsch zu erfüllen, sie wiederzusehen. Dann sprach ich das Schlussgebet und verneigte mich drei Mal, bis meine Stirn den Boden berührte. Als ich fertig war, hörte ich hinter uns ein gedämpftes Surren. Jenseits der Berge erschien ein weißer Hubschrauber, flog über uns hinweg, steuerte auf den Landeplatz zu und verschwand hinter den Bäumen. Ich sah Shwaya fragend an.
»Sicher die UN«, meinte sie. »Der Helikopter fliegt von Kadugli nach Kauda. Vielleicht kann deine Familie ja einen Platz in einem Hubschrauber bekommen. Die Richtung würde jedenfalls stimmen.«
Ich fragte mich, ob diese Möglichkeit wohl realistisch war, denn so würde meine Familie sich eine beschwerliche und riskante Autofahrt sparen. Doch noch ehe ich mehr zu dieser Lösung sagen konnte, bemerkte ich einige Personen, die sich unserem Camp näherten. Ich erkannte zwei von ihnen als die Männer aus meinem Heimatdorf, denen ich auf dem Weg zum Markt begegnet war. Nachdem wir einige Plastikstühle unter die Akazie gerückt hatten, setzten wir uns zusammen, um zu reden.

»*Assallam alaikum* – Friede sei mit dir«, begrüßte ich die vier nacheinander.
»*Alaikum assalam* – Friede sei auch mit dir«, erwiderten sie.
Die Männer stellten sich als Assir, Youssef, Mohammed und Ali vor. Sie kamen, wie sich herausstellte, alle aus Karko. Als ich Damien bat, sich zu uns zu setzen, reichte er die Fotos von seinem letzten Besuch in Julud herum.

»Ich weiß, wer dieser Mann ist«, verkündete Assir und wies auf eines der Ringerfotos. »Er heißt Abdul und ist mein Freund. Momentan ist er hier in Kauda. Darf ich dieses Foto behalten, um es ihm zu schenken?«

Ich bejahte sofort und fügte hinzu, all diese Fotos seien zum Verschenken da. Assir erzählte uns, sein Freund Abdul sei Soldat der SPLA und vor kurzem wieder in Kampfhandlungen verwickelt worden. Offenbar war die Friedensvereinbarung ihr Papier nicht wert.

Die jüngsten Auseinandersetzungen waren entstanden, nachdem ein arabischer Stamm sein Vieh über die bestellten Felder der Nuba getrieben hatte. Eigentlich hätte der Konflikt bei einem Treffen der Ältesten beider Parteien friedlich beigelegt werden sollen. Doch als die Nuba nach der Besprechung nach Hause gehen wollten, waren sie überfallen worden. Man hatte zwölf von ihnen niedergeschossen. Die Bewohner des Dorfes – Männer, Frauen und Kinder – hatten fliehen müssen.

Daraufhin hatten die Nuba Beschwerde bei den UN-Truppen eingereicht, deren Aufgabe es schließlich war, den Waffenstillstand zu überwachen. Doch die Reaktion der Blauhelme hatte nur darin bestanden, Meldung an ihren Hauptsitz in New York zu machen. Sie hatten nicht einmal jemanden zum Ort des Anschlages geschickt, um Ermittlungen anzustellen. Deshalb hatte sich die SPLA nach einigen Tagen selbst der Sache angenommen, die Araber angegriffen und sie aus dem Nubadorf vertrieben. Inzwischen wurde es von SPLA-Patrouillen bewacht, um weiteren Übergriffen vorzubeugen.

»Was wird geschehen, wenn man die Nuba zwangsweise dem Norden des Sudan zuschlägt?«, fragte ich Assir. »Das wird doch sicher nicht passieren, oder?«

Assir lächelte. »Man kann niemanden zwingen, zu einem Land zu gehören, Mende. Das weißt du doch selbst. Und die Nuba passen nun einmal nicht zum Norden und zu den Arabern.«

Youssef

Ich erzählte Assir von dem Kongress an der amerikanischen Brandeis University, wo ich vor kurzem einen Vortrag gehalten hatte. Dass ich die Not der in die Sklaverei verschleppten Nuba hatte öffentlich machen können, erfüllte mich mit Stolz. Unser Schicksal war wie ein grausames Vorspiel zu dem gewesen, was nun in der Region Darfur passierte.
Assir und Youssef nickten nachdenklich.
»Die Nubafrage ist noch nicht geklärt, Mende«, sagte Assir. »Durch die Friedensvereinbarung wurde das Problem nicht über Nacht gelöst, denn sie ist nichts weiter als ein Stück Papier. Für uns hat sich nichts verändert.«
»Assir hat recht«, bestätigte Youssef. »Allerdings ist es ziemlich kompliziert, da nicht einmal die Nuba unter sich einig sind. Geographisch mögen wir zum Norden gehören, aber politisch und von unserer Lebenseinstellung her fühlen wir uns eins mit dem Süden. Ich finde es wirklich großartig, dass du,

eine Nubaschwester, so offen über die allgegenwärtige Sklaverei sprichst«, fügte Youssef mit einem schüchternen Lächeln hinzu. »Vor allem deshalb, weil du vom Stamm der Karko und damit gewissermaßen unsere Cousine bist!«
Ich fand Youssefs zurückhaltende, ruhige Art sehr sympathisch. »Du weißt ja gar nicht, wie viel mir dein Lob bedeutet«, antwortete ich.
Kurz musste ich mich abwenden, um mir mit dem Handrücken eine Träne wegzuwischen und meine aufgewühlten Gefühle zu beruhigen.
»Als ich mein Buch schrieb und dann anfing, Vorträge zu halten, hatte ich solche Angst, die Nuba bloßzustellen, sie zu blamieren oder etwas zu sagen, das eigentlich tabu war und geheim bleiben sollte«, meinte ich dann.
»Hör zu, Schwester, wir sind uns noch nie zuvor begegnet«, meinte Ali, der Jüngste der vier. »Aber eines will ich dir sagen: Jedem ist bekannt, dass es ein kleines Nubamädchen gibt, das den Mund aufmacht und für uns kämpft, so wie wir es mit unseren Waffen im Busch tun. Sie sorgt dafür, dass unsere Stimme gehört wird, tritt für die Nuba ein und lässt sich nicht von ihrem Weg abbringen. Deshalb sind wir stolz, dich zu kennen, und werden immer hinter dir stehen.«
Ich wusste nicht, was ich sagen sollte. Diese Worte von Bewohnern meines Heimatdorfes zu hören, ging mir mehr ans Herz, als ich je gedacht hätte. Die Männer, die mir hier den Rücken stärkten, waren zwar Fremde, doch sie gehörten zu meinem Volk, und nur das zählte.
»Ich möchte noch etwas dazu sagen«, meinte Mohammed, der Ruhigste der vier. »Erstens, wie sehr es uns überrascht und beeindruckt hat, dass du betest. Nicht einmal wir machen uns immer diese Mühe, und dabei leben wir mit unseren muslimischen und christlichen Brüdern hier in den Nubabergen.«
Ich lächelte. Mohammed trug eine rote Baseballkappe und

hatte ein spitzbübisches Funkeln in den Augen. Anscheinend waren stille Wasser tief.

»Außerdem sollst du wissen, dass wir für dich da sind«, fuhr er fort. »Hör nicht auf die, die dich kritisieren und behaupten, dass das, was du über das Volk der Nuba berichtest, nicht der Wahrheit entspricht. Diese Leute haben es nicht verdient, dass du auf sie achtest.«

»Soll ich euch erzählen, was mein Vater einmal am Telefon zu mir gesagt hat?«, erwiderte ich. »Er meinte: ›Mende, ich bin sehr stolz darauf, einen starken Sohn wie dich zu haben.‹ – ›Nein, Vater, ich bin doch deine *Tochter*‹, habe ich protestiert. Aber er antwortete: ›Nein, Mende, mein Sohn. Für mich bist du so stark wie ein Sohn, weil du so tapfer gewesen bist.‹«

»Deine Eltern haben wirklich eine Menge durchgemacht, Mende«, erwiderte Assir leise. »Als du an die Öffentlichkeit gegangen bist, hat man sie unter Druck gesetzt, sich von dir loszusagen, um dich zum Schweigen zu bringen. Aber sie haben sich standhaft geweigert und sind standhaft geblieben. Irgendwann ließ man sie dann in Ruhe. Doch es war nicht leicht für sie.«

Ich nickte, denn ich wusste, was für eine schwere Zeit sie hinter sich hatten. Ich ertrug es kaum, mir Einzelheiten vorzustellen.

»Mende, ich erzähle dir jetzt eine Geschichte«, begann Youssef. »Vor kurzem bin ich einem Araber begegnet, und weißt du, was er zu mir gemeint hat? Er erklärte, er sei sehr wohlhabend und habe einmal vier Sklaven besessen. Doch zwei seien ihm davongelaufen. Also habe er einen der beiden, die noch übrig waren, gezwungen zu heiraten und eine Familie zu gründen. Und zwar mit dem Ziel, dass der Mann jetzt nicht mehr fliehen würde, weil er dann ja Frau und Kinder verlassen müsste.«

»Warum hat er dir das anvertraut?«, erkundigte ich mich.

»Er hat behauptet, er hätte seinen Irrtum eingesehen und sich geändert. Es gibt auch solche Beispiele.«

»Hat er den Sklaven mit einer Araberin oder mit einer schwarzen Afrikanerin verheiratet?«, wollte ich wissen.
»Natürlich mit einer Afrikanerin«, erwiderte Youssef. »Sicher war es eine Sklavin vom selben Stamm.«
»Und wann hat er dir das gesagt?«
Youssef kratzte sich am Kopf. »Vor vier oder fünf Jahren. Seitdem hat er versucht, seine beiden Sklaven freizulassen. Allerdings ist das offenbar gar nicht so leicht. Häufig wurden die Menschen schon als kleine Kinder entführt und wissen gar nicht, woher sie kommen oder wo ihre Familie lebt. Hin und wieder haben sie sogar ihre Muttersprache vergessen. Wohin sollen sie also nach ihrer Freilassung gehen? In dieser Hinsicht hast du vielleicht sogar Glück gehabt, Mende. Du kennst wenigstens deine Eltern und dein Heimatdorf und sprichst Karko.«
Natürlich hatte Youssefs Einwand etwas für sich, denn mir war wirklich einiges erspart geblieben. Jedoch änderte das nichts an dem Schmerz und der Enttäuschung, die ich empfand, während die Zeit ohne ein Lebenszeichen von meiner Familie verging. Dieses untätige Warten war für mich das Allerschlimmste, denn wenn wir uns auf den Weg nach Julud gemacht hätten, hätte ich zumindest das Gefühl gehabt, dass sich etwas bewegte.
Bevor Youssef sich verabschiedete, lud er uns für den nächsten Tag zu sich zum Frühstück ein. Ich sagte erfreut zu. So würde ich mich wenigstens von der Warterei ablenken können.

Am späten Nachmittag stattete ich dem Funkraum einen erneuten Besuch ab, aber vergeblich, denn Shwaya hatte noch keine Fortschritte gemacht. Als jemand einen Spaziergang zum Markt vorschlug, stimmte ich zu, weil ich dringend einen Tapetenwechsel brauchte. Außerdem wollte ich einen Rock ändern lassen; ich hatte am Marktplatz eine Schneiderwerkstatt entdeckt. Sonst hatte ich nämlich nur lange Hosen bei

mir, in denen ich schrecklich schwitzte. (Das zeigte mir, in welchem Geisteszustand ich beim Packen gewesen sein musste.) Sicher würde der Rock viel kühler und angenehmer zu tragen sein. Wegen des vielen Regens war es schwül und heiß, was das Herumsitzen noch quälender machte.
Der Schneider hockte an einer altmodischen Nähmaschine mit Pedalantrieb. Ich zeigte ihm den Rock und erklärte ihm, der Saum müsse um etwa acht Zentimeter gekürzt werden. Einstweilen wollten wir in einem kleinen Café etwas trinken, das wir am Rande des Marktplatzes entdeckt hatten. Eine alte Frau kauerte dort vor einem mit Holzkohle beheizten Ofen und bereitete Kannen mit afrikanischem *chai* und winzige Silbergefäße mit starkem schwarzem Kaffee zu. Nachdem wir bestellt hatten, setzten wir uns unter ein reisiggedecktes Vordach. Der Tee wurde in kleinen Gläsern serviert und war lecker mit Kardamom und Zimt gewürzt.
Ein Mann, der einen Lederhut trug, setzte sich neben uns auf eine Holzbank, um seinen Kaffee zu trinken. Er wurde von seiner kleinen Tochter begleitet, die uns ängstlich anstarrte. Der Mann winkte uns zu und bedeutete uns, das kleine Mädchen zu begrüßen. Da Hagen am nächsten saß, stand er auf und kam auf die Kleine zu. Hagen ist mit seinen über eins neunzig ziemlich groß. Außerdem hat er weißblondes Haar und sogar für einen *khawaja* sehr helle Haut. Als er sich zu der Kleinen hinunterbeugte, schrie sie auf, und ihre Augen weiteten sich vor Schreck. Hagen wich zwar zurück, aber es war zu spät. Sobald der Vater losließ, ergriff das Kind die Flucht.
Ihr Vater fing zu lachen an, und auch ich konnte mir ein Schmunzeln nicht verkneifen. »Ich war in diesem Alter genauso«, erklärte ich den anderen.
»Was meinst du damit?«, fragte Hagen in gespielter Entrüstung.
»Tja, wir dachten, die *khawajas* wären Geister«, antwortete

ich. »Wir Kinder fanden, dass sie mit ihren gruseligen weißen Gesichtern wie Gespenster aussahen.«

»Da kann ich Mende nur zustimmen«, stellte Damien fest. »Ich würde mich vor Hagens fieser Visage auch fürchten.«

Hagen wollte etwas antworten, doch seine Worte gingen in Gepolter und Geschepper unter. Gefolgt von einer Rauchwolke, kam ein uralter Lastwagen auf den Marktplatz gerumpelt. Er war in knallbunten Farben lackiert und über und über mit einer interessanten und recht widersprüchlichen Mischung aus islamischen, christlichen und weltlichen Botschaften beschriftet. »Dieser Laster wartet auf niemanden«, lautete eine davon. »Wer keine Zeit verschwendet, spart auch meine«, verkündete eine andere. Ein Mann sprang von der Ladefläche, nahm einen Stein und schob ihn unter die Hinterräder, um das mit Passagieren überladene Fahrzeug am Wegrollen zu hindern. Dann stiegen die Fahrgäste aus, und zu guter Letzt wurde das Gepäck heruntergereicht, zu dem ein Käfig mit lebenden Hühnern, eine gefesselte Ziege und einige alte und ziemlich klapprige Fahrräder gehörten.

Die Hälfte der Fahrgäste waren Soldaten. Sie schwärmten auf dem Marktplatz aus, scharten sich jedoch bald um einen Stapel riesiger Transistorradios. Der erste Soldat ging in die Hocke und griff nach einem leuchtend violetten Gerät. Nachdem er es eingeschaltet hatte, breitete sich ein seliges Lächeln auf seinem Gesicht aus. Das Radio gab ein schauerliches Geheul von sich. Der Soldat nahm ein dickes Bündel Geldscheine aus der Gesäßtasche, und einige Banknoten wechselten den Besitzer. Nun war er stolzer Eigentümer eines gewaltigen Radios. Nachdem er es seinen Kameraden präsentiert hatte, schnallte er es auf sein Fahrrad und strampelte gemächlich in die Abendsonne hinein, während das Jaulen langsam zwischen den Hügeln verklang.

Der Mann mit dem Lederhut erklärte, die Soldaten seien gera-

de bezahlt worden und kehrten jetzt zum Heimaturlaub in ihre Dörfer zurück.
In meiner Kindheit wäre jemand, der mit einem laut plärrenden Radio auf dem Gepäckträger in unser Dorf geradelt kam, mit großem Hallo willkommen geheißen worden – und wahrscheinlich war es immer noch so. *Schaut mal!* hätten alle gedacht. *Seht ihn euch an!* Ein Fahrrad und ein Radio waren nämlich wichtige Statussymbole. In unserem Dorf hatte nur ein einziger Mann ein Radio besessen. Hin und wieder ließ er es auf voller Lautstärke laufen, damit man es bis ans andere Ende des Tals hörte. Es war, als wolle er uns alle unterhalten, und wir fanden das sehr großzügig von ihm.

Die Erinnerung an mein Heimatdorf ließ mich wieder an meine Familie denken. Da wir fast den ganzen Nachmittag nicht im Hotel California gewesen waren, hoffte ich, allen Widrigkeiten zum Trotz, sie könnten währenddessen eingetroffen sein. Bei Sonnenuntergang kehrten wir zurück, doch von meiner Familie fehlte noch immer jede Spur. Kein Lebenszeichen von ihnen. Ich war wie ausgelaugt. Das Warten und die Ungewissheit raubten mir immer mehr die Kraft.
Nach dem Abendessen saßen Hagen, Hannah und Damien da und tranken Whisky, während sich Dunkelheit über die Landschaft senkte. Wegen der Skorpione hatten sie die Plastikstühle auf die große Veranda gestellt, damit niemand auf dem Boden sitzen musste. Trotz – oder vielleicht wegen – meiner gedrückten Stimmung gesellte ich mich zu ihnen, denn ich wollte lieber nicht allein sein. Plötzlich bemerkte ich, dass sich neben mir auf einem der Pfeiler etwas bewegte. Als ich genauer hinsah, fiel mein Blick auf ein Geschöpf, wie ich es beängstigender und abstoßender noch nie gesehen hatte. Es erinnerte an ein Zwitterwesen aus Skorpion und Riesenspinne – widerlich.

»O mein Gott, schaut nur!«, rief ich aus. »Ich weiß nicht, was das ist! Jedenfalls ist es riesengroß, behaart und ekelhaft.«
Sofort sprang Hannah auf ihren Stuhl, und ich beschloss, ihrem Beispiel zu folgen. Währenddessen pirschten sich Hagen und Damien vorsichtig an und beleuchteten das Tier auf der Säule mit ihren Taschenlampen. Alle schrien voll Abscheu auf. Beine und Körper des etwa handgroßen Ungetüms waren mit borstigen Haaren bewachsen und unnatürlich rosafarben, der geschwollene Leib schien mit einer klumpigen schwarzen Flüssigkeit gefüllt zu sein. Am Kopf hatte das schauerliche Geschöpf zwei riesige Scheren. Beim bloßen Anblick wurde mir übel.
»Igitt! Ist das fies!«, kreischte Hannah. »So tut doch endlich etwas!«
Doch als der Lichtstrahl der Taschenlampe das Tier traf, richtete es sich auf und schoss blitzschnell davon.
»Wo ist es?«, fragte Hannah hysterisch kichernd. »Schlagt es tot!«
Hagen und Damien, die als Einzige noch die Füße auf dem Boden hatten, waren damit beschäftigt, ihre Hosen in die Stiefel zu stecken. Damien drehte sich zu mir um.
»Halb Skorpion, halb Spinne«, verkündete er mit hochgezogenen Brauen. »Erinnerst du dich noch an den Propheten Mohammed? Eigentlich dürfen wir das Biest gar nicht töten.«
»Was geht mich mein Geschwätz von gestern an«, keuchte ich. »Schnappt es euch!«
Damien schnaubte. »Vermutlich ist es völlig harmlos.«
»Es sieht aber nicht so aus«, gab Hannah zurück. »Sicher ist es nicht nur eklig, sondern auch lebensgefährlich. Ein Biss, und man kann die Radieschen von unten anschauen. Pfui! Nicht auszudenken, wenn es sich in den Kleidern einnistet.«

»Da ist es wieder!«, rief Damien kurz darauf aus. »Genau hinter deinem Kopf, Hagen!«
Hagen glaubte offenbar, Damien wolle ihn auf den Arm nehmen. Doch dann sah auch ich, wie fleischfarbene behaarte Beinchen an der Wand direkt an Hagens Ohr vorbei und zu einem Fenster hineinkletterten.
»Es stimmt, es stimmt!«, schrie ich. »Hinter dir, Hagen!«
Währenddessen pirschte sich Hagen näher an das Ungetüm heran. »Es hat nur sechs Beine. Also kann es keine Spinne sein, richtig? Die haben nämlich acht. Was um Himmels willen ist es dann?«
»Der *shaitan* persönlich«, erwiderte ich. »Der Satan, der auf die Erde zurückgekehrt ist, um uns Angst zu machen.«
Alle waren sich einig, dass das Tier genau danach aussah.
Damien holte eine Dose Insektenspray aus der Tasche. »Soll ich das Ding einsprühen?«
Ich kicherte. »Sei nicht albern. Das ist doch *shaitan*. Man kann den Teufel nicht mit Insektenspray ausschalten.«
Damien sah mich finster an. »Und was schlägst du sonst vor?«
Wir setzten uns, überlegten, was wir tun sollten und leuchteten immer wieder nervös mit der Taschenlampe sämtliche Ecken, Dach, Boden und Wände ab.
»Wir haben damals übrigens Insekten gegessen«, merkte ich an. »Heuschrecken zum Beispiel. In der kalten Jahreszeit kamen sie, in riesigen Schwärmen, die die Sonne verfinsterten, und fraßen alle Bäume und Pflanzen kahl.«
»Du willst doch nicht etwa vorschlagen, das Biest zu verspeisen?«, entsetzte sich Damien.
»Also, die Heuschrecken schmeckten wunderbar. Wenn wir einen der Bäume angezündet haben, sind alle Heuschrecken runtergefallen, und wir haben sie massenweise aufgesammelt. Meine Mutter hat sie mit *shal* zubereitet, einer Sauce aus der Asche von Maisstengeln.«

Shaitan, die nubafressende Riesenspinne

»Hmmm, das klingt ja köstlich, Mende«, grinste Hagen. »Heuschrecken in Aschesauce. Mir läuft schon das Wasser im Munde zusammen. Kann ich das auch mal versuchen?«

»Wenn meine Mutter kommt«, erwiderte ich. »*Shal* bereitet man zu, indem man das Aschewasser durch eine Dose mit Löchern siebt. Ich habe es schrecklich gern gegessen, vor allem eben mit Heuschrecken. Wir haben den Kopf abgerissen, versucht, auch das Braune rauszuziehen, und dann haben wir sie in *shal* getunkt und reingebissen.«

Hagen verzog das Gesicht. »Ach, prima, es ist also auch etwas Braunes dabei.«

»Was meinst du mit ›das Braune rausziehen‹?«, erkundigte sich Damien stöhnend.

»Du weißt schon, wie bei einem Shrimp. Da verläuft durch die Mitte ja auch eine braune Linie. Die wird mit dem Kopf des Grashüpfers entfernt. Aber wenn es nicht klappte, haben wir ihn trotzdem gegessen. Das klingt zwar eklig, war aber wirklich lecker.«

Hannah kicherte. »Mende, willst du uns allen Ernstes weismachen, dass du gerne Heuschreckenkacke isst?«
Ich zuckte die Achseln. »Tja, sie ernähren sich doch nur von Gras und Blättern. Deshalb ist es nicht weiter schlimm. Würmer haben wir auch gegessen – oder wie die länglichen kleinen Tiere, die auf Bäumen leben, sonst heißen.«
»Vermutlich waren es Raupen«, sagte Damien.
»Gut, dann also Raupen. Dazu hatten wir eine köstliche Sauce. Mein ältester Bruder Kwandsharan mochte sie nicht, aber ich. Und dann gab es bei uns eine Art Riesenschnecke, die haben wir auch gegessen. Die Schnecken lebten auf Bäumen, und man musste warten, bis sie auf den Boden kamen. Sie schmeckten fettig und ölig und sehr gut. Ich weiß nicht, ob ich so etwas heute noch mögen würde. Aber wenn meine Mutter kommt, werde ich es noch einmal ausprobieren.«
Niemand hatte Lust, noch etwas zu trinken. Wir kapitulierten vor der nubafressenden Riesenspinne und beschlossen, schlafen zu gehen. Doch als wir unsere Sachen zusammensuchten, läutete das Satellitentelefon. Hatte mein Bruder Kwandsharan Neuigkeiten von meiner Familie? Ich erfuhr es nicht. Denn der Akku stieß sofort ein zweifaches Piepsen aus, dann war die Leitung tot.
Ich stand kurz vor einem Nervenzusammenbruch. Warum musste ausgerechnet jetzt der Akku seinen Geist aufgeben? Wir kamen zu dem Schluss, dass uns nichts anderes übrigblieb, als Shwaya zu wecken. Für die Autobatterien gab es einen Generator, mit dem wir bestimmt auch das Telefon aufladen konnten, damit ich die Möglichkeit hatte, Kwandsharan zurückzurufen und herauszufinden, was geschehen war. Nachdem wir eine Weile an die Tür getrommelt hatten, kam eine schlaftrunkene Shwaya, in ein afrikanisches Tuch gewickelt, herausgewankt.
Sie begleitete uns zum Bürogebäude. Als sie die Plane vom Generator nahm, warnte sie uns, dass sich Skorpione darunter

versteckt haben könnten. Doch inzwischen war mir alles egal. Irgendwann, nach vielen Fehlversuchen, sprang der Generator an, und irgendwann signalisierte das Telefon, dass ich nun meinen großen Bruder anrufen konnte.

Das Herz klopfte mir bis zum Halse. Da ich jeden Moment mit weiteren technischen Problemen rechnete, sprach ich so schnell, dass er mich fast nicht verstand. Als er dann zu Wort kam, berichtete er, er habe endlich einen Mann in unserem Dorf erreicht, der Babo, meinen jüngsten Bruder, ans Telefon geholt habe. Kwandsharan hatte Babo mitgeteilt, dass ich in Kauda sei. Daraufhin habe Babo zugesichert, sie würden sich sofort auf die Reise machen.

Ein Strahlen der Erleichterung muss sich über mein Gesicht gebreitet haben, denn die anderen wussten sofort, dass wir dem Ziel unserer Reise einen Schritt näher waren.

»Jetzt geht es endlich los«, lächelte ich. »Sie sind unterwegs nach Kauda. Morgen sind wir den dritten Tag hier; vielleicht schaffen sie es ja bis dahin. Nur noch ein bisschen Geduld. Nur noch ein bisschen.«

7
Nuba-Viagra und Skorpionzauber

Am nächsten Morgen wachte ich früh auf. Von meiner Familie war natürlich noch immer nichts zu sehen. Ich spürte immer mehr, welche Lücke in meiner Seele über all die Jahre geklafft haben musste – eine Lücke, die nur die liebevolle Zuwendung meiner Familie schließen konnte.

Wir machten uns auf den Weg zu unserer Frühstücksverabredung mit Youssef, folgten einigen gewundenen Pfaden, ließen bald die Siedlungen hinter uns und erreichten eine Bergkette, die hinter Kauda begann. Youssefs Haus stand dicht unterhalb des nächsten Gipfels.

Die tief stehende Morgensonne tauchte die mit Gras bewachsene Ebene in ein sattes gelbliches Licht, so dass ich mich fühlte, als watete ich durch ein Meer aus wogendem Gold. Die Luft roch noch frisch und erdig nach dem Regen der letzten Nacht. Als wir durch die Sorghumfelder kamen, verwandelte sich der Weg in einen schmalen, schattigen Tunnel, da die Stengel höher waren als unsere Köpfe. Man konnte förmlich spüren, wie die Feldfrüchte aus der Erde brachen.

Nach zwanzig Minuten Fußmarsch durch die morgendliche Kühle erreichten wir unser Ziel. In der Mitte der sonnigen Ebene stand ein Backsteingebäude mit einer Terrasse, wo uns ein gedeckter Frühstückstisch erwartete. Der niedrige Holztisch bog sich unter selbstgebackenem Brot, Ziegenkäse, Falafel, Aprikosenmarmelade und *Halvah*, jener ebenso klebrigen wie köstlichen Süßigkeit aus Sesam und Honig.

Hügelkette in den Nubabergen

Nach dem Spaziergang knurrte uns allen schon der Magen, und die Speisen sahen einfach wunderbar aus. Beim Essen kam das Gespräch jedoch schnell wieder auf ernste Themen, und Youssef erläuterte die Unterschiede zwischen den Bedingungen in Kauda und in unserem Heimatdorf Karko. Hier gebe es Schulen, Krankenhäuser und sogar fließend Wasser, alles Dinge, die in Karko fehlten. Dort wurden die Kinder wieder unter den Bäumen unterrichtet, weil die Dorfschule während der jahrelangen Kämpfe zerstört worden war.

»Karko lag an der Front zwischen den Streitkräften der Nuba und denen aus Khartoum«, erklärte Youssef. »Also tobten die Kämpfe dort viel schlimmer als hier. Das Dorf wurde stets von Soldaten aus Khartoum überwacht, obwohl der Großteil der Bevölkerung die Besatzer ablehnte. Deshalb auch die vielen Unruhen. Bis zum nächsten Krankenhaus sind es noch immer viele Kilometer. Die Frauen in Karko sind gezwungen, ihre Kinder ohne ärztliche Hilfe zur Welt zu bringen. Viele sterben dabei.«

Ich nickte; ich hatte bereits gehört, dass der Krieg schwer in Karko gewütet hatte. »Ich würde gerne etwas dagegen tun, Youssef, um den Menschen dort zu helfen.«

Youssef sah mich an. »Das ist sehr großzügig von dir, Mende«, sagte er leise auf Arabisch. »Wenn du möchtest, reden wir nach dem Frühstück eingehender darüber.«

Dann erzählte Youssef uns einen Teil seiner Lebensgeschichte. In den späten Achtzigern hatte er an der Universität von Kairo studiert, sich jedoch nach seinem Diplom entschieden, sich dem Kampf der Nuba anzuschließen. Er wurde als Soldat in einem entlegenen Gebiet an der Ostgrenze des Sudan stationiert, wo er dreizehn Jahre lang kämpfte. Erst vor kurzem, nach der Friedensvereinbarung, war er in die Nubaberge zurückgekehrt. Das Haus, vor dem wir jetzt saßen, gehörte einer kleinen Nuba-Hilfsorganisation, die Youssef gerade auszubauen versuchte. Auch seine drei Freunde – Assir, Mohammed und Ali – waren Soldaten gewesen und hatten sich wie Youssef freiwillig gemeldet, um die Nubarebellen im Busch zu unterstützen.

Nachdem wir eine Weile geplaudert hatten, bat Youssef mich um ein Gespräch unter vier Augen in seinem Büro, wo er mich freundlich fragte, ob ich wirklich alles über den Kampf der Nuba wissen wolle. Auf mein ernstes Nicken hin gab er mir eine Kopie der Friedensvereinbarung auf Arabisch, damit ich sie lesen und insbesondere ihre Schwachstellen verstehen konnte. Anschließend erzählte er mir von seiner Arbeit. Derzeit baue er in Karko Schulen und eine Klinik und bohre Brunnen, damit die Menschen sauberes Wasser bekämen. Allerdings ginge alles ziemlich schleppend voran.

»Wie kann ich helfen?«, fragte ich. »Kliniken sind doch das Wichtigste, oder?« Kinder sterben nicht gleich, wenn sie im Freien lernen müssen – aber Frauen bei einer schweren Geburt …«

Youssef nickte. »Du hast recht, Mende. Alles Dinge, um die wir uns kümmern müssen.«

»Ein Jammer, dass wir nicht in Karko sind. Ich würde mir gern selbst ein Bild machen. Wenn ich es mit eigenen Augen sehen könnte, wäre es sicher leichter für mich, Fürsprecher zu gewinnen.«

»Ich weiß. Aber ich kann dir ja Fotos schicken. Es ist wirklich sehr, sehr traurig.«

Für einen Kriegsveteranen, der so lange an vorderster Front gekämpft hatte, war Youssef erstaunlich sanftmütig und zurückhaltend, so dass ich mir gar nicht vorstellen konnte, wie er mit einem Maschinengewehr auf andere Menschen schoss. Dennoch hatte er sicher töten müssen, eine Vorstellung, die mir auch bei Mohammed, Ali oder Assir schwerfiel.

Ich antwortete Youssef, ich wolle mein Bestes tun. Natürlich wäre es mir am liebsten, zuerst Geld für Projekte in meinem Heimatdorf Karko zu sammeln. Er erwiderte, das sei sinnvoll, denn Karko gehöre zu den bedürftigsten Ortschaften im Sudan. Vielleicht würde es mir ja gelingen, die nötigen Mittel zu beschaffen und durch Vorträge bei Kongressen und Medieninterviews die Öffentlichkeit auch allgemeiner auf das Problem aufmerksam zu machen.

Nach dem Gespräch ging Youssef in die Küche, um Tee zu holen, während ich mich wieder zu den anderen gesellte.

»Was ist das für ein leckerer Käse, Mende?«, erkundigte sich Hagen, ruhig und gelassen wie immer. »Er schmeckt ausgesprochen gut.«

»Der *jibnah*? Das ist ein arabischer Ziegenkäse, den man auf dem Markt kaufen kann. Bei den Nuba gibt es kein Wort dafür, denn wir stellen keinen Käse her.«

»Wie kann man ohne Käse überleben?«, entsetzte sich Hannah. Sie war Vegetarierin und schien sich in London fast ausschließlich von Käsebroten zu ernähren.

»Nun, wir haben etwas Ähnliches wie *jibnah*, es ist so eine Art körniger Joghurt.«

»So wie Hüttenkäse?«, fragte Hannah.
»In etwa vergleichbar. Wir machen ihn, indem wir den Rahm abschöpfen. Das nennen wir *edgegar*. Aber ich mochte das nie sehr. *Edgegar kutur konda* war mir lieber. Den fand ich wirklich prima, weil er Rahm enthielt.«
Hannah versuchte, *edgegar kutur konda* auszusprechen, verknotete sich aber dabei die Zunge.
»Also ist *edgegar kutur konda* ein sahniger Joghurt mit Stückchen?«, hakte sie nach.
»Ja. Und wenn die Milch von einem Tier stammt, das gerade geworfen hat, kochen wir sie zuvor ab. Das Ergebnis heißt dann *woing*.«
»Was?« Damien zuckte zusammen. »Ist dir klar, was du dabei für ein Gesicht machst? Hat jemand einen Spiegel dabei?«
Als ich das Wort noch einmal aussprach, stellte ich fest, dass ich dazu die Nase hochziehen und die Lippen schürzen musste.
»Oing«, versuchte Hannah ihr Glück.
»Oing, oing, oing«, riefen die anderen im Chor.
Noch nie hatte ich gesehen, wie *khawajas* so komische Grimassen schnitten, und ich krümmte mich vor Lachen. Gemeinsam kamen wir zu dem Schluss, dass *woing* eine Lautfolge war, die englischen Muttersprachlern auf immer fremd bleiben würde.
»Nun, wenn meine Mutter hier ist, werdet ihr massenweise *woing* und *edgegar kutur konda* zu sehen kriegen«, sagte ich. »Sicher bringt sie alle meine Lieblingsgerichte mit, und trotz der komischen Namen sind sie wirklich lecker.«

Ich bemerkte, dass Youssef wieder aus der Küche kam.
»Ist es nicht unglaublich«, fragte ich, »wie viel Youssef und die anderen aufgegeben haben, um als Soldaten im Busch zu kämpfen?«
Youssef hatte in meinen Augen tatsächlich ein gewaltiges

Opfer gebracht, denn schließlich hätte er nach einem abgeschlossenen Studium in Kairo auch einen gut dotierten Posten in der Stadt annehmen und den Kopf in den Sand stecken können, um sich ein bequemes Leben zu machen. Stattdessen aber hatte er zu den Waffen gegriffen und war in den Busch gegangen – und das dreizehn Jahre lang. Für mich waren Youssef und seine unzähligen Mitstreiter die wahren Helden unseres Volkes.

Irgendwann verabschiedeten wir uns wieder von Youssef, bedankten uns für seine Gastfreundschaft und kehrten durch den sengend heißen Busch zurück ins Hotel California. Inzwischen hatte sich die Wolkendecke gelichtet, und die Sonne brannte gnadenlos von einem strahlend blauen Himmel. Unterwegs teilten wir uns automatisch in zwei Gruppen auf. Mariella und Hagen hatten es eilig und bildeten die Vorhut, da sie noch ein paar Aufnahmen am Marktplatz machen wollten. Ich schlenderte mit Hannah und Damien gemütlich hinterher.

Mitten in einem Feld Sorghumhirse blieben wir stehen. Die Stengel waren von Menschenhand dicht unterhalb der prallen Ähren eingeknickt und zu Bündeln von mehr als einem Dutzend zusammengebunden worden. Auf diese Weise würden die reifen Ähren an der Pflanze trocknen, so dass man sie leichter ernten konnte. Allerdings musste der Bauer genau den richtigen Zeitpunkt abpassen, denn wenn er zu lange wartete, verdorrten die Ähren und fielen ab. Als ich mich auf dem Feld umsah, wurde mir klar, welche Lust ich hatte, so wie in meiner Kindheit etwas Frisches direkt vom Feld zu essen. Im Hotel California war die Verpflegung zwar annehmbar, bestand aber ausschließlich aus getrockneten Bohnen, Reis und Linsen.

Ein paar Schritte entfernt bemerkte ich einige strohgedeckte Lehmhütten. »Hallo, ist da jemand?«, rief ich. *»Assalam alaikum.* Ist jemand zu Hause?«

Eine Stimme antwortete, und eine junge Frau trat hinter einer Hütte hervor. Als wir einander begrüßten, stellte ich fest, dass sie drei saftige Gurken in der Hand hatte, und bekam plötzlich einen riesigen Appetit darauf.

»Könnte ich vielleicht eine Gurke haben?«, fragte ich. »Hast du eine für mich übrig? Ich habe solche Lust auf etwas Frisches, Grünes.«

Sie lächelte. »Ja, ja, nimm nur diese hier. Ich wasche sie für dich, denn sie sind ein bisschen voll Erde.«

»Nein, das ist nicht nötig. Kein Problem.«

Als sie mir die Gurken reichte, wollte ich dafür bezahlen.

»Nein, Schwester«, lehnte sie ab. »Ich würde dir ja gerne noch mehr geben, aber die Erntezeit ist fast vorbei.«

Ich lächelte sie dankbar an.

»Woher kommst du?«, erkundigte sie sich neugierig.

»Ich bin eine Nuba«, antwortete ich, erstaunt, dass man mir immer wieder diese Frage stellte. Ich fand, dass man mir ansah, woher ich kam. »Aber ich wohne in *bilabara*, in einem weit entfernten Land, das Großbritannien heißt. Hast du schon mal davon gehört?«

Sie schüttelte den Kopf.

»Nun, vielen Dank für die Gurken«, meinte ich freundlich. »Das war sehr nett von dir.«

Ich gesellte mich wieder zu Hannah und Damien. »Schaut mal, was sie mir geschenkt hat!«, verkündete ich glücklich.

Hannah öffnete ihren Rucksack. »Wirf sie da rein, dann trage ich sie für dich. Die sehen aber lecker aus.«

Eine Weile marschierten wir weiter durch die heiße Mittagssonne.

»Lass mich raten«, sagte Damien. »Du hast bestimmt mit Youssef darüber gesprochen, wie du seine Arbeit unterstützen kannst. Ihr habt sicher schon jede Menge Pläne für die Region Karko. Allerdings solltest du in diesem Fall besser selbst eine Hilfsorganisation gründen.«

»Woher weißt du, dass wir darüber geredet haben?«, erstaunte ich mich. »Glaubst du wirklich, es ginge, dass ich meine eigene Organisation gründe, Geld sammle und den Menschen helfe?«
Damien lachte auf. »Das war nicht weiter schwer zu erraten. Klar ginge das, es wäre sogar das Beste, was du tun könntest. Ich habe mir auch schon einen Namen ausgedacht: Karko Agency for Development Aid Relief – Karko-Agentur für Entwicklungshilfe – abgekürzt KADAR. Wie fändest du das? Schau, ich habe es mir sogar aufgeschrieben.« Er zeigte mir eine Seite seines in unleserlicher Handschrift vollgekritzelten Notizbuchs, wo ich am oberen Rand die Buchstaben KADAR entziffern konnte. »Hat KADAR auf Arabisch oder Nuba eigentlich eine Bedeutung? Das wäre schön, muss aber nicht sein.«
»Kadar?« Ich überlegte. »Ja! Auf Arabisch heißt es so viel wie Schicksal.«
»Wirklich? Schicksal? Das passt ja optimal!«
Während wir weiter durch den Busch marschierten, erörterten wir, wie ich die Organisation gründen und welche Ziele sie sich setzen sollte. Ich hatte bereits früher daran gedacht, einen Teil des vielen Geldes, das ich mit meinem Buch und den Vorträgen verdient hatte, in Hilfsprojekte wie das von Youssef zu stecken. Allerdings waren meine Mittel als Einzelperson begrenzt. Mit einer eigenen Organisation hingegen würde ich vielleicht mehr für die Nuba erreichen können. Ich war sehr aufgeregt. Als wir das Hotel California erreichten, hatten wir bereits ein grobes Konzept meiner Nuba-Hilfsorganisation entwickelt.

Beim Betreten des Camps spürte ich, wie sich wieder Anspannung in mir breitmachte. Voller Hoffnung sah ich mich um – noch immer keine Spur von meiner Familie. Also erkundigte ich mich bei Shwaya, ob es Neuigkeiten gebe, aber leider vergeblich. Trotz meiner quälenden Besorgnis zwang ich mich zur Geduld und fing an, die Gurken zum Mittagessen vorzubereiten. Nachdem ich die erste geschält hatte, bestreute ich das wässrige, helle Fruchtfleisch mit Salz und steckte ein großes Stück in den Mund. Es war ein wundervolles Gefühl, die kühle und saftige Gurke mit den kleinen Kernen zu zerkauen, und ich genoss den knackigen, frischen Geschmack, der so befreiend war wie die ersten Regentropfen auf ausgedörrter Erde. Die Gurke schmeckte so völlig anders als die Lebensmittel, die es in London zu kaufen gab, wo mich Gurken aus dem Supermarkt eher an alte Pappe erinnerten.

»Köstlich!«, rief ich aus, während ich versuchte, mir die Kerne aus den Zähnen zu pflücken.

»Hmmmm. Ich glaube, ich esse meine mit *jibnah«*, verkündete Hannah. »Es geht doch nichts über eine frische Gurke mit Ziegenkäse.«

Da ich den Gedanken nicht ertragen konnte, den ganzen Tag untätig herumzusitzen, schlug ich nach dem Essen einen Spaziergang zum Markt vor, um meinen Rock abzuholen. Und so machten Damien, Hannah, Hagen und ich uns auf den Weg. Mariella hatte sich hingelegt, da sie sich nicht wohlfühlte. Ich hoffte nur, dass nicht das Wasser und die Verpflegung im Camp schuld daran waren.

Als wir zum Markt kamen, bemerkte ich ein altes Kalenderblatt, das mit der Vorderseite nach unten auf dem Boden lag. Spontan hob ich es auf und drehte es um. Und siehe da – ein vertrautes Gesicht blickte mir entgegen.

»Ach, herrje, das ist ja David Beckham!«, erstaunte ich mich. »David, was machst du denn hier auf dem Marktplatz in Kauda?«

Unter den verdatterten Blicken von Händlern und Kundschaft betrachteten wir laut lachend das Kalenderblatt. Die Abbildung zeigte Beckham im schwarzen Abendanzug, wie er nach einem orangefarbenen Ball trat. Die Seite stammte vom August 2006. Allerdings hatte jemand die untere Hälfte abgerissen, so dass vom Namen nur noch die Buchstaben »D« und »Be« zu lesen waren. Da wir alle ein wenig Aufmunterung nötig hatten, freuten wir uns über die Maßen an diesem lustigen Fund. Selbst in den Nubabergen gab es offenbar kein Entrinnen vor der britischen Fußballprominenz.

Beim Schneider musste ich leider feststellen, dass der Rocksaum zackig und unregelmäßig geraten war, während der Stoff selbst sich wellte. Als ich den Rock sicherheitshalber über meiner Jeans anprobierte, war er seitlich fast drei Zentimeter kürzer als vorne und hinten. Das Kleidungsstück war völlig ruiniert.

»Ist das etwa hier die neue Mode?«, fragte ich den Schneider verärgert und wies auf den gezackten Saum.

Er zuckte nur die Achseln. »Eigentlich nicht. Es ist eben so geworden.«

Ich zeigte Hannah den Rock.

»Posh Spice würde sich nur über ihre Leiche so blicken lassen, Mende!«, rief sie entsetzt aus.

»Ich weiß. Der Rock ist wohl hinüber. So kann ich ihn unmöglich anziehen.«

Er wäre wahrscheinlich trotz der gewellten Säume in der Hitze sehr angenehm zu tragen gewesen. Doch ich wunderte mich über mich selbst – ich war plötzlich ziemlich eitel, denn ich wollte gut aussehen, wenn meine Familie eintraf. Deshalb kam so ein Fetzen beim besten Willen nicht in Frage. Außerdem hatte ich nach all den Jahren in London – wie vermutlich die meisten Frauen – hübsche Kleider schätzen gelernt. Aber anders als in London nützten Proteste hier gar nichts. Wenn es so geworden war, war es eben so geworden. Und Hannah und ich wurden uns darum schnell einig, dass ich etwas anderes zum Anziehen brauchte.

An einer der Buden entdeckte ich eine Baumwollhose mit Tarnmuster, die einen bequemen und kühlen Eindruck machte. Jedoch gab es keine Möglichkeit, sie anzuprobieren. Hannah schlug mir vor, mich hinter dem großen Heuballen neben der Bude zu verstecken, und versprach, Schmiere zu stehen. Gerade wollte ich mich ans Umziehen machen, als der Ladenbesitzer sagte, er habe ein Hinterzimmer, das ich benützen könne. Bevor ich ihm folgte, wollte ich Damien und Hagen Bescheid geben. Ich hielt es für ratsam, auf Nummer sicher zu gehen, da es auf diesem Markt von bewaffneten Männern wimmelte.

Die beiden sprachen gerade, umringt von einer Menschenmenge, mit einem alten, verhutzelten Händler.

»Mende, darf ich dir den hiesigen *kujur* vorstellen?«, verkündete Hagen stolz. »Er kennt ein Mittel, das verhindert, dass man von einem Skorpion gestochen wird. Es ist hundertprozentig wissenschaftlich erwiesen, dass es den Käufer vor dem Tod bewahrt. Meinst du, wir sollten es kaufen?«

Ich lachte. »Aber nur, wenn es auch gegen Spinnen wirkt.«

Hagen grinste. »Guter Einwand. Warum fragst du den *kujur* nicht selbst?«

Der *kujur* hatte einen flaumigen grauen Bart und kleine Augen, die wie Kohlen funkelten. Beim Lächeln ließ er Zahnlücken sehen. Trotz der Nachmittagshitze trug er eine braune Wollmütze mit einem vorne aufgestickten weißen »D« tief in die Stirn gezogen. Ich stellte fest, dass er eine Kette voller *hijabs* – Glücksbringer – um den Hals hatte. Diese sahen aus wie winzige Holzkästchen, von denen jedes ein besonderes Amulett oder einen Zauberspruch enthielt. Offenbar war dieser Mann also doch kein *kujur* – kein traditioneller nubischer Schamane. Wenn er *hijabs* benützte, handelte es sich eher um einen Fakir, eine Art reisenden heiligen Mann, der seinen Lebensunterhalt mit Gebeten und dem Verkauf von Amuletten und Heilmitteln verdient. In meinem Heimatdorf hatte ich häufig solche *hijabs* gesehen und sogar selbst einen besessen.

Als ich etwa fünf gewesen war, waren meine Eltern mit mir zu so einem Fakir gegangen. Damals war ich sehr krank gewesen, und die Medizin, die sie mir verabreichten, schien nicht zu wirken. Da ich zu schwach zum Gehen war, befürchtete meine Mutter schon, dass ich sterben könnte.

Der Fakir hatte eine Bude auf dem Marktplatz. Nachdem er lange mit meinen Eltern erörtert hatte, was mir fehlte, nahm er ein frisches Hühnerei und rollte es über meinen nackten Körper. Anschließend schlug der Fakir das Ei in einer Schale mit Wasser auf, so dass es mich wie ein riesiges Auge anglotzte. Sofort wussten meine Eltern, wessen Auge sie da vor sich hatten, nämlich das unserer Nachbarin, einer kinderlosen, verbitterten alten Frau, die alle für eine Hexe hielten.

Nun war meinen Eltern klar, dass diese Frau mir den bösen Blick angehext hatte, einen Fluch, der zu Krankheit oder sogar zum Tode führen konnte. Also erklärten sie dem Fakir, wer diese Frau war, und fragten ihn um Rat. Der Fakir schrieb einen Vers aus dem Koran auf eine Tafel, spülte dann die Worte mit ein wenig Wasser in ein Glas und gab es mir zu trinken. Anschließend stellte er einen *hijab* für mich her, indem er etwas – vielleicht ein weiteres Zitat aus dem Koran oder einen Zauberspruch – auf einen Zettel schrieb und diesen in einen Lederbeutel einnähte. Er hängte mir den Beutel um den Hals und wies mich an, ihn immer zu tragen. Wenn meine Mutter mich wusch, sollte sie ihn mir anschließend sofort wieder umbinden.

Danach erholte ich mich sehr schnell und tollte bald schon wieder mit den anderen Kindern durch das Dorf.

Einige Monate, nachdem der Fakir mich behandelt hatte, spielte ich im Regen und sang dabei das Regenlied: »*Are coucoure, are konduk ducre* – der Regen kommt, zu viel Regen.«

Wir feierten den Anfang der Regenzeit, weil diese eine gute Ernte brachte. (Bis heute amüsiert es mich, wie überglücklich die Menschen in London sind, wenn es zu regnen aufhört und die Sonne herauskommt.) Jedenfalls blieb ich so lange draußen, dass mein *hijab* ganz nass wurde.

»Ach, herrje! Und dabei hat er dir das Leben gerettet!«, entsetzte sich meine Mutter, als sie es bemerkte.

Sie hängte den klatschnassen *hijab* zum Trocknen über das Feuer und setzte mich ebenfalls ins Warme. Doch als sie das nächste Mal nach dem *hijab* sah, war er aus unerklärlichen Gründen verschwunden. Meine Mutter bekam es mit der Angst zu tun, denn sie wusste genau, dass die Hexe ihn gestohlen hatte. Also ging sie wieder zum Fakir und fragte ihn um Rat. Er erwiderte, sie brauche sich keine Sorgen zu machen. Schließlich habe der *hijab* gewirkt und mich gesund gemacht. Von der bösen alten Frau hätten wir nichts mehr zu befürchten. Und so war es.

Nun sah ich zu, wie der Fakir auf dem Marktplatz von Kauda meinen Freunden seine Amulette und Zaubermittelchen vorführte, und erkundigte mich nach dem Zweck der verschiedenen *hijabs*. Vielleicht hatte er ja einen auf Lager, der meinen Eltern zu einer sicheren Reise verhelfen würde. Daraufhin zeigte er mir eine Bambusstange, an der vier *hijabs* hingen. Jeder Beutel wurde von einem dunklen, ins Leder eingebrannten Kreuz geschmückt. Wie der Fakir mir erklärte, banden die Soldaten sich diese Beutel an den Oberarm, um Kugeln abzuwehren. Einige junge Männer, die uns umringten, schworen Stein und Bein, dass die »kugelsicheren« Amulette wirkten. Dass sie die Kämpfe überstanden hatten, sei schließlich der lebende Beweis dafür.

Anschließend demonstrierte uns der *kujur* den Anti-Skorpion-Zauber, der Hagen am meisten interessierte. Dazu kramte er einen Gegenstand heraus, der an eine kleine Wurzel erinnerte, und hielt ihn in der linken Hand. Als Nächstes entnahm er der Butterbrotdose aus Plastik zu seinen Füßen einen lebenden Skorpion und ließ ihn über die Hand mit der Zauberwurzel krabbeln. Im ersten Moment war ich sehr beeindruckt. Dann jedoch stellte ich fest, dass dem Skorpion der spitze Dorn am Schwanz fehlte. Man hatte ihm den Stachel entfernt, was sogar mit bloßem Auge zu erkennen war.

»Ich denke, dieser Skorpion ist nicht mehr ganz einsatzfähig«, merkte Hagen spöttisch an. »Was meinst du, Mende, ob wir den Mann wohl dazu überreden können, eine der nubafressenden Riesenspinnen anzufassen, die sich in unserem Camp herumtreiben?« Ich lachte, während Hagen mit bierernster Miene fortfuhr: »Mende, frag ihn doch bitte, ob ich mein Geld zurückbekomme, wenn ich das Amulett kaufe und trotzdem an einem Skorpionstich draufgehe?«

Als ich die Frage übersetzte, brüllte der alte Mann vor Lachen, und die Zuschauer stimmten ein. Einige junge Männer klopften Hagen anerkennend auf die Schulter. Dennoch kaufte Hagen fünf Anti-Skorpion-Amulette für tausend Dinar, etwa fünf Dollar. Ich war zwar sicher, dass der Alte den überhöhten »*khawaja*-Preis« verlangt hatte – schließlich war Hagen in seinen Augen ein reicher, weißer Ausländer –, gönnte ihm aber den kleinen Zuverdienst.

Nach dem Kassieren förderte der Fakir eine Flasche mit einem grauen Pulver zutage und bat mich zu übersetzen.

»Sag dem *khawaja*, dass er ein bisschen davon mit Wasser vermischen und jeden Abend vor dem Zubettgehen trinken soll. Dann hat er mehr Kraft bei seiner Frau.«

Kichernd übersetzte ich. »Aha«, meinte Hagen. »So etwas wie Nuba-Viagra also.«

Offenbar erübrigte sich das Dolmetschen in diesem Fall, denn die Umstehenden schienen verstanden zu haben. Jedenfalls bogen sich die Männer vor Lachen, und Hagen musste sich noch ein paarmal ziemlich kräftig auf die Schulter klopfen lassen.

»Wenn er mir beweist, dass es wirkt, kaufe ich es vielleicht«, meinte er. »Aber vorher will ich mit seiner Frau sprechen.«

Ich ließ Hagen und Damien beim Witzereißen mit dem Fakir zurück und ging mit Hannah los, um die Hose anzuprobieren. Einige enge Gassen führten uns zur Rückseite des Marktplatzes, wo ein paar Männer im Freien saßen, Tee tranken und Wasserpfeife rauchten. Man zeigte mir einen kahlen, aus Ziegeln gemauerten Raum. Hannah stand Wache, während ich die Hose anprobierte. Sie passte ausgezeichnet, und Hannah sagte, ich sähe einfach hinreißend aus. Doch als wir wieder hinauskamen, wurde ich aus unerklärlichen Gründen von einem mulmigen Gefühl ergriffen. Einer der Männer, die Wasserpfeife rauchten, blickte auf.

»Wer bist du?«, rief er mir zu – und zwar ohne sich vorzustellen oder mich mit »Schwester« anzusprechen, wie es die Höflichkeit gebietet.

»Mende Nazer«, erwiderte ich leise.

»*Zainab* Nazer, richtig? Na, dann komm doch mal her und sag mir nett guten Tag«, lautete seine herablassende Antwort.

Zainab ist der arabische Name, den die Lehrer in unserer Dorfschule mir gegeben hatten. Allerdings ließ ich mich inzwischen nur noch mit meinem Nubanamen Mende ansprechen, denn so hatten meine Eltern mich schließlich bei meiner Geburt genannt. Welches Recht hatten diese Lehrer, unsere Nubanamen abzuwerten und uns stattdessen arabische aufzuzwingen? Unsere Namen waren doch einzig und allein unsere Privatangelegenheit.

Der Fremde war noch nicht einmal aufgestanden, um mich zu begrüßen, in unserer Kultur eine Beleidigung und ein Zeichen von ausgesprochen schlechten Manieren. Ich hatte den starken Verdacht, dass er Machtspielchen mit mir treiben wollte, und war versucht, ihm die kalte Schulter zu zeigen und einfach weiterzugehen. Allerdings waren die Einheimischen seit unserer Ankunft so freundlich zu uns gewesen, dass ich kurz überlegte, ob ich wohl die Situation missverstanden und den Argwohn, den ich mir in London angeeignet hatte, auf hiesige Verhältnisse übertragen hatte. In einer großen Stadt wie London musste man ständig auf der Hut sein, um nicht übervorteilt zu werden – aber doch nicht hier!

»Woher kennst du meinen arabischen Namen?«, fragte ich deshalb und ging auf den Mann zu.

»Ich habe dein Buch gelesen«, erwiderte er mit einem wegwerfenden Auflachen. »Oder sollte ich besser sagen, deine *Geschichte*? Später habe ich dann erfahren, dass dein wirklicher Name Zainab ist.«

»Tja, das ist der Name, den die Araber mir verpasst haben«, gab ich zurück. »Aber da ich eine Nuba bin, benutze ich meinen Nubanamen. Hast du ein Problem damit?«

Der Mann ignorierte meinen Einwand. »Jedenfalls habe ich dein Buch gelesen. Deine ganze *Geschichte* … Es ist wirklich eine gute *Geschichte*. Eine sehr interessante *Geschichte*, ja, sogar eine spannende *Geschichte.*«

Der Kerl wurde mir immer unsympathischer, und es gefiel mir gar nicht, wie er ständig das Wort »Geschichte« wiederholte. Offenbar wollte er mich damit kränken, und ich war völlig ratlos, wie ich darauf reagieren sollte.

»Doch man kann nie wissen«, fuhr er fort, »wie viel von deiner *Geschichte* nur erfunden ist. Manche Menschen haben eben eine blühende Phantasie, meinst du nicht auch?«

Da er den letzten Satz auf Englisch gesagt hatte, hatte Hannah jedes Wort verstanden, und ich spürte, wie sie erstarrte.

»Was soll das heißen?«, entgegnete ich. »Wenn du etwas von mir willst, dann raus mit der Sprache.«

»Mende, wer ist dieser Typ?«, mischte sich Hannah ein.

Bevor ich antworten konnte, ergriff der Mann wieder das Wort. »Tja, ich kann nicht sicher sein, bevor ich die ganze

Geschichte nicht von dir persönlich, aus deinem eigenen Mund und in deinen eigenen Worten gehört habe. Richtig?«

»Nein, das ist nicht richtig«, erwiderte ich heftig und spürte, wie Wut in mir aufstieg.

»Nun, dann sollte ich dich vielleicht besuchen kommen, damit wir in Ruhe darüber reden können«, sprach er weiter, und wieder malte sich der Anflug eines höhnischen Grinsens auf seinem Gesicht. »Ich weiß, wo du wohnst, ich finde dich schon.«

»Komm, Mende, lass uns verschwinden«, unterbrach Hannah, bevor mir eine passende Antwort einfiel. »Von dem Menschen kriege ich Gänsehaut.«

Wir verdrückten uns rasch und machten uns auf die Suche nach Damien und Hagen. Sie merkten uns sofort an, dass etwas nicht stimmte, und ich berichtete ihnen von der unerfreulichen Begegnung.

»Willst du, dass der Kerl dich besucht?«, fragte Damien.

Ich schüttelte den Kopf. »Nein, natürlich nicht. Ich habe Angst vor diesem Widerling. Ich weiß zwar nicht, wer er ist, aber ich möchte ihn auf keinen Fall sehen.«

»Mende hat recht«, fügte Hannah hinzu. »Der Bursche hatte etwas Bedrohliches an sich.«

»Gut, dann knöpfen wir ihn uns vor«, verkündete Damien. »Es ist immer das Beste, den Stier bei den Hörnern zu packen. Hagen, halt die Kamera bereit. Nur für den Fall, dass er Fisimatenten macht.«

Wir eilten zurück, und ich zeigte Damien den Mann. Er marschierte schnurstracks auf ihn zu. Inzwischen war der Fremde aufgestanden. Er war mindestens einen Kopf größer als Damien.

»Hallo«, sagte Damien und streckte ihm die Hand hin.

Der Mann schüttelte sie.

Doch Damien hielt die Hand weiter fest, und ich bemerkte, dass er sein Gegenüber drohend musterte. »Ich habe gehört,

Sie wollten mit Mende sprechen. Wären Sie bitte so gut, mir zu erklären, wer Sie sind?«

»Ich heiße Ahmed«, erwiderte der Mann und wich Damiens Blick aus.

Damien schnaubte. »Sehr aufschlussreich. Haben Sie vielleicht auch einen Nachnamen?«

Ahmed nuschelte einen Namen, den ich aber nicht verstand.

»Ich heiße Damien Lewis und bin ein Freund von Mende. Ein sehr guter Freund, ebenso wie die anderen hier.« Damien wies auf Hagen und Hannah. »Da Sie jetzt wissen, mit wem Sie es zu tun haben, könnten Sie vielleicht so gütig sein, uns zu sagen, warum Sie mit Mende sprechen wollen.«

»Ich bin Soldat«, antwortete Ahmed. »Und ich habe ihr Buch gelesen und hätte gerne, dass sie mir ihre Geschichte mal selbst erzählt.«

»Und warum? Aus welchem Grund sollte sie das tun?«, entgegnete Damien. »Weshalb glauben Sie, das Recht zu haben, sie danach zu fragen?«

Ahmed zuckte die Achseln. »Tja, wenn sie nicht will, muss ich ihr Buch wohl noch einmal genauer lesen.«

»Tun Sie sich keinen Zwang an«, zischte Damien. »Allerdings verbitten wir uns ausdrücklich einen Besuch von Ihnen. Habe ich mich klar genug ausgedrückt?«

»Warum willst du mein Buch eigentlich noch einmal lesen?«, mischte ich mich ein, bevor Ahmed Gelegenheit hatte, etwas zu erwidern.

Er sah mich an. »Damit ich dir genau sagen kann, was daran schlecht ist.«

»Was meinst du mit *schlecht?«*, hakte ich nach. »Findest du schlecht, was man den Nuba angetan hat, oder lehnst du das ganze Buch ab?«

Ahmed zuckte die Achseln. »Schlecht eben.«

»Tja, wenn du es für *schlecht* hältst, dass die Nuba überfallen, ermordet und versklavt werden, dann bin ich mit dir einer Meinung. Aber dann solltest du vielleicht etwas dagegen unternehmen.«

»Etwa ein verlogenes Buch schreiben wie du?« Er machte ein verächtliches Gesicht. Dieser Mann war nie und nimmer auf der Seite der Nuba.

»Ich gebe dir einen Tipp«, brachte ich mühsam heraus. »Du setzt dich für deine Leute ein und ich mich für meine.«

»Das Gespräch ist hiermit zu Ende«, unterbrach Damien. »Wir gehen jetzt. Und Sie kommen mir besser nie mehr unter die Augen, Ahmed.«

Doch ich konnte mir einen letzten Seitenhieb nicht verkneifen. »Bist du eigentlich ein Nuba? Zu welchem Stamm gehörst du?«

»Ich bin ein Gwali«, nuschelte Ahmed mit gesenktem Blick. Er schien, als schäme er sich dafür.

»Tja, ich bin eine Karko und stolz darauf«, schleuderte ich ihm entgegen. »Offenbar ganz im Gegensatz zu dir.«

Da packte Damien mich fest am Arm und zog mich weg. »Komm, Mende, das reicht jetzt.«

Auf dem Rückweg zum Hotel California überlegten wir, wer dieser Ahmed – falls das überhaupt sein richtiger Name war – wohl sein könnte. Jedenfalls, wie wir einhellig feststellten, ein ausgesprochen unangenehmer Zeitgenosse. Dass er wirklich der Armee angehörte, glaubten wir ihm keine Minute, denn er hatte auf uns einen höchst zwielichtigen Eindruck gemacht. Es passierte mir nicht zum ersten Mal, dass jemand den Wahrheitsgehalt meines Buches in Frage stellte, doch gottlob gab es für jeden Zweifler Tausende, die mich unterstützten und mir den Rücken stärkten, damit ich mich nicht mundtot machen ließ. Ganz sicher trieben sich in Kauda Spione der sudanesischen Regierung herum, denn wir befanden uns schließlich in Rebellengebiet. Waren wir vielleicht rein zufällig einem dieser Leute begegnet? Wir beschlossen, uns bei Youssef nach Ahmed zu erkundigen. Sicher wusste er Bescheid.

Im Laufe des Tages war die Anspannung fast unmerklich immer mehr gestiegen. Inzwischen war meine Familie knapp vierundzwanzig Stunden unterwegs, und ich hoffte und betete, dass sie es heute noch schaffen würden. Doch als wir das Camp erreichten, waren sie immer noch nicht da, und niemand wusste etwas Neues. Während die Sonne langsam unterging, wurde ihr Eintreffen immer unwahrscheinlicher. Wir saßen am Tisch, stocherten in unserem Essen herum und zuckten jedes Mal zusammen, wenn wir unten im Tal ein Fahrzeug hörten.

Plötzlich erklang vom dunklen Flussbett her ein scharfer Knall.

»War das ein Schuss?«, sprach Hagen die Frage aus, die allen auf der Zunge lag. »Oder bloß eine Fehlzündung?«

Niemand antwortete, denn wir konnten das Geräusch nicht einordnen. Die Ungewissheit steigerte unsere Ruhelosigkeit ins Unerträgliche; noch nie war es uns so deutlich vor Augen gestanden, dass meine Familie irgendwo da draußen auf stockfinsteren Straßen durch ein Kriegsgebiet fuhr. Ihnen drohte große Gefahr, während ich tatenlos herumsitzen musste und nicht helfen konnte. Ich nahm das Satellitentelefon und entfernte mich ein paar Schritte, um wenigstens die Stimme meines Bruders Kwandsharan zu hören. Vielleicht wusste er ja etwas Neues.

Zu meinem Erstaunen erreichte ich meinen großen Bruder auf Anhieb, und nachdem ich ihm eine Weile zugehört hatte, brach ich vor Erleichterung in Tränen aus. »Sie sind in Kadugli!«, rief ich den anderen zu. »Meine Familie ist in Kadugli!«

Offenbar hatten meine Eltern und Geschwister Karko am Vorabend verlassen und ohne größere Zwischenfälle Kadugli erreicht. Allerdings war die dortige Situation alles andere als erfreulich. Die Straße, die vor ihnen lag, war ungeteert und schlängelte sich durch steile Täler und tiefe, von Schlaglöchern durchsetzte Flussbetten, in denen sogar ein Laster steckenbleiben konnte. So saßen alle Fahrzeuge in Kadugli fest, bis der Regen endlich aufhörte und der Wasserstand der Flüsse sank. Aber zumindest kannten wir jetzt den Aufenthaltsort meiner Familie. Mir fiel ein gewaltiger Stein vom Herzen. Da ich nun wusste, wo sie waren, konnte ich das angespannte Warten leichter ertragen.

Später zeigte mir Hagen stolz den Speer, an dem er den ganzen Abend mit seinem Taschenmesser geschnitzt hatte, um damit Jagd auf die nubafressende Riesenspinne zu machen, falls sie sich heute Abend noch einmal zeigen sollte. Dann zog er die Wurzel, die er beim Fakir auf dem Marktplatz gekauft hatte, aus der Tasche und hielt sie in den Strahl der Taschenlampe, voller Zuversicht, dass der Zauber ihn schützen würde.

Und tatsächlich dauerte es nicht lange, bis eines der abscheulichen Ungetüme aus seinem Versteck gekrochen kam. Hagen drängte die Spinne in eine Ecke und stach immer wieder mit dem Speer nach ihr. Doch sie sprang jedes Mal mühelos beiseite, um der scharfen Spitze auszuweichen. Nach einer Weile hatte die Spinne das Spiel satt und verschwand blitzschnell in der Dunkelheit. Hagen sah mich verlegen an.

»Sicher habe ich sie tödlich verwundet. Hast du ihren verängstigten Blick gesehen, Mende?«

»Hagen«, meinte ich grinsend. »Pass lieber auf, dass du dir mit dem Speer nicht selbst wehtust.«

»Ich habe eine Idee!«, verkündete Damien da. »Wir brauchen einen Flammenwerfer! Wartet einen Moment.«

Er ging davon und kehrte kurz darauf mit einer Dose Insektenspray zurück. »Wo hat sie sich verkrochen? Hier unter diesem Stein? Gut, haltet Abstand … Hagen, zück den Speer!«

Damien ging in die Hocke, streckte die Dose aus, hielt ein Feuerzeug vor die Düse und drückte auf den Sprühknopf. Doch er pustete damit nur die Flamme aus. Er nuschelte etwas und betätigte noch einmal den Knopf. Diesmal schoss eine zischende grellgelbe Stichflamme hervor. Im nächsten Moment kam die Riesenspinne aus ihrem Versteck und durch die Feuerwand geflitzt und lief Hagen direkt zwischen die Füße. Dieser stieß einen Schreckensschrei aus und machte einen Riesensatz.

»O Gott, man kann sie nicht einmal verbrennen!«, entsetzte ich mich. »So etwas überlebt nur der Teufel persönlich.«

Bevor jemand antworten konnte, erschien plötzlich Shwaya aus der Dunkelheit. Mit einer raschen, fast eleganten Bewegung zog sie einen ihrer Flip-Flops aus und schlug die Spinne damit zu Brei. Nach drei Hieben kratzte sie sich die Spinnenreste von der Schuhsohle.

»Diese *khawaja*-Männer«, meinte sie auf Arabisch zu mir und schüttelte den Kopf. »Könnte es vielleicht sein, dass deine Freunde etwas geschluckt haben?«

Damien versetzte mir einen Rippenstoß. »Mende, frag Shwaya, ob die Biester gefährlich sind.«

Shwaya starrte ihn an, als wäre er nicht ganz bei Trost. »Gefährlich? Natürlich sind sie gefährlich. Habt ihr bei euch denn keine Spinnen?«

Wir erklärten ihr, dass es zwar welche gäbe, allerdings keine so großen, geschweige denn giftige.

Shwaya kicherte. »So etwas Lustiges habe ich jedenfalls schon lange nicht mehr erlebt.«

»Also gut«, verkündete Hagen, nachdem er sich mit einem Räuspern Gehör verschafft hatte. »Hiermit endete die Begegnung Nuba-Flip-Flops gegen *khawaja*-Flammenwerfer eins zu null.«

Als ich an diesem Abend zu Bett ging, war ich schon viel besserer Stimmung. Nicht nur Damiens und Hagens Kampf mit der Spinne hatte mich aufgeheitert, sondern vor allem natürlich die wunderbare Nachricht, dass meine Familie wohlauf war. Meine Eltern und Geschwister waren hierher unterwegs. Und mit Allahs Hilfe würden sie es schaffen.

8
Der mit den Geistern spricht

Am nächsten Morgen stattete Youssef uns in Begleitung seines Freundes Kuku Khadia, Redakteur bei einer hiesigen Nubazeitung namens *The Blowing Horn,* einen Besuch ab. Kuku war jung, attraktiv, erfrischend offen und sehr umgänglich. Er hatte so wie ich den Namen, den die Araber ihm in der Schule aufgezwungen hatten – Nuralanbia – abgelegt und wieder seinen Nubanamen Kuku angenommen. Wie wir bereits gehört hatten, bedeutete das in der Sprache seines Stammes »erstgeborener Junge«.

Ich hätte mich gerne für Youssefs Frühstückseinladung revanchiert, doch der Service im Hotel California wurde von Tag zu Tag unzuverlässiger. Heute war offenbar ein »Null-Frühstück-Tag«. Dass unsere Versorgung weitgehend zum Erliegen gekommen war, führte ich auf das Eintreffen von Carlos vor zwei Tagen zurück. Er hatte sich uns als der Leiter des Camps vorgestellt und hier anscheinend das Sagen, während Shwaya für die alltäglichen Belange zuständig war.

Carlos' erste Amtshandlung hatte darin bestanden, dem Küchenpersonal die Leviten zu lesen, weil es uns einheimische Gerichte vorsetzte – so zum Beispiel die würzigen und nahrhaften Linseneintöpfe –, die ein Ausländer seiner Ansicht nach niemals freiwillig essen würde. Also schickte Carlos seine Leute auf den Markt, um das zu kaufen, was ein Gast aus dem Westen angeblich wirklich wollte: Fleisch. Diese Entscheidung war doppelt fatal, weil Hannah und Mariella strikte Vegetarierinnen waren und Ziegeneintopf verschmähten.

Unser einladendes Toilettenhäuschen

Außerdem stellte Carlos einen Toilettenreinigungsplan auf, der täglich abgezeichnet werden musste. Die Toilettenkabinen bestanden aus einem Betonverschlag mit einem halbmondförmigen Loch im Boden, das in einen finsteren und beängstigenden Abgrund führte. Man konnte diese Toiletten nur in den kühlen Morgenstunden oder nachts benutzen, da sich sonst dicke Fliegenschwärme aus den feuchtheißen Tiefen der Sickergrube erhoben. Allein die Vorstellung, von einem solchen Schwarm überfallen zu werden, stieß mich so ab, dass ich mich lieber in den nahegelegenen Busch verdrückte.
Carlos' wegen konnte ich Kuku und Youssef also nur Tee anbieten. Aber es gab andere Attraktionen: Hannah hatte mit ihrer Digitalkamera ein Foto von der nubafressenden Riesenspinne gemacht, bevor Shwaya sie erschlagen hatte. Die Spinne füllte das ganze Display aus. Nun zeigte sie die Aufnahme unseren Besuchern. Youssef erklärte, diese Tiere

seien sehr gefährlich, da sie eine ätzende Flüssigkeit absonderten. Er krempelte den Ärmel hoch und zeigte uns eine Narbe, die aussah wie nach einer Verbrennung und sich über den ganzen Unterarm zog. Es gab allerdings wohl auch noch schlimmere Exemplare mit einem dicken, pechschwarzen Leib, die ihre Zangen in ihr Opfer schlugen und ihm ein in vielen Fällen tödliches Gift injizierten. Youssef lüpfte rasch sein Hemd und präsentierte seine nackte Brust, wo der Biss einer solchen Spinne zwei schwarze Punkte unterhalb der Brustwarze hinterlassen hatte.

»Sei doch nicht so verklemmt«, neckte ich ihn. »Wir wollen es richtig sehen.«

Youssef grinste zwar, war aber zu schüchtern, um uns die Narben noch einmal vorzuführen.

Dann berichtete ich ihm von der unangenehmen Begegnung mit Ahmed auf dem Marktplatz in Kauda, die mich einfach nicht mehr losließ.

»O ja, Ahmed«, höhnte Youssef, und ein abfälliger Ausdruck malte sich auf seinem sonst so freundlichen Gesicht. »Diesen Kerl kenne ich. Vergiss sein dummes Geschwätz, Mende.«

»Ich erzähle euch noch etwas über Ahmed«, fügte Kuku hinzu. »Er ist zwar vom Stamm der Gwali, hat aber während des Krieges sogar abgestritten, ein Nuba zu sein, und sein Volk, seinen Stamm, ja, sogar seine Familie verleugnet. Außerdem hat er sich gegen den Befreiungskampf der Nuba ausgesprochen. Ist das zu fassen? Er hat seine ganze Identität aufgegeben. Kein Wunder, dass er versucht, dich als unglaubwürdig hinzustellen.«

»Was führt er bloß im Schilde?«, erkundigte sich Damien. »Ist er ein Spion? Arbeitet er vielleicht für eure Feinde?«

Kuku zuckte die Achseln. »Das wissen wir nicht genau. Vor einem Jahr kreuzte er wieder hier auf, angeblich um sich nun doch dem Kampf der Nuba anzuschließen. Da wir jetzt Frieden haben, ist uns jeder willkommen, und wir haben diesen

Ahmed deshalb als einen unserer Nubabrüder bei uns aufgenommen. Aber wir behalten ihn unauffällig im Auge, weil wir ihm nicht über den Weg trauen.«

»Du wirst immer wieder Menschen begegnen, die dir in den Rücken fallen wollen, Mende«, ergänzte Youssef. »Viele sind eifersüchtig und beneiden dich. Du darfst einfach nicht auf sie achten.«

Wenn Leute wie dieser Ahmed hier frei herumlaufen durften, war es kein Wunder, dass man ständig auch vor geheimnisvollen Banditen und Mördern auf der Hut sein musste. Es war so schwer festzustellen, auf welcher Seite jemand stand – oder ob er überhaupt eine Position vertrat, denn viele dieser Milizen wurden vermutlich nur von Habgier getrieben. Und da die Menschen nach Unterzeichnung der Friedensvereinbarung wieder hingehen durften, wo sie wollten, konnten solche Banditen ungehindert und überall Schaden anrichten. Das Ganze trug nicht gerade zu meinem Sicherheitsgefühl bei.

»Die Araber würden die hässliche Wahrheit am liebsten unter den Teppich kehren«, erklärte Kuku. »Aber Leute wie du gehen an die Öffentlichkeit, sprechen vor internationalem Publikum und hindern sie daran. Allerdings darf man natürlich nicht verschweigen, dass es auch Nuba gibt, die einen schwachen Charakter haben und sich von den Arabern gegen ihr eigenes Volk aufhetzen lassen. Solche Leute werden immer weiter über dich herziehen. Doch du bist nicht allein, Mende. Ich will dir eine kleine Geschichte erzählen.«

Vor kurzem hatte er sich mit einem Nuba angefreundet, der nach vielen Jahren wieder in seine Heimat zurückgekehrt war. Er war erst neun Jahre alt gewesen, als Araber von den Stämmen der Kabbabish und der Hamar sein Dorf überfielen. Während er auf den Feldern spielte, kamen die Araber auf ihren Kamelen angeprescht, fingen ihn ein und sperrten ihn in einen großen Korb, der dann auf den Rücken eines der Tiere geschnallt wurde. Im Dorf der Araber schnitt man dem kleinen Jungen die Sehnen durch, um ihn an der Flucht zu hindern, und ließ ihn als Viehhirte arbeiten. Trotzdem versuchte er immer wieder davonzulaufen, wurde jedoch jedes Mal geschnappt und schwer misshandelt. Aber er gab nicht auf.

So wuchs der Nubajunge zum Mann heran. Als die Araber ihn eines Tages mit in eine große Stadt nahmen, gelang es ihm, zu verschwinden und in der Menschenmenge unterzutauchen. Er hörte sich um und traf tatsächlich auf andere Nuba. Mit ihrer Hilfe konnte er sich zu Fuß auf den Weg in die Berge machen. Bei seiner Ankunft im Dezember 2005 stellte er fest, dass er die Nubasprache fast völlig vergessen hatte. Zum Glück aber konnte er sich noch an die Namen seiner Eltern und seines Dorfes erinnern und erfuhr, dass sein Vater während seiner Zeit in der Sklaverei einer der obersten Kommandanten der Nubaarmee geworden war.

Über zehn Jahre lang hatte der Vater seinen Sohn für tot gehalten und war außer sich vor Freude, ihn nun lebendig wiederzusehen. Er schickte ihn nach Nairobi auf die Schule, damit er die in den Jahren der Sklaverei versäumte Bildung nachholen konnte. Selbst jetzt, dreizehn Jahre nach seiner Gefangennahme, fiel dem jungen Mann das Laufen noch schwer, und er hinkte beim Gehen, weil die Araber ihn verstümmelt hatten. Dennoch hatte er – so fügte Kuku hinzu – Glück gehabt, denn er war der Sklaverei entronnen und hatte es geschafft, sich bis nach Hause durchzuschlagen.

»Und solche Geschichten, Mende, gibt es zuhauf«, sprach Kuku bedrückt weiter. »Du weißt es selbst am besten – fast jede Nubafamilie hat Tragödien wie Entführungen und Sklaverei durchmachen müssen. Wer dies abstreiten will, ist ein Lügner und macht sich außerdem lächerlich. Unsere Arbeit sollte sich eher darauf konzentrieren, all die Verschleppten aufzuspüren und sie wieder mit ihren Familien zu vereinen. Das wird viele Jahre dauern. Vielleicht gelingt es auch nie.«

Kuku hatte recht. Angesichts dessen, dass im Sudan bis heute

Zehntausende schwarzer Afrikaner – Nuba, Darfuri und Angehörige anderer Stämme – in Sklaverei leben, erscheint die Aufgabe, sie alle zu befreien, fast nicht zu bewältigen.

Ich vertraute Kuku und Youssef an, dass es auch mein derzeit drängendstes Problem war, wieder mit meiner Familie vereint zu werden. Seit Tagen wartete ich nun schon vergeblich. Als ich die beiden fragte, ob ich mir nicht vielleicht ein Auto besorgen und ihnen auf halber Strecke entgegenkommen sollte, riet Youssef mir davon ab. Abgesehen davon, dass wir auf diese Weise riskierten, einander zu verpassen, weil verschiedene Straßen von Kadugli nach Kauda führten, trieben sich in diesem Gebiet viele bewaffnete Banden herum, die seit dem Ende der Kampfhandlungen nichts mehr mit ihrer Zeit anzufangen wussten und deshalb vor lauter Langeweile Streit suchten.
Mit dem Satellitentelefon rief Kuku bei MORDAR in Kadugli an, damit ich direkt mit den Leuten dort reden konnte. Allerdings legte sich die Verwirrung dadurch nicht, da wir aus verschiedenen Quellen widersprüchliche Auskünfte bekamen. Die einen sagten, meine Eltern säßen in Kadugli fest, andere meinten, sie seien zwar unterwegs, aber mit dem Wagen nur wenige Stunden von Kauda entfernt im Hochwasser steckengeblieben. Ein Mitarbeiter, mit dem ich sprach, war überzeugt, dass meine Familie wegen der unpassierbaren Straßen zum Umkehren gezwungen gewesen sei.
Nach dem Telefonat war ich sehr niedergeschlagen. Kuku und Youssef verabschiedeten sich, und Kuku versprach, am Abend noch einmal nach mir zu sehen und sich nach dem Stand der Dinge zu erkundigen.
Erschöpft ließ ich mich auf einen Gartenstuhl sinken. »Ich bin völlig durcheinander«, seufzte ich. »Wie kann ich feststellen, wo sie sind? Unterwegs? In Kadugli? Verirrt? Ich weiß nicht mehr ein noch aus.«
»Lass dich nicht unterkriegen, Mende. Sie schaffen es schon«,

versuchte Damien mich aufzumuntern. »Nötigenfalls buchen wir unseren Flug eben um und verlängern unseren Aufenthalt. Auf keinen Fall wirst du abreisen müssen, ohne deine Familie gesehen zu haben.«

Obwohl ich wusste, dass mit jedem Tag des Wartens die Gefahr für mich wuchs, war ich bereit, dieses Risiko einzugehen. Ich wollte meine Familie nämlich nicht nur sehen, sondern wirklich Zeit mit ihr verbringen. Ich brauchte viele gemeinsame Tage mit meinen Eltern und Geschwistern, um mich ihnen anzunähern und mich wieder wie ein vollwertiges Familienmitglied zu fühlen. Als wir London verließen, waren mir deshalb sogar die zwölf eingeplanten Tage sehr kurz erschienen. Und nun empfand ich jeden davon, der ohne ein Lebenszeichen von ihnen verstrich, als stieße mir jemand ein Messer tief in die Seele. Die Zeit selbst schien mich zu verhöhnen, und das Warten war nach all den Jahren der Trennung eine unerträgliche Qual.

Der restliche Tag schleppte sich – erfüllt von banger Sorge, enttäuschten Hoffnungen und zermürbendem Herumsitzen – endlos dahin. Am Abend des vierten Tages glaubte ich fast nicht mehr, dass meine Familie noch kommen würde. Ich war voller Angst, dass ihnen draußen in der Wildnis etwas Schreckliches zugestoßen sein könnte, und sosehr ich die Bilder auch zu verscheuchen versuchte, ich wurde sie einfach nicht los: ein Jeep, gefangen im reißenden Hochwasser, das über das Autodach hinwegbrandete. Der Wagen bis zu den Achsen im Morast, die Fenster von Schüssen zerschmettert und die Karosserie von Kugeln durchsiebt. Und die Schuld traf mich.

Ein scharfer Knall, gefolgt von einem Knistern, riss mich jäh aus meinen finsteren Grübeleien. Als ich mich erschrocken umdrehte, sah ich, dass auf dem Hügel hinter mir Flammen in den pechschwarzen Himmel emporschlugen. Der Brand breitete sich immer weiter aus, bis die Bäume knackend Feuer

fingen und ein sprühender Funkenregen aus ihnen aufstieg. Ein Strohdach wurde von einer gewaltigen Feuersbrunst verschlungen.
»*Hariga! Hariga! Hariga!* – Feuer! Feuer! Feuer!«, hörte ich die Menschen aus der Richtung des Brandherdes rufen.
Ich sprang auf. »O mein Gott! Feuer! Das Dorf brennt!«
Hagen und Damien und einige andere schattenhafte Gestalten aus dem Camp rannten auf die Flammen zu.
Während ich noch starr vor Angst zusah, drang vom Hügel her Geschrei an mein Ohr. Anfangs waren es noch Schreckensrufe, doch bald wehten beruhigende Worte zu uns herunter: Es sei nur ein zufällig entstandener Buschbrand. Kein Angriff von Banditen. Nur ein paar Hütten seien zerstört worden. Hauptsächlich sei das Gebüsch betroffen. Das Schlimmste sei schon vorbei.
Ein kalter Schauer lief mir den Rücken hinunter. Gott sei Dank! Heute Nacht waren es keine arabischen Milizen gewesen. Es würde keine blutigen Übergriffe gegen ahnungslose Familien geben. Keine Vergewaltigungen halbwüchsiger Mädchen und schwangerer Frauen. Niemand würde Kinder in der Dunkelheit zusammentreiben, ihnen jäh die Kindheit rauben und ihnen unvorstellbare Grausamkeiten zufügen. Kein Mensch würde, schluchzend vor Entsetzen, ins Ungewisse verschleppt. Die Überlebenden würden nicht am nächsten Morgen in der Asche ihrer Habe stochern und die Toten und Entführten zählen müssen. Gott sei Dank. Gott sei Dank. Gott sei Dank.
Dennoch wusste ich, dass ich zunächst einmal kein Auge zutun würde. Also setzte ich mich zu Damien, Hannah und Hagen, um ein wenig zu plaudern. Sie holten eine Whiskyflasche heraus, und auch Kuku Khadia gesellte sich wie versprochen zu uns. Offenbar machte der Whisky ihn gesprächig, denn er schilderte uns ausführlich den geplanten Nubakongress. Alle neunzig Nubastämme würden sich zu einem riesigen Ringerwettbewerb versammeln. Die Tänze und Festmähler

Damien und Kuku Khadia

sollten eine Woche dauern und den vom Krieg geschundenen Menschen Gelegenheit geben, ihre Identität wiederzuentdecken. Nubakongresse wie dieser konnten zwar laut Kuku auf eine lange Geschichte zurückblicken, waren jedoch nicht immer so fröhlich und festlich abgelaufen, wie es nun hoffentlich gelingen würde.

»Im Jahr 1994 berief Yousif Kuwa einen solchen Kongress ein«, erklärte Kuku. Bis zu seinem Tod im März 2001 hatte Yousif Kuwa den Kampf der Nuba angeführt. »Damals waren die Nubaberge schon seit vielen Jahren von der Außenwelt abgeschnitten und wurden von Truppen aus Khartoum umzingelt. Es herrschte Hunger, und da es auch keine Medikamente gab, starben die Menschen – insbesondere die Frauen und Kinder – wie die Fliegen.«

»Ich weiß«, warf Damien ein. »Ich war 1997 zum ersten Mal hier – allerdings nicht in Kauda, sondern in einem anderen Teil der Nubaberge. Ich habe es mit eigenen Augen gesehen. Es war entsetzlich.«

»Wirklich?«, wunderte sich Kuku. »Wie hast du das geschafft? Das Gebiet war doch abgeriegelt. Einreise verboten.«
»Ich war mit einer kleinen, unabhängigen Hilfsorganisation hier. Unsere winzige Maschine flog unter Radarhöhe, damit sie nicht entdeckt wurde. Wir hatten Medikamente an Bord. Aber angesichts der Lage war die Lieferung nur ein Tropfen auf den heißen Stein.«
Kuku stieß einen erstaunten Pfiff aus. »Nun, die Nubakonferenz fand 1994, also drei Jahre zuvor, statt. Also kannst du dir die Situation ja ausmalen. Damals stellte Yousif Kuwa den Leuten eine einfache Frage: Sollten wir den Kampf aufgeben, um das Leiden der Menschen zu lindern, oder weitermachen? Nachdem die Anwesenden lange debattiert hatten, antworteten sie, sie wollten kämpfen bis zum letzten Mann. Und so dauerte der Krieg bis heute an.«
»Das erstaunt mich nicht«, erwiderte Damien. »1997 sind wir Kindern begegnet, denen vor Hunger die Haare ausfielen und deren Bäuche aufgetrieben waren wie Trommeln. Und das waren noch die, die Glück gehabt hatten, denn wenigstens lebten sie noch. Aber niemand sprach vom Aufgeben. Ich hatte große Hochachtung vor diesen Menschen.«
Kuku nickte. »Allerdings sind in dieser Zeit viele unserer Traditionen in Vergessenheit geraten. Deshalb planen wir ein Projekt mit dem Ziel, die Ältesten und *kujurs* in den entlegeneren Dörfern zu befragen und ihre Geschichten aufzuzeichnen, bevor es zu spät ist und alles endgültig verlorengeht. Wisst ihr, ich gehe ab und zu selbst noch zum *kujur«*, fügte Kuku wehmütig hinzu.
»Wirklich?«, fragte ich erstaunt. »Glaubst du denn an ihn?«
»Ja, natürlich«, erwiderte Kuku. »Wenn zum Beispiel meine Tasche gestohlen würde, würde ich mich an einen *kujur* wenden und ihm sagen, was geschehen ist. Der *kujur* würde als Bezahlung ein Huhn verlangen und dann tätig werden. Zum Beispiel würde er überall verbreiten, dass der Dieb sterben

muss, wenn die Tasche nicht innerhalb von zwei Tagen zurückgegeben wird. Jeder *kujur* hat sein Spezialgebiet wie beispielsweise Gewitter oder Regen. Mein *kujur* ist ein Gewitter-*kujur*, weshalb der Dieb, der meine Tasche hat, befürchten muss, vom Blitz getroffen zu werden, falls er das Diebesgut nicht herausrückt. Deshalb bringt er die Tasche zum *kujur*, der wiederum mich ruft. Ich setze mich mit dem Dieb zusammen. Wenn er gesteht, liegt es bei mir, ob ich ihm verzeihe.«

»Kriegst du die Tasche auch zurück, wenn du ihm nicht verzeihst?«, erkundigte sich Damien.

»Selbstverständlich. Denn es ist einzig und allein meine Entscheidung. In der Praxis verzeiht man dem Übeltäter allerdings fast immer, denn das ist es, was der *kujur* erreichen will, um Unfrieden in der Gemeinschaft zu vermeiden.«

»Klingt besser als das, was bei uns läuft«, stellte Damien fest. »Wenn man in London nach einem Einbruch die Polizei anruft, heißt es dort, man sei zu beschäftigt, um zu ermitteln. Den Dieb würde man sowieso nie kriegen, und außerdem platzten die Gefängnisse aus allen Nähten.«

Kuku schmunzelte. »Die *kujurs* haben direkte Verbindung zu Gott. Sie nennen ihn Abadir, den einzigen und großen Gott, und glauben daran, dass alle, ganz gleich ob Moslems, Christen oder Hindus, zu ihm beten.«

»Wirklich eine aufgeklärte Haltung«, fanden wir. »Wenn alle so dächten, gäbe es keine Religionskriege mehr. Und wie stehen die moslemischen und christlichen Geistlichen dazu? Wahrscheinlich ist es nicht klug, sich mit einem *kujur* anzulegen, wenn man dabei riskiert, vom Blitz getroffen zu werden – oder?«

Kuku lachte auf. »Die Imame und Priester haben nichts gegen die *kujurs* einzuwenden, und zwar deshalb, weil sie sie selbst um Rat fragen und wissen, dass sie für das Gute eintreten. Ein echter *kujur* tut weder Böses noch betreibt er Schwarze Magie. Übrigens ist *kujur* das arabische Wort. Bei meinem

Stamm, den Amar, heißt er *kuni*. Außerdem wird er in allen Nubasprachen ›der Mann, der mit den Geistern spricht‹ genannt.«

Dann erzählte Kuku uns seine eigene Geschichte. In den späten Neunzigern hatte er sich als Student an der Universität von Khartoum für die Rechte der Nuba und der schwarzen Bevölkerung allgemein engagiert. Deshalb wurde er immer wieder vom Sicherheitsdienst festgenommen und misshandelt, bis er irgendwann beschloss, das Land zu verlassen. Doch da sein Name auf einer schwarzen Liste stand, ließ man ihn nicht ausreisen. Also begann er, anderen, die weniger im Zentrum der Aufmerksamkeit standen, bei der Flucht zu helfen und ihnen Visa und Flüge nach Europa oder in die USA zu verschaffen. Zu guter Letzt kehrte er Khartoum den Rücken und wurde Nubasoldat bei der SPLA. Nachdem er einige Jahre gekämpft hatte, machten die Nuba ihn zu einem ihrer Sprecher. Seit wieder Frieden herrschte, arbeitete er nun als Journalist beim *Blowing Horn* und nebenbei als Jugendtrainer.
Offenbar hatte jeder hier eine schier unglaubliche Geschichte zu erzählen. Man musste sich nur die Zeit nehmen, um zuzuhören. Auch ein Grund, warum ich nicht verstand, weshalb alle ausgerechnet mein Schicksal so ungeheuer spannend fanden.

9
Träume werden wahr

Beim Aufwachen am nächsten Morgen war ich ziemlich niedergeschlagen. Ich hatte unruhig geschlafen und mir selbst im Traum Sorgen um meine Familie gemacht. Nun war ich schon den fünften Tag in Kauda und würde in sieben weiteren Tagen nach Großbritannien zurückkehren müssen. Würden sie heute endlich eintreffen? Diese Hoffnung war es, die mich jeden Morgen aufstehen ließ. Und dennoch zischelte eine böse Stimme in meinem Kopf beharrlich, dass sie niemals kommen würden. Sosehr ich auch versuchte, nicht auf sie zu achten, sie wollte einfach nicht verstummen.

Ich beschloss, erst einmal mein Morgengebet zu sprechen und Gott um Hilfe zu bitten. Gerade breitete ich in meiner Hütte den Gebetsteppich aus, den Shwaya mir geliehen hatte, als ich von draußen Jubelrufe hörte.

»Sie sind da! Sie sind da!«

Ich erkannte Damiens Stimme, und mein Herz machte einen Satz. War es möglich? Konnte es wahr sein? Als ich ungläubig herumwirbelte, sah ich durch die offene Tür meiner Hütte einen altersschwachen Landrover den Weg hinaufkeuchen. Der Wagen war von oben bis unten mit Schlamm bespritzt und hatte offenbar eine lange und beschwerliche Reise hinter sich.

Mit einem Aufschrei rannte ich dem Fahrzeug entgegen und brach, plötzlich von meinen Gefühlen überwältigt, schluchzend und stammelnd zusammen. Da spürte ich, wie mich jemand von hinten packte und fest an den Schultern fasste.

Das wundervolle Auto, das meine Familie brachte

»Beruhig dich, Mende! Beruhig dich«, sagte eine beschwichtigende Stimme.

Ich versuchte mich loszureißen. »Lass mich! Meine Familie!« Ich zitterte am ganzen Leibe, geriet immer mehr außer mich und fürchtete, vollkommen die Beherrschung zu verlieren. Das Auto stoppte rumpelnd vor mir, eine Tür schwang auf, und eine Gestalt sprang heraus. Auf Anhieb erkannte ich meinen jüngsten Bruder Babo. Wir starrten uns an, und da bemerkte ich, dass er – ein erwachsener Nuba – Tränen in den Augen hatte. Es löste die seltsamsten Gefühle in mir aus. Es war unwirklich. Noch nie hatte ich meinen hochgewachsenen, starken Bruder, den Helden meiner Kindheit, der so viele Ringkämpfe gewonnen hatte, weinen gesehen.

Zwei weitere Menschen stiegen aus. Es waren tatsächlich mein Vater und meine Mutter – *umi* und *ba!* Meine Mutter war völlig aufgelöst, streckte bitterlich weinend die Arme aus und flehte mich an, zu ihr zu kommen. Also befreite ich mich von den Händen, die mich umklammerten, und fiel ihr um den

Hals. Auch mein Vater umarmte mich fest. Von einer Minute auf die andere war mein Traum wahr geworden: Meine beiden Eltern hielten mich liebevoll im Arm. Ich stellte fest, dass der Körper meines Vaters von Schluchzern geschüttelt wurde, als wir uns hin und her wiegten und Freude, Trauer, Glück und Schmerz hinausschrien.
»Meine Tochter, meine Tochter, meine kleine Mende«, stieß meine Mutter unter Tränen hervor. »Endlich … endlich bist du da. Endlich kann ich dich an mich drücken.«
»Khalas, khalas, khalas«, schluchzte mein Vater. »Genug, genug. Wir sehen uns wieder. Wir sind angekommen. Weint nicht mehr.«
Ich brachte keinen Ton heraus und konnte mich nur an sie schmiegen. Meine Tränen benetzten ihre Gesichter, als ich sie küsste und sie fest an mich zog. Ich spürte, wie Babo die Arme um uns legte. Meine Schwester Shokan hatte ebenfalls Tränen in den Augen. Als auch sie uns umarmte, wusste ich, dass ich endlich wieder mit meiner Familie vereint war.
Ein wenig später – es können Minuten oder auch Stunden gewesen sein, denn ich war versunken in meine eigene Welt – bemerkte ich, dass uns jemand sanft voneinander trennte. Als ich meine Eltern und Geschwister widerstrebend losließ, stand Youssef neben mir. Ein gütiges Lächeln malte sich auf seinem Gesicht, und seine Augen strahlten glücklich.
»Lass deine Familie erst einmal Platz nehmen«, sagte er. »Sie waren drei lange Tage unterwegs und sind bis tief in die Nacht hinein gefahren, um morgens hier zu sein.« Man sah, dass Youssef es kaum glauben konnte. »In der stockfinsteren Nacht und bei diesen Straßenverhältnissen! Gott sei Dank ist nichts passiert. Sie haben bei mir übernachtet, weil sie dich nicht wecken wollten.«
Ich sah meinen Cousin Awad, den Fahrer des Wagens, an und bedankte mich überschwenglich bei ihm dafür, dass er sie wohlbehalten hergebracht hatte. Dann nahm ich meine Eltern

an der Hand und führte sie zu den Gartenstühlen, die zu einem Kreis angeordnet unter der Akazie standen. Ich begriff es noch immer nicht ganz, dass meine Familie tatsächlich hier war. Obwohl ich sie sehen, spüren und anfassen konnte, erschien es mir weiterhin wie ein Traum, und ich befürchtete, ich könnte jeden Moment daraus erwachen. Also umklammerte ich nach Leibeskräften ihre Hände und wagte nicht loszulassen, denn ich hatte Angst, sie könnten sich vielleicht einfach in Luft auflösen.

Nachdem mein Vater sich gesetzt hatte, wischte er sich die Tränen ab und wandte sich an meine *khawaja*-Freunde.

»Corba! Corba!«, rief er und breitete die Arme aus. Corba war der Nubaname, den er Damien gegeben hatte. Er bedeutet »Mann, der viel bewirkt«. Mein Vater nannte ihn so, seit er wusste, wie sehr Damien mir nach meiner Flucht aus der Sklaverei geholfen hatte. Die Handflächen nach oben gewandt, streckte er Damien die Hände hin, um ihn zu begrüßen. *»Marsha' Allah, marsha' Allah* – Gott hat es so gewollt. Danke, dass du Mende nach Hause gebracht hast.«

Ich sah zu, wie die beiden sich umarmten. Dann begrüßte mein Vater nacheinander die übrigen Anwesenden.

»Du bist jetzt in meiner Heimat«, sagte er zu jedem von ihnen. »Willkommen in den Nubabergen. Fühl dich hier wie zu Hause.«

Mein Vater trug ein weißes Gewand, ein *arhagi-wa-surwal*, das seinen Körper bis hinunter zu den Füßen in fließenden Baumwollstoff hüllte. Auf dem Kopf hatte er einen *tagir-wa-ehma*, einen hohen Turban, ebenfalls aus weißer Baumwolle. So kleideten sich bei uns die geachteten Dorfältesten. Wie immer – mein Vater war eben ein ausgesprochen höflicher Mensch – setzte er sich erst nach meinen *khawaja*-Freunden.

Als ich ihn betrachtete, war ich überglücklich, weil er noch attraktiv und kräftig wirkte und sich anmutig bewegte. Ich traute meinen Augen kaum, denn ich hatte mir stets Sorgen

Hannan bereitet unser Mittagessen zu

gemacht, er könnte sich während der langen Zeit in einen gebeugten hageren Greis verwandelt haben. Doch am meisten hatte ich befürchtet, dass zwischen uns Distanz entstanden sein könnte. Aber ich fühlte mich ihm instinktiv so nah, als hätten sein Lebensmut und seine Liebe die vielen einsamen Jahre der Vergangenheit mit einem Schlag ausgelöscht.

Seine dunklen Augen funkelten wie glühende Kohlen, als er mich anblickte. Sie waren klein, scharf und strahlend, und es malten sich Lebendigkeit und Tatendrang darin. Als sie so liebevoll unter seinem weißen Turban hervorblitzten, schienen sie mir bis in die Seele zu blicken. Ich spürte, wie sehr mein Vater mich liebte, und die Erinnerungen drohten mich zu überwältigen. Er war meine Rettung gewesen. Selbst in den schwersten Zeiten hatte ich mich an die Liebe zu meinem Vater geklammert, um die Hoffnung und den Mut nicht zu

Mendes Vater mit einem Tausendfüßler

Umi und Babo mit Mendes Fotos in der Hütte

Die Familie vereint

Mende und David Beckham

Wiedersehensfreude: Mende umarmt ihre Schwester Shokan

Cousin Awad als Automechaniker

verlieren. Nun konnte ich mich wieder im warmen Licht seiner Zuneigung sonnen. Ein Traum war endlich wahr geworden.
Hannan, eines der Mädchen, die in der Küche arbeiteten, erschien mit einem Teetablett. Wir hatten uns während der letzten Tage miteinander angefreundet, denn sie war immer guter Dinge, obwohl sie hart arbeiten musste. Es war ihre Aufgabe, das Brennholz für die Küche zu hacken, Feuer zu machen, zu kochen und zu putzen und das Essen zu servieren. Alle wussten, dass ich auf meine Familie gewartet hatte, und nun machte ich Hannan mit meinen Eltern und Geschwistern bekannt. Hannan begrüßte meine Mutter und meine Schwester, indem sie sie mit der Handfläche an der Schulter berührte. Sie erwiderten diese Geste, und dann hielten sie sich an den Händen.
Als Hannan das Tablett abstellte und sich anschickte, den Tee zu verteilen, erbot ich mich, ihr diese Arbeit abzunehmen, denn ich wollte meine Familie selbst bedienen. Also kniete ich mich hin, schenkte meinem Vater eine Tasse Tee ein und begann, Zucker dazuzugeben. Wie viele Löffel voll nahm er wohl?, versuchte ich mich zu erinnern und versetzte mich in meine idyllischen Kindertage zurück. Ich entschied mich für drei Löffel, denn kein Nuba würde seinen Tee weniger gesüßt trinken.
Ich wandte mich an meinen Vater. *»Ba*, genug *sukar?«*, fragte ich.
Als er mich verdattert ansah, fing ich an zu lachen: Ich hatte Nuba mit Englisch vermischt.
»Ba, sukar twende giloh?«, wiederholte ich den Satz, diesmal korrekt auf Nuba.
Er trank einen Schluck und lächelte mich an. *»Ngn twe twe* – ja, genug.«
Ich stellte die Teekanne weg und umarmte ihn so fest, als wolle ich ihn gar nicht mehr loslassen. Er umfasste mein Gesicht und versuchte, etwas zu sagen.

»Mende … Mende«, stieß er hervor. »Ich möchte, dass du meinen Speichel schluckst.«
Also beugte ich mich vor, öffnete den Mund, damit er hineinspucken konnte, und schluckte. Dann tat ich dasselbe bei ihm, ohne dass unsere Lippen sich berührten. In der Tradition der Nuba spucken Eltern oft auf ihre Kinder und reiben ihnen den Speichel in die Haut ein, um ihnen ihre Liebe zu zeigen. Doch so direkt hatte ich es noch nie erlebt. Es war, als wolle mein Vater nach all den Jahren der Trennung, dass ich etwas von ihm in mich aufnahm, um die Kluft zwischen uns zu überbrücken.
Dann schenkte ich Tee für meine Mutter ein. Sie trug ein rosafarbenes, mit roten Blumen bedrucktes Wickelgewand, ein *tope*, das ihr Haar bedeckte und ihr bis auf die Knöchel fiel. Die fröhlichen, bunten Farben passten wunderbar zu ihrer dunklen Haut, und ich fand wieder einmal, dass sie einen ausgezeichneten Geschmack hatte. Ihre Bewegungen waren so anmutig wie eh und je. Für mich war sie noch immer wie ein Engel, und sie strahlte eine stille Würde und Güte aus. Eigentlich hatte sie sich gar nicht verändert und war nur ein wenig älter, weicher und weiser geworden.
Während die Liebe meines Vaters leidenschaftlich und lodernd war und sich in meine Seele einzubrennen schien, drückte meine Mutter ihre Zuneigung eher zurückhaltend und leise aus. Fast ohne es zu bemerken, ließ ich mich in dieses sanfte und zärtliche Gefühl hineinsinken. Es war die gefasste, allwissende Liebe der Frau, die mich auf die Welt gebracht hatte und die mich nun mit einem geduldigen Lächeln willkommen hieß. Ihre Augen waren tief, dunkel und ruhig wie ein kühler Teich an einem sengend heißen Tag, und ich spürte, wie die Anspannung von mir abfiel. Ihre vollen Lippen schienen wie dafür geschaffen, kleine Kinder zu küssen, und ich erinnerte mich daran, wie oft sie es in meiner Kindheit bei mir getan hatte. Ich liebte meine Mutter und meinen Vater und wusste genau, dass auch sie mich all die Jahre weiter geliebt hatten.

Ich freue mich über eine Flasche shal

Ich setzte mich neben meine Mutter und hielt fest ihre Hand. Dann blickten wir einander an. »Mende, Mende«, flüsterte sie, und ich sah, dass ihr wieder Tränen in die Augen stiegen. Ich wischte ihr mit den Handflächen die Wangen ab.
»Es tut mir so leid, *umi*«, sagte ich und drückte sie an mich. »Es tut mir leid, dass du meinetwegen so viel durchgemacht hast.«
Im Grunde meines Herzens wusste ich natürlich, dass meine lange Abwesenheit nicht meine Schuld war. Trotzdem konnte ich nicht anders, als diese Worte auszusprechen, denn mir war klar, wie sehr sie deswegen gelitten hatten. Ich hatte das Bedürfnis, mich dafür bei ihnen zu entschuldigen.
»Wo ist denn deine Tochter Uran?«, fragte meine Mutter, nachdem sie ihre Tränen getrocknet hatte.
Ich musste schmunzeln. Offenbar erinnerte sie sich noch daran, dass ich das Teddybärchen behandelte wie mein eigenes

Kind. Auf den überall auf der Welt aufgenommenen Fotos, die ich meinen Eltern geschickt hatte, war ich unweigerlich mit Uran an meiner Seite zu sehen.
»Uran ist in der Hütte. Ich gehe sie holen«, erwiderte ich lächelnd.
Als ich Uran unter meinem Schlafsack hervorkramte, stellte ich fest, dass Awad bereits einen Teil des Gepäcks in der Ecke gestapelt hatte. Ich entdeckte eine Flasche *shal*, die Sauce aus Maisasche, wegen der meine *khawaja*-Freunde mich gehänselt hatten, und nahm sie ebenfalls mit.
Meiner Mutter drückte ich die Teddybärin in die Hand und Hagen die Flasche. »Hier. Das ist *shal*. Probier mal.«
Dann wandte ich mich wieder zu meiner Mutter, die Uran erstaunt betrachtete. »O Gott, sie ist ja so groß geworden. Wo ist denn die kleine Uran?«
»Sie wird eben erwachsen, *umi*«, antwortete ich. »Sie kann nicht immer ein Baby bleiben.«
Meine Mutter lachte leise auf. Als sie Uran auf ihren Schoß setzte, griff auch Shokan nach dem Tier und drückte es an sich.
Dann seufzte meine Mutter. »Aber eines Tages möchte ich deine echte Tochter im Arm halten, Mende. Ich sehne mich so sehr danach.«
»Viele Grüße von deinen Nichten und Neffen«, unterbrach Shokan mit einem Lächeln. »Sie haben sich auf dich gefreut, weil sie dachten, dass du ins Dorf kommst. Wenn du nach Julud geflogen wärst, hätten sie die Möglichkeit gehabt, dich zu sehen.«
»Wirklich? Ach, das wäre so schön gewesen!«, rief ich aus. »Aber ich darf nicht nach Julud oder nach Karko, obwohl alle dort auf mich warten. Es tut mir so leid.«
»Zerbrich dir nicht den Kopf darüber, Mende«, erwiderte Shokan. »Es ist zu weit. Du kannst uns ja beim nächsten Mal besuchen.«

Shokan hatte sieben Kinder, vier Jungen und drei Mädchen, was man ihr allerdings nicht ansah, denn sie war zart und schlank und hatte kaum eine Falte in ihrem ebenmäßigen Gesicht. Sie war genauso gekleidet wie meine Mutter, nur mit dem Unterschied, dass ihr *tope* leuchtend lachsrosa und mit roten, gelben und blauen Blumen gemustert war. Er stand ihr so gut, als wäre er maßgeschneidert. Ihr schmaler Körperbau ähnelte sehr dem meines Vaters, und sie schien wie er überhaupt nicht älter zu werden. Ich hingegen sah mit meinem herzförmigen Gesicht eher wie meine Mutter aus, nicht unbedingt ein Nachteil, weil sie bei den Karko als außergewöhnlich schön galt.

Ich schenkte Tee für meinen Bruder Babo ein und meinte scherzhaft, er sei ein großer, starker Mann geworden. Babo trug ein braunes Hemd mit aufgekrempelten Ärmeln und eine weiße Hose. Inzwischen bevorzugten die Jugendlichen in den Nubabergen westliche Kleidung. Die Sachen betonten seine Größe und seinen schlanken, muskulösen Körperbau. Da schlug mein Bruder plötzlich die Hände vors Gesicht und brach in Tränen aus. Ich umarmte ihn fest, küsste ihn auf den Scheitel und auf die Wangen und wiegte ihn hin und her.

»Abu yana, abu yana, abu yana«, sagte ich dabei immer wieder. Auf Arabisch bedeutet das »Ich liebe dich wie meinen Vater«.

Nachdem ich Babo getröstet hatte, verteilte ich Tee an meine *khawaja*-Freunde. Hagen hielt immer noch die Flasche mit *shal* in der Hand.

Meine Mutter stieß mich an. »Dein *khawaja*-Freund hat das *shal* noch nicht gekostet. Sag ihm, er soll es lieber lassen. Er wird es nicht mögen, weil es zu sauer ist.«

»Nein, *umi*, er soll es ruhig versuchen«, erwiderte ich lachend. »Es ist doch so lecker.«

Sie schmunzelte. »Willst du ihn umbringen? Jeder weiß doch, dass die *khawajas* so etwas scheußlich finden.«

Ich wandte mich an Hagen. »Also probier es. Oder fehlt dir der Mut dazu?«, meinte ich, weil ich neugierig war, wie er reagieren würde.
Dann beobachtete ich, wie er den Deckel der Flasche abschraubte, schnupperte und die lange Nase rümpfte.
»Nicht riechen, trinken«, schimpfte ich.
Hagen setzte die Flasche an und nahm einen Schluck. »Äh … nicht schlecht«, sagte er. »Wirklich nicht schlecht, Mende. Vielleicht sollten wir es in Deutschland auf den Markt bringen.«
Ich lachte. »Hannah, du musst es auch versuchen.«
Hagen reichte ihr die Flasche mit der trüben gelben Flüssigkeit. »Es sieht ein bisschen aus wie Urin, und der Geschmack ist auch ganz ähnlich«, flüsterte er ihr zu.
»Aber Hagen«, tadelte ich ihn. »Wenn ich das meiner Mutter erzähle, ist sie sicher gekränkt. Außerdem solltest du dich daran gewöhnen. Meine Mutter hat *shal, woing* und *edgegar kutur konda* mitgebracht und wird von jetzt an das Kochen übernehmen.«
»In diesem Fall wird mir wohl nichts anderes übrigbleiben«, seufzte Hagen.
»*Shal* ist sehr vitaminreich«, mischte sich Youssef ein. »Außerdem wirkt es stärkend und appetitanregend.«
Hagen und Hannah blickten sich an. Bestimmt hatten sie Appetit bekommen – auf etwas Süßes …
»Mende, was tut Corba eigentlich die ganze Zeit?«, hörte ich da meinen Cousin Awad fragen. Er hatte festgestellt, dass Damien sich Notizen machte. »Schreibt er alles auf, was wir sagen? Dann sollte er doch gleich die Geschichte der Karko schreiben.«
»Sehr gerne«, antwortete Damien, nachdem ich es ihm übersetzt hatte. »Dazu müsste sie mir allerdings jemand erzählen. Und dann müsste ich natürlich mit den *kujurs* sprechen.«
»Mein Vater war ein *kujur*«, erwiderte Youssef leise.

»Wirklich? Wo denn?«, erkundigte sich Damien.
»In Karko«, antwortete Youssef. »Sein Spezialgebiet war das Heilen. Er war ein Medizin-*kujur.*«
Nicht zu glauben, ein Medizinmann! »Kommt in unserem ersten Buch nicht der Regen-*kujur* von Karko vor, Mende?«, wandte Damien sich an mich.
Dass Youssefs Vater ein *kujur* gewesen war, hatte ich gar nicht geahnt. Offenbar steckte Youssef voller Überraschungen. Nicht minder erstaunlich war es, dass Youssefs Onkel als *kujur* in Julud arbeitete, wo Damien ihn bei seinem letzten Besuch tatsächlich kennengelernt hatte. Eines von Damiens Fotos zeigte Youssefs Onkel bei einem traditionellen Tanz.
»Mein Onkel hat eure Ankunft in Julud damals vorhergesagt«, meinte Youssef zu Damien. »Und zwar einige Tage vor eurem Eintreffen. ›Der *khawaja* wird aus dem Himmel kommen und Mende mitbringen‹, lauteten seine Worte. ›Der Vater wird seine Tochter wiedersehen.‹«
»Nicht zu fassen!«, wunderte sich Damien. »Also kann ein *kujur* in die Zukunft blicken?«
»Ja«, bestätigte Youssef. »Der Beauftragte für den Kreis Julud hatte es auch gehört. Einige Tage später erfuhr der Beauftragte, dass ihr tatsächlich eingetroffen seid und sich die Vorhersage des *kujur* bewahrheitet hatte. Damals habt ihr Mendes Familie die Videobotschaft mitgebracht. Da meinte der Beauftragte zu mir: ›Wissen Sie, Ihr Onkel ist ein ausgezeichneter *kujur*.‹ Inzwischen wendet er sich selbst an ihn, wenn er Rat braucht.«
»Glaubst du an den *kujur?«,* wollte Damien von Youssef wissen.
»Manchmal schon. Aber das ist wahrscheinlich bei uns allen so«, erwiderte dieser nach kurzem Zögern.
Alle lachten auf. Youssef konnte gut mit Worten umgehen. Außerdem hatte er recht: Sogar ich glaubte hin und wieder an die Macht des *kujur*.

»Selbst unser *kujur* hat es vorhergesagt«, ergänzte mein Vater. »Er meinte zu uns: ›Macht euch keine Sorgen, ihr werdet eure Tochter hier im Nubaland wiedersehen.‹ Dabei hat er seinen Stab in den Boden gestoßen. Dann fügte er hinzu: ›Ich werde über sie wachen, weil viele Menschen versuchen werden, ihr zu schaden oder ihr wehzutun. Aber ich werde sie vor diesen Leuten beschützen.‹«

Alle waren sich einig, dass der *kujur* weise gesprochen hatte.

Dann fragte ich Youssef, warum er denn nicht selbst *kujur* geworden sei wie sein Vater. Er erklärte mir, der Posten werde traditionell vom Vater nicht etwa an den Sohn, sondern an den Bruder weitervererbt.

Damien schlug vor, am Abend zu Ehren meiner Familie ein Festmahl zu veranstalten, wenn alle sich nach der beschwerlichen Reise ein wenig ausgeruht hätten. Wir fanden die Idee großartig. Inzwischen war es Mittagszeit, und ich freute mich sehr auf den gemeinsamen Nachmittag mit meinen Eltern und Geschwistern. Obwohl meine Hütte nur über drei Betten verfügte, war ich fest dazu entschlossen, sie alle dort unterzubringen.

Wir hatten uns so viel zu erzählen, dass ich gar nicht wusste, wo ich anfangen sollte. Das machte mir auch ein wenig Angst. Würden sie sich mir gegenüber so verhalten wie früher, wenn wir allein miteinander waren? Oder würden sie mich vielleicht als fremd empfinden? Ich wusste, dass ich mich ziemlich verändert hatte. Sieben Jahre in *bilabara* – im Ausland – hatten ihren Einfluss auf mich nicht verfehlt. Doch tief in meinem Herzen fühlte ich mich noch immer wie das Nubamädchen von damals. Sobald meine Füße Nubaboden berührten, hatte ich gewusst, dass ich zu Hause angekommen war. Aber würden meine Eltern das genauso sehen, wenn sie ihre Tochter – in Jeans, mit Nabelpiercing und Englisch sprechend – im Kreis ihrer *khawaja*-Freunde

erlebten? Oder hatten sie im Laufe der Jahre das Gespür für mich verloren?
Das Begrüßungsmahl war eine ausgezeichnete Idee, und Shwaya und ich machten uns an die Aufstellung der Einkaufsliste. Wir brauchten ein Schaf, um es zu schlachten und zu braten, Zwiebeln, Öl und Knoblauch für die Sauce und außerdem Brot und alkoholfreie Getränke. All das musste vom Markt geholt werden, weshalb ich Awad bat, uns für diese Expedition den Landrover zu leihen. Awad war im Grunde einverstanden, meinte jedoch, es gebe da ein kleines Problem: Der Landrover müsse zunächst in die Werkstatt, da es unterwegs – sozusagen – zu technischen Schwierigkeiten gekommen sei.
»Kein Wunder«, stellte Damien fest. »Das Ding gehört ins Museum. Aber das brauchst du Awad nicht gleich unter die Nase zu reiben.«
Shwaya entschuldigte sich und ging, um die Kosten für die Einkäufe zu berechnen. Kurz darauf kehrte sie mit Carlos zurück, der meinte, das Festmahl könne heute nicht stattfinden, da es zu spät für das Küchenpersonal sei, um das Schaf zu braten. Auch der folgende Tag käme nicht in Frage, denn alle Soldaten würden bei einer Kundgebung sein. Also sei es erst wieder in zwei Tagen, also am Montagabend, möglich. Wenn wir es bis dahin verschöben, hätten wir auch genug Zeit, Einladungen zu verteilen.
Wovon redete Carlos da? Was für Einladungen? Und was hatte das Begrüßungsessen für meine Familie mit irgendwelchen Soldaten zu tun? Weshalb sollte es zu spät sein, um ein Schaf zu braten? Schließlich war es gerade erst Mittagszeit, und außerdem würden wir auch ohne Küchenpersonal zurechtkommen. Aber ich wagte nicht, Carlos zu widersprechen, denn er spielte sich gerne als Chef auf. Außerdem war das hier schließlich sein Camp. Hinzu kam, dass Shwaya offenbar seine Meinung teilte, und ich vertraute ihrem Urteil.

Awad beschloss, auf dem Weg zum Markt einen Abstecher zur Werkstatt zu machen. Ich überredete eines der Küchenmädchen dazu, ihn zu begleiten und ihn beim Einkaufen zu unterstützen. Allerdings wollte Awad, dass Babo auch mitkam, nur für den Fall, dass bei der Fahrzeugreparatur ein starker Mann gebraucht wurde.
»Aber ich will hier bei Mende bleiben«, protestierte Babo.
»Das wäre mir auch lieber«, meinte ich. »Aber du musst Awad helfen. Denk doch daran, was er für uns getan hat!«
Nachdem Babo sich hatte überreden lassen, brachte ich meine restliche Familie in meine kleine Hütte. Meine Eltern und Shokan mussten sich in der Tür ducken. Weil ich ein wenig kleiner bin, passte ich knapp unter dem Türrahmen durch. Kaum hatten wir uns auf eines der Betten gesetzt, legten meine Eltern wieder die Arme um mich.
»Jetzt sind wir gemeinsam in einem Haus«, sagte mein Vater und kämpfte mit den Tränen. »So wie damals, als wir noch als Familie zusammengelebt haben.«
Wieder fingen wir zu weinen an, und diesmal gaben wir uns keine Mühe, unsere Gefühle zu verbergen. Schließlich waren wir jetzt allein und ungestört, während wir vorhin Zuschauer gehabt hatten, auch wenn es sich dabei um Freunde handelte. Nachdem wir uns ausgeweint hatten, zeigte ich allen ihre Schlafplätze.
Ich wies auf ein Bett neben der Tür. »*Umi* und ich schlafen hier«, verkündete ich und umarmte meine Mutter. »Und mein Vater schläft im Bett gegenüber. Shokan, du nimmst das hier neben uns.«
Im nächsten Moment steckte Babo den Kopf zur Tür herein, um sich zu verabschieden. Er war so groß, dass er im Raum nur gebückt stehen konnte.
»Und wo schlafe ich?«, fragte er. »Ich will auch bei euch sein.«
»Du kannst das Bett mit *ba* teilen«, neckte ich ihn.

Er lachte. »Dann schlafe ich lieber auf dem Boden.«
Ich schüttelte den Kopf. »Das geht nicht. Hier wimmelt es nämlich von Skorpionen. Also wirst du dich wohl zu Awad in das Backsteinhaus gesellen müssen.«
Babo verdrehte die Augen. Ihm wurde rasch klar, dass ich immer noch genauso frech war wie damals als kleines Mädchen.

Meine Mutter legte sich aufs Bett, um sich auszuruhen. Es war ihr noch nie schwergefallen, sich zu entspannen. Mein Vater hingegen sah sich aufmerksam um, als befürchte er, etwas zu verpassen. Er war immer in Bewegung, wenn er nicht gerade schlief.
Shokan, die auf dem Boden saß, winkte mich zu sich. »Komm, Mende, ich muss dir etwas zeigen.«
Shokan ist die Erstgeborene in unserer Familie und war von zu Hause fortgegangen, um zu heiraten, als ich noch ein kleines Mädchen war. Trotzdem war sie meine Lieblingsschwester. Da sie auf mich aufgepasst hatte, wenn meine Eltern auf den Feldern arbeiteten, hatte ich trotz des großen Altersabstands ein viel engeres Verhältnis zu ihr als zu meiner anderen Schwester Kunyant. Nach ihrer Hochzeit war Kunyant in eine kleine Stadt nördlich der Nubabarge gezogen, weshalb die Fahrt hierher nach Kauda viel zu weit gewesen wäre. Hinzu kam, dass sie gerade ein Baby zur Welt gebracht hatte.
Shokan öffnete ihre regenbogenbunte Korbtasche und griff hinein.
»Schau, was wir dir mitgebracht haben«, verkündete sie. »Ich habe nicht vergessen, dass das deine Lieblingsspeise ist.«
Sie holte eine Flasche heraus, die eine gelblich-braune Flüssigkeit enthielt. Die obere Hälfte war zu einer dicken, cremefarbenen Masse geronnen. Es war *edgegar kutur konda!* Ich griff nach der Flasche, schraubte sie auf und schnupperte daran: Ein kräftiger, säuerlicher Geruch nach Joghurt stieg mir entgegen. Dann angelte ich mit dem Finger ein Klümpchen

heraus und steckte es in den Mund. Ich grinste Shokan an, während meine Mutter mich aufmerksam musterte, um herauszufinden, ob ich ihre Hausmannskost wohl noch mochte. Ich schlürfte noch einen Schluck, und dann noch einen. Es schmeckte so frisch und köstlich nach Käse und nach Joghurt. Einfach herrlich.

Shokan griff wieder in die Tasche. »Schau, Mende.« Sie förderte eine Plastiktüte mit zerstoßenen weißen und schwarzen Bohnen, fermentierten Sesamhülsen und getrocknetem, gemahlenem Okra zutage. »Wir haben alles dabei, um *shigit nwaga kalloh* für dich zu kochen.«

Shigit nwaga kalloh ist ein nahrhafter, dicker Eintopf, als Kind eine meiner Lieblingsspeisen. Weitere Lebensmittel wurden ausgepackt: große, frische Gurken, Dutzende reifer Guaven und Mangos, Klumpen grauen Steinsalzes, Tüten mit Zucker und Tee und kleine Töpfchen voller Gewürze, von denen ich nicht wusste, wie sie auf Englisch hießen. Außerdem waren selbstgebackene Pfannkuchen aus Sorghumhirse, kleine Kekse aus süßem Teig und ein riesiger Sack Maismehl darunter. Während meine Familie hier war, würde ich ganz sicher keinen Hunger leiden.

Ich nahm den Sack und steckte die Hand hinein. »Richtiges Maismehl!«, rief ich aus und ließ mir die goldenen Körnchen durch die Finger rinnen. »Das habe ich in ganz London vergeblich gesucht. Es gibt dort zwar auch Maismehl, aber nicht solches. Schaut euch diese Mengen an. Den Rest kann ich ja mit nach England nehmen.«

»Babo hat es eigenhändig gemahlen«, verkündete meine Mutter stolz. »Und zwar mit der Mühle, die du gekauft hast. Der Mais stammt von unseren eigenen Feldern.«

Vor kurzem hatte ich meiner Familie Geld für eine Mühle mit Benzinmotor geschickt, die das ganze Dorf benutzen konnte. Zuvor hatten die Menschen den Mais zwischen zwei Steinen zermahlen müssen. Der eine Stein war flach und wies eine kleine Einbuchtung auf, in die man eine Handvoll Maiskörner legte. Dann nahm man den zweiten Stein, der rund war, und bewegte ihn so lange auf dem Mais hin und her, bis dieser sich in ein feines Mehl verwandelt hatte. Als Kind saß ich gerne unter dem Vordach des *kitting*, mahlte vor mich hin und sang bei der Arbeit fröhliche Lieder.

Nun drückte ich meine Mutter und meine Schwester fest an mich. »Danke, dass ihr das alles mitgebracht habt«, sagte ich. »Ihr wisst so vieles noch von mir. Ich freue mich schon darauf, gemeinsam mit euch zu essen.«

Dann ging ich Damien holen. »Komm, Corba, schau dir das an.«

Ich zog ihn zu meiner Hütte und schob ihn hinein. »Sieh dir das an. Das ist *edgegar kutur konda*. Riech nur. Einfach superlecker.«

Damien rümpfte die Nase. »Äh, nein danke, lieber nicht. Der Geruch reicht mir. Da verzichte ich lieber. Aber verrat das bloß nicht deiner Mutter. Wie stellt man es eigentlich her?«

Ich erklärte ihm, dass meine Mutter dazu eine Kultur aus vergorener Milch mit frischer Milch vermengte und die Mischung ein paar Tage stehenließ.

»So ähnlich hat meine Mutter Joghurt gemacht, als wir noch Kinder waren. Wir hatten nämlich Ziegen im Garten.«

»Hattet ihr auch Kühe?«, erkundigte sich mein Vater neugierig, nachdem ich übersetzt hatte.

»Nein, nur Schafe, Ziegen, Hühner, Enten und Meerschweinchen«, antwortete Damien. »Für Kühe reichte der Platz nicht. Wenn meine Mum die Tiere im Garten laufen ließ, fraßen sie die Blumenbeete kahl, und mein Dad wurde so richtig fuchsteufelswild.«

Damien reichte meinem Vater einen Umschlag, der Fotos von seiner Familie enthielt.

Mein Vater betrachtete sie und bewunderte Damiens Frau und Kinder. Dann stieß er auf ein Foto, das ihn innehalten ließ, und er hielt es hoch, damit wir alle es betrachten konnten. Es zeigte Damiens Haus auf dem Land, umringt von einer Herde schwarzweißer Rinder.

»Also hast du doch viele Kühe?«, hakte er nach.

Ich musste über die Frage meines Vaters schmunzeln. Seit meiner Kindheit hatte er sich kein bisschen verändert und war wie alle männlichen Nuba von dem Wunsch besessen, möglichst viele Kühe zu haben. Auch wenn die Rinder auf dem Foto einem Farmer aus der Nachbarschaft gehörten, war es für meinen Vater unvorstellbar, dass Damien selbst keine Kühe hatte. Immerhin war er so wohlhabend, dass er es sich leisten konnte, mit dem Flugzeug in der Welt herumzureisen. Wie also war es möglich, dass er keine riesige Kuhherde sein Eigen nannte? Sicher lag das daran, dass er leichtsinnig mit seinem Geld umging. Wie sonst sollte man seinen Mitmenschen denn beweisen, dass man ein bedeutender Mann war, wenn nicht durch eine große Rinderherde?

»Woher wusstet ihr, dass Mende *edgegar kutur konda* so gern mag?«, fragte Damien meine Mutter, um von seiner nicht vorhandenen Kuhherde abzulenken.

Meine Mutter lächelte. »Ich kenne Mendes Lieblingsspeisen noch sehr gut …«

Im Gegenzug kramte ich jetzt ein kleines violettes Büchlein aus der Tasche und präsentierte es stolz meinem Vater.

»Das ist mein britischer Pass!«, verkündete ich. »Ohne ihn hätte ich euch nicht besuchen können.«

Nachdem mein Vater fast ehrfürchtig das in Gold eingeprägte Wappen gemustert hatte, drehte er den Pass im Licht, das durch die Tür hereinfiel, hin und her. Schließlich schlug er ihn auf und blätterte ihn durch. Dann gab er ihn meiner Mutter, wobei er darauf achtete, ihn bloß nicht fallen zu lassen. Meine Mutter hielt den Pass vorsichtig zwischen den Fingerspitzen,

studierte ebenfalls sorgfältig jede Seite und reichte ihn dann an Shokan weiter.
»Dieses Ding hat unsere Tochter nach Hause gebracht«, sagte meine Mutter leise. »So klein und doch so wichtig.«
Auch Shokan schien gebührend beeindruckt, zumindest bis sie auf die Seite mit dem Foto stieß. Sie starrte eine Weile auf mein Konterfei und fing dann laut zu lachen an.
»Nein, Mende! Du siehst ja einfach zum Fürchten aus. Überhaupt nicht wie eine Nuba!« Mit der feierlichen Stimmung hatte es ein Ende.
Auch meine Eltern konnten jetzt ein Kichern nicht unterdrücken. »Finde ich auch«, prustete mein Vater. »Ich war nur zu höflich, es zu sagen.«
»Ich auch«, fügte meine Mutter hinzu. »Ist das wirklich meine Tochter?, habe ich gedacht. Habe ich so ein hässliches Kind zur Welt gebracht?«
»Ich kann nichts dafür«, keuchte ich, weil ich vor Lachen kaum einen Ton herausbrachte. »Zuerst habe ich denen ein hübsches Foto gegeben, aber die Passbeamten fanden, dass ich darauf zu sehr gelächelt habe, und haben mich dazu verdonnert, dieses scheußliche machen zu lassen.«
»Diese *khawajas* müssen eindeutig lernen, mehr zu lachen«, lautete das abschließende Urteil meines Vaters.

Der britische Pass symbolisierte für mich so vieles: die jahrelange schmerzliche Trennung von meiner Familie ebenso wie die dramatische Reise, die uns wieder zusammengeführt hatte. Wir alle wussten, dass ich ohne dieses Dokument nicht hätte hier sein können. Vielleicht hätten wir einander nie wiedergesehen. Nun jedoch war es an der Zeit, die Wunden auf unseren Seelen zu heilen – und Lachen war ein Weg dazu. Wir mussten zusammen lachen und weinen, um wieder zueinander zu finden.
Kurz darauf kehrte Babo vom Markt zurück, und wir waren

Meine Schwester und meine Mutter studieren die Fotos

alle wieder vereint. Ich hatte unzählige Fragen auf dem Herzen: Wie ging es meinen anderen Geschwistern? Gab es Nachwuchs in der Familie? Führten meine Eltern im Dorf ein angenehmes Leben? Doch zuerst wollte ich ihnen meine Fotos zeigen, damit sie meinen Alltag in einem fremden Land besser verstanden. Ich drückte Babo das Päckchen in die Hand, damit er sie herumreichte. Babo sah sich jedes davon gründlich an.

»Jetzt beeil dich. Du bist nicht allein auf der Welt!«, schimpfte Shokan.

Wir mussten alle lachen: Meine Lieblingsschwester hatte sich kein bisschen verändert. Ich nahm Babo ein paar Fotos ab und reichte sie meinen Eltern und meiner Schwester. Meine Mutter starrte auf das Foto, das sie selbst in Julud darstellte. Darauf blickte sie geradewegs in die Kamera und klatschte lachend in die Hände.

Sie hielt das Bild hoch. »Wer ist denn das?«, fragte sie. »Sie erinnert mich an eine Frau, die ich aus dem Dorf kenne. Aber wieso hast du ein Foto von ihr?«

Shokan riss ihr das Bild aus der Hand. »Mutter, soll das heißen, dass du dich selbst nicht auf einem Foto wiedererkennst?«, wunderte sie sich.
Meine Mutter nahm das Bild und musterte es erneut. »Das kann doch unmöglich ich sein! Es ist die Frau aus unserem Dorf. Wie heißt sie noch mal – Kami. Ja, das ist Kami.«
»Und wo sollen sie bitte sehr ein Foto von Kami gemacht haben?«, wandte mein Vater ein. »Kami war doch gar nicht in Julud.«
»Genau das habe ich mir auch gedacht«, erwiderte meine Mutter.
Mein Vater schnaubte und starrte meine Mutter entgeistert an. »Wie konnte ich bloß so eine Frau heiraten?«
Daraufhin hielt Shokan meiner Mutter ein Foto hin, das mich in London zeigte. »Schauen wir mal, ob du deine eigene Tochter wiedererkennst.«
Ich musste schmunzeln, und dabei wurde mir erstaunt klar, dass ich mich fühlte, als wäre ich niemals weg gewesen. Unmerklich hatte ich mich wieder der lockeren und heiteren Atmosphäre angepasst, die in unserer Familie üblich war. Trotz der freundschaftlichen Neckereien verband uns eine tiefe Liebe, die ich, wie ich befürchtete, wahrscheinlich nirgendwo sonst auf der Welt finden würde. Und deshalb wusste ich im Grunde meines Herzens, dass sich nichts an unserem Verhältnis verändert hatte. Wenn zwischen uns Distanz oder eine Barriere entstanden wäre, hätte meine Familie sich niemals so verhalten.
Shokan griff nach einer großformatigen Nahaufnahme meines Gesichts, die in der amerikanischen Zeitschrift *People* erschienen war, und betrachtete das Bild entsetzt. »Was ist denn das?«, rief sie aus. »Wie kann man denn so ein Foto machen? Man sieht ja jede Pore.«
Als sie Babo bat, mir das Bild weiterzureichen, weigerte sich dieser. »Ih, so etwas Hässliches fasse ich nicht an!«, verkündete er.

Es war genau wie früher: Shokan lästerte noch immer für ihr Leben gern, mein Vater nahm meine Mutter auch weiterhin auf den Arm, und Babo hatte Freude daran, seine Mitmenschen aufzuziehen. Als ich sie dabei beobachtete, wie sie lachend meine Fotos durchsahen und dabei – teilweise auf meine Kosten – Witze rissen, breitete sich ein warmes Glücksgefühl in mir aus. Warum hatte ich mir eigentlich Sorgen gemacht? Es war so schön, wieder bei ihnen zu sein.

Inzwischen war es mitten am Nachmittag, die heißeste Tageszeit, und ich ließ meine Familie allein, damit sie sich von ihrer langen, beschwerlichen Reise ausruhen konnten. Im Schatten der Akazien saßen einige Nubamänner und plauderten mit Youssef. Während ich sie begrüßte, hörte ich ganz in der Nähe ein lautes Schnarchen. Damien hatte zwei Hängematten aus Armeebeständen mitgebracht und sie an den Bäumen befestigt. Ich sah, dass seine Füße über den Rand des Stoffes ragten. Er schlief tief und fest. Nachdem das angespannte Warten auf meine Familie nun endlich vorbei war, machte sich offenbar bei uns allen die Erschöpfung bemerkbar.
Die Besucher beteuerten, welche Ehre es sei, mich kennenzulernen, da sie alle von meiner Geschichte gehört hätten. Leider hatte ich überhaupt keine Lust, mich schon wieder zu Fremden zu setzen, ihnen zuzuhören und die gute Gastgeberin zu spielen. Ich hatte dasselbe Schlafbedürfnis wie Damien und außerdem genug davon, dass alle mich mit Lob überhäuften. Auch die schönste Sache der Welt wird irgendwann zur lästigen Wiederholung, wenn man es damit übertreibt. Ich brauchte Ruhe und Zeit für meine Familie. Dass ich hier offenbar als Berühmtheit galt, wurde allmählich anstrengend. Ich schien keinen Moment für mich zu haben.
Endlich fand ich einen Vorwand, um mich kurz von den neugierigen Gästen loszueisen, und ging Damien wecken. Das war

zwar nicht sehr nett von mir, aber ich brauchte jemanden, der mich von meinen Gastgeberpflichten erlöste.
Also schüttelte ich ihn. »Wach auf, du schnarchst.«
Damien fuhr hoch. »Was? Wirklich? Wie peinlich …«
»Kein Problem, das macht nichts«, versicherte ich ihm. »In den Nubabergen darf ruhig geschnarcht werden. Niemand hat über dich gelacht. Auch Rülpsen ist hier etwas ganz Normales.« Das stimmte. Da die ganze Familie zusammen in einer Hütte schlief, blieb einem nichts anderes übrig, als die Geräusche anderer Menschen hinzunehmen.
Ich sagte Damien, er müsse unbedingt mitkommen und sich anhören, was einer der Männer, ein Soldat namens Mohammed, mir gerade berichtet hätte.
Mohammed wirkte ein wenig verlegen.
»Erzähl es uns noch einmal, Mohammed«, forderte ich ihn auf. »Mein *khawaja*-Freund interessiert sich dafür.«
»Nun, ich habe gesagt, ihr Engländer habt euch zum denkbar ungünstigsten Zeitpunkt zurückgezogen«, begann er. »Nämlich als die Araber über mehr Bildung und moderne Technik als wir verfügten und das Sagen hatten. Das war keine gute Idee, denn die eigentlichen Ureinwohner des Sudan sind wir. Deshalb müsst ihr nun etwas tun, um den Schaden wieder gutzumachen.«
Ich übersetzte.
»Tut mir leid, alter Junge. Und was erwartet ihr jetzt von uns?«, erwiderte Damien grinsend.
»Ihr müsst uns helfen«, antwortete Mohammed.
»Wie denn?«
Mohammed wechselte einen Blick mit seinen Begleitern und sah dann Damien an. »Wir brauchen Waffen. Gewehre.«
»Warum?«, entgegnete Damien. »Es herrscht doch jetzt Frieden. Die Kämpfe sind vorbei.«
»Aber der Krieg wird wieder anfangen«, sagte Mohammed. »Dann müssen wir bereit sein. Damals gab es einen Amerikaner,

der sehr stark und tapfer war. Er hat vom Flugzeug aus Waffen für uns abgeworfen.«

»Ist das dein Ernst?«, wunderte sich Damien und wurde ein wenig blass. Bis jetzt war das Gespräch nämlich eher in scherzhaftem Ton verlaufen.

»Natürlich«, entgegnete Mohammed. »Als die Nubaberge von der Außenwelt abgeschnitten waren, hat er mit dem Flugzeug Gewehre gebracht.«

»Und er war tatsächlich ein *khawaja?«*, hakte Damien nach.

Mohammed lächelte. »Ja, ein *ameriki*. Ihr Briten müsst auch etwas für uns tun. Wir brauchen eure Hilfe.«

Daraufhin spulten die Soldaten eine lange Liste der benötigten Waffen herunter, doch Damien ging nicht weiter auf diese Forderung ein – ich glaube, es war nicht unbedingt seine Sache – und versuchte stattdessen, das Thema zu wechseln.

»Also haltet ihr es für unmöglich, mit den Arabern in Frieden zu leben?«

David, der Jüngste in der Runde, beantwortete das, indem er uns seine Lebensgeschichte erzählte. Er war in einem Nubadorf unweit von Dilling aufgewachsen. Doch eines Tages, er war gerade neun Jahre alt gewesen, war eine arabische Bande gekommen und hatte es dem Erdboden gleichgemacht. Alle Häuser wurden in Brand gesteckt, und David verlor an diesem Tag den Großteil seiner Familie. Daraufhin war er in den Süden des Sudan geflohen und Soldat bei der SPLA geworden. Mit nur neun Jahren hatte er in einem blutigen Bürgerkrieg an vorderster Front gekämpft. Aber was war ihm anderes übriggeblieben?

»Mein Gott, mit nur neun Jahren …« Damien schüttelte den Kopf. »Wie hast du das bloß verkraftet?«

»Es war sehr schwer, die Kämpfe durchzustehen und so viel Grauen zu sehen«, erwiderte David leise. »Allerdings ist nicht alles schlecht am Soldatenleben. Ich habe einen neuen Weg eingeschlagen und Widerstand geleistet. Wie soll ich den

Arabern jemals vergeben? Sie haben meine halbe Familie ermordet, und die, die noch übrig sind, sitzen in kenianischen oder sudanesischen Flüchtlingslagern. Könntest du an meiner Stelle verzeihen?«
Damien nickte nachdenklich. »Ich verstehe. Warst du seitdem wieder in deinem Dorf?«
»Ja, zweimal«, antwortete David. »Weißt du, die Heimat kann einem niemand ersetzen. In meinem Dorf gibt es richtige Berge, nicht nur Pickelchen, so wie hier. Dort leben Hyänen, Berglöwen, Affen und Wildziegen. Und unter den Bergen befinden sich riesige Höhlen, durch die Flüsse verlaufen. Während der Kämpfe haben wir uns dort versteckt, damit die Araber uns nicht finden konnten.«

Als die Soldaten sich zum Gehen anschickten, überließ ich es Damien, sie zu verabschieden, und kehrte zurück zu meiner Familie. Es war eigenartig – da sie nun gut angekommen waren, ging mir ein zweifellos grausames Schicksal wie das von David nicht mehr ganz so zu Herzen. War ich überreizt, übersättigt? Wurde ich egoistisch in meinem Glück? Ich nahm mir vor, darauf zu achten.
Von meinen Leuten war nur Babo wach und bereitete sich auf das Nachmittagsgebet vor, indem er sich mit Wasser aus einem Krug Ohren, Mund und Nase ausspülte und seine Nasenlöcher reinigte. Anschließend goss er Wasser über seine Arme und Füße und breitete den Gebetsteppich aus. Zu guter Letzt stellte er sich mit dem Gesicht nach Osten auf, sprach leise einige Gebete in Richtung der Berge, fiel dann auf die Knie und berührte viermal mit der Stirn den Boden.
Nach dem Gebet setzten sich Babo und Awad zu mir unter die Akazien. »Ich könnte eine Woche lang schlafen«, seufzte Awad müde. »Seit zweieinhalb Tagen bin ich jetzt schon auf den Beinen.«
»Erzählt mir von der Reise«, forderte ich sie auf, denn bisher

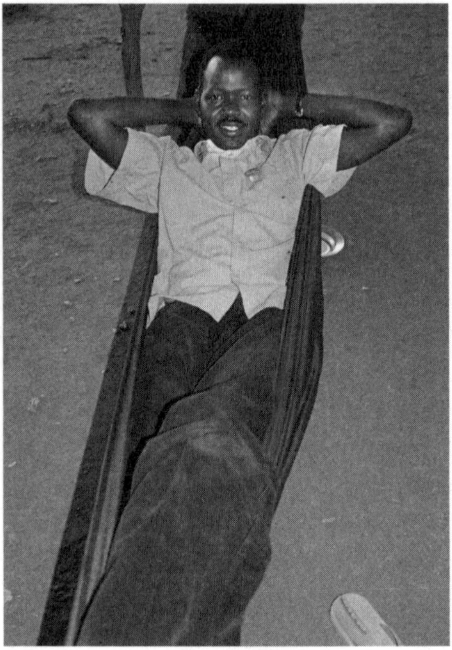

Cousin Awad,
der Fahrer, macht eine
wohlverdiente Pause

konnte ich nur vermuten, dass diese sehr beschwerlich gewesen war.
»Sie war kein Zuckerschlecken, aber das spielt doch jetzt keine Rolle mehr«, erwiderte Babo. »Bei deinem Anblick war alles vergessen.«
»Ich will es trotzdem hören.«
Babo antwortete nicht darauf. »Obwohl du hier neben mir sitzt, Mende, kann ich es noch immer nicht fassen, dass du es wirklich bist. Ich fühle mich wie in einem Traum«, sagte er stattdessen zu mir.
»Ich weiß. Mir geht es genauso. Habe ich mich eigentlich äußerlich sehr verändert, Babo?«
Er schmunzelte. »Ich muss mich erst einmal daran gewöhnen, dass du tatsächlich hier bist. Wie soll ich mich da mit deinem Aussehen beschäftigen?«
Er musterte mich eine Weile liebevoll.

»Kommst du eines Tages auch zu uns nach Karko?«, fragte er dann.
Ich erklärte ihm, wie sehr ich mich danach sehnte, unser Dorf wiederzusehen. Allerdings sei das momentan nicht möglich. Ich schützte vor, dass uns dazu die nötigen Visa fehlten, denn unsere seien von der Nubabehörde in Nairobi ausgestellt worden und gestatteten keine Einreise in die von der sudanesischen Regierung kontrollierte Region Karko. Außerdem würden wir die Front überqueren müssen, mit einem ausländischen Filmteam im Schlepptau ein viel zu großes Risiko. Unsere Sicherheitsbedenken verschwieg ich Babo lieber, weil ich ihm keine Angst machen wollte.
»Wenn du uns beim Bau einer richtigen Schule hilfst, bringen wir eine Plakette daran an und nennen sie Mende-Nazer-Schule. Was hältst du davon?«
»Das wäre wunderschön. Aber dazu will und muss ich ins Dorf kommen. Ach, wenn es doch schon so weit wäre ...«

Verlegenes Schweigen entstand. Awad brach es, indem er mir nun doch von der beschwerlichen Reise berichtete. Als Kwandsharan ihnen um halb zehn Uhr abends telefonisch mitgeteilt hatte, dass ich mich in Kauda befand, waren sie in ihrer Aufregung sofort aufgebrochen und die ganze Nacht bis Kadugli durchgefahren. Da die ungeteerte Straße von Schlaglöchern durchsetzt war, waren sie erst um vier Uhr morgens dort eingetroffen. Bei ihrer Ankunft hatten sie festgestellt, dass zahlreiche Wagen – darunter auch viele moderne Jeeps – auf die Weiterfahrt nach Kauda warteten. Alle Fahrer sagten dasselbe, nämlich dass die Straße unpassierbar und wegen der starken Regenfälle überschwemmt sei.
Awad jedoch hatte nur den Landrover aufgetankt und ein paar Lebensmittel gekauft und sich dann trotz aller Unkenrufe, dass sie es niemals schaffen würden, wieder auf den Weg gemacht. Vier Stunden hinter Kadugli stießen sie auf einen

breiten Fluss, der Hochwasser führte. Mitten im Fluss steckte ein umgekippter Lastwagen fest. Da der Landrover diesen Fluss unmöglich durchqueren konnte, kehrten sie um, denn sie hatten gehört, dass es unweit eines Dorfes namens Al Hamra eine Brücke geben sollte. Diese war wirklich noch befahrbar. Am anderen Ufer machten sie Rast, um etwas zu essen. Inzwischen waren sie schon den zweiten Tag unterwegs und fuhren deshalb rasch weiter ins nächste Dorf.
Die Straßenverhältnisse wurden immer schlechter, so dass die Achse des Landrovers wegen der tiefen Furchen häufig den Boden streifte. Kurz nach Al Sadibra stießen sie schließlich auf einen im Morast gestrandeten Traktor und blieben selbst im Schlamm stecken. Nachdem es dem Fahrer des Traktors gelungen war, sein Gefährt zu befreien, zog er den Landrover aus dem Schlammloch. Viele Stunden später – sie waren inzwischen noch einige Male stecken geblieben – erreichten sie, wieder nach einer Nachtfahrt, das Dorf auf der anderen Seite des Flugplatzes von Kauda. Eine weitere Nachtfahrt brachte sie um fünf Uhr morgens nach Kauda selbst. Sie weckten einige Leute, die sie zu Youssefs Haus schickten, und Youssef hatte sie dann zum MORDAR-Camp begleitet.
»Weil wir dich unbedingt sehen wollten, kam es uns gar nicht so schwierig vor«, schloss Awad seinen Bericht. »Aber als wir endlich ankamen, haben wir vor lauter Glück geweint.«
Mir brach im Nachhinein noch der Schweiß aus. »Puh, das klingt wirklich abenteuerlich«, sagte ich. »Und was war das Schlimmste für dich?«
Awad schmunzelte. »Als ich Kadugli verließ, sah ich, wie die anderen Fahrer mich und den Landrover musterten und lachend mit dem Finger zeigten. Sie alle hatten moderne Autos und waren sicher, dass ich unterwegs liegenbleiben würde. Aber ich bin ein guter Autofahrer, und der Landrover ist sehr stabil. Als ich einmal befürchtete, wir könnten endgültig ge-

strandet sein, kamen Leute aus einem nahegelegenen Dorf und haben uns geholfen, das Auto wieder flottzumachen.«

»Seid ihr unterwegs jemandem begegnet?«

»Nur Militärfahrzeugen – riesigen Lastern«, erwiderte Awad stolz. »Mein Landrover war das einzige zivile Auto auf der Straße. Doch niemand hat vorgeschlagen umzukehren. Wir waren fest entschlossen, uns nicht unterkriegen zu lassen. Wenn der Landrover schlappgemacht hätte, wären wir eben per Anhalter mit einem Lastwagen oder einem Traktor mitgefahren. Schlimmstenfalls wären wir sogar zu Fuß gegangen. Aufgeben kam überhaupt nicht in Frage, weil wir zu dir wollten.«

Meine Eltern gesellten sich zu uns. Sie sahen zwar noch ein wenig müde, aber dennoch schon erholter aus. Nebeneinander ließen sie sich auf zwei Gartenstühlen nieder.

»Habt ihr gut geschlafen?«, fragte ich.

»Wie die Steine«, antwortete mein Vater. »Die Fahrt war sehr anstrengend. Zum Glück wusstest du nicht, wie schlimm es wirklich da draußen zugeht.«

»Ich habe es mir gerade erzählen lassen.«

»Jaja«, meinte mein Vater, und seine Augen funkelten spöttisch. »Während wir uns durch Sandstürme, Überschwemmungen, Hochwasser und bis an die Fenster reichenden Schlamm gequält haben, bist du mit dem Flugzeug angereist wie eine Königin und hast dich seitdem bedienen lassen.«

Babo und Awad schmunzelten.

»Die Fahrt war wirklich sehr beschwerlich«, fügte meine Mutter hinzu. »Aber dein Vater hat uns mit seinen Witzen aufgeheitert und uns immer wieder Mut gemacht. Wenn das Auto wieder einmal stecken blieb, ist er einfach ausgestiegen und losgelaufen, um Äste zu holen, so als wäre er noch ein junger, starker Mann. Die Äste hat er dann unter die Räder geschoben, damit Awad das Auto aus dem Morast fahren konnte. Als ich

ihn geschimpft habe, er sei zu alt für so etwas, hat er mir den Mund verboten.«
Während mein Vater sich bei Awad erkundigte, was genau am Landrover repariert werden müsse, nahm Damien mich beiseite. »Weißt du, dass David, der Kindersoldat, sich noch mal nach dir erkundigt hat?«
»Inwiefern? Wollte er wie alle anderen etwas über meine Lebensgeschichte erfahren?«
»Nein, ganz anders: Er hat gefragt, wie alt du bist und ob du in London einen Freund hast. ›Was meinst du damit? Mende hat viele Freunde‹, habe ich ihm geantwortet. Daraufhin hat er zu drucksen angefangen und verlegen gegrinst. Also, Mende, wie findest du ihn?«
Lachend schüttelte ich den Kopf. »Hier gibt es so viele junge Männer, dass ich gar keine Zeit habe, sie mir richtig anzuschauen. Schließlich bin ich hier, um meine Familie wiederzusehen, und nicht, um mir einen Mann zu suchen!«

An diesem Abend zogen wir uns früh in unsere Hütte zurück, um uns schlafen zu legen, denn wir waren alle immer noch müde. Doch zuvor sahen sich Babo und Shokan noch einmal die Fotos durch und stritten sich, wer welches behalten durfte. Ich hatte ihnen noch gar nicht gesagt, dass ich die Bilder ohnehin verschenken wollte, aber sie hätten mir sowieso nicht zugehört.
»Mende, du lächelst zwar immer, aber ich frage mich, ob du so allein in einem fremden Land wirklich glücklich bist?«, wollte meine Mutter da von mir wissen. »Vermisst du dein Volk, deine Familie und deine Heimat denn nicht?«
Ich zögerte kurz. Natürlich hatten sie mir alle schrecklich gefehlt, und zwar so, dass ich es gar nicht in Worte fassen konnte. Eine meiner Ängste vor dieser Reise war auch gewesen, dass ich vielleicht nicht mehr imstande sein würde, in ein Flugzeug zurück nach England zu steigen. Noch immer war ich mir

nicht über meine Gefühle im Klaren. Wie wollte ich leben? Aber jetzt, vor meiner Mutter, wollte ich vor allem nicht schwarzmalen.
Mein Leben in London unterschied sich sehr von dem, das meine Familie im Dorf führte – als lebten wir auf unterschiedlichen Planeten. In Karko war ich ständig von Angehörigen, Freunden und Nachbarn umgeben gewesen, so dass ich mich keine Minute einsam fühlte. In London jedoch wohnte ich allein in einem Mietshaus, wo die Menschen kein Wort miteinander wechselten.
In meinem Viertel hielten die Passanten auf der Straße die Augen gesenkt, und inzwischen reagierte auch ich mit Argwohn, wenn jemand Blickkontakt zu mir aufnahm oder mich ansprach, da ich annehmen musste, dass ich es mit einem Geisteskranken zu tun hatte. Tagelang war ich von früh bis spät allein, ohne mit einem anderen Menschen zu reden. In Karko hingegen brauchte man seinen Nachbarn nur »*We waange takam* – komm, iss mit uns!« zuzurufen, und schon setzten sie sich dazu. Nach der Mahlzeit wurde dann geplaudert, und man erzählte sich Geschichten über unseren Stamm oder berichtete von eigenen Erlebnissen. Vor kurzem war in meiner Londoner Straße eine alte Dame gestorben. Ihre Leiche war wochenlang unentdeckt geblieben – in der Kultur, aus der ich kam, ein Unding!
Anfangs hatte ich gehofft, in London meinen Traum verwirklichen und Ärztin oder Krankenschwester werden zu können. In einer Schule oder an einem Arbeitsplatz wäre ich wenigstens unter Menschen gewesen und hätte die Möglichkeit gehabt, am gesellschaftlichen Leben teilzunehmen. Doch wieder fiel ich durch die Maschen des Systems. Man teilte mir mit, dass ich die vorgeschriebenen Schulabschlüsse nicht vorweisen könne und deshalb viele Jahre brauchen würde, um mich auch nur als Krankenschwester zu qualifizieren. Vor mir ragte ein unüberwindlicher Berg auf, den zu erklimmen mir Kraft und

Durchhaltevermögen fehlten. Außerdem empfand ich es als ungerecht. Warum ließ man mich nicht einfach Krankenschwester lernen? Wenn ich durch das Examen fiel, war das eben ein Zeichen, dass ich mich nicht für diesen Beruf eignete. Und wenn ich bestand, musste es doch einen Weg geben, über meine nicht vorhandenen Schulabschlüsse hinwegzusehen.
Zu guter Letzt nahm ich aus lauter Verzweiflung die Stelle im Frisiersalon an. Eine Freundin hatte mich der Geschäftsführerin empfohlen, die sich bereit erklärte, mich als Anlernkraft zu beschäftigen. Meine Aufgabe war es, den Kunden die Haare zu waschen und alles für den Haarschnitt vorzubereiten. Und so führte ich ein Doppelleben. In dem einen hielt ich überall auf der Welt Vorträge und gab Interviews, in denen ich von meiner Lebensgeschichte berichtete. In dem anderen arbeitete ich sechs Tage pro Woche in einem Frisiersalon, wo außer der Geschäftsführerin niemand meine Vergangenheit oder meine wahre Identität kannte. Wenn ich zu einem Vortragstermin reisen musste, gab sie mir frei. Ansonsten war ich eine ganz normale Angestellte. Aber wenigstens war ich so unter Menschen, mit denen ich lachen und plaudern konnte.
»Wir wissen so wenig von deinem Leben in der Fremde«, hakte meine Mutter mit leicht besorgtem Blick nach. »Erzähl uns davon, damit wir es verstehen.«
Ich versuchte, alles in einem möglichst positiven Licht darzustellen. »Nun, ich habe eine hübsche kleine Wohnung am Rand der großen Stadt. Die Wohnung hat ungefähr die Größe einer Hütte in unserem Dorf plus *kitting*. Hannah hat ein paar Fotos gemacht, die ich euch zeigen kann.«
Mein Vater lächelte. »So viel Platz, Mende. Wer wohnt denn sonst noch da?«
Wieder zögerte ich und schaute zwischen meinen Eltern hin und her. »Ich wohne dort allein. Aber in den Nachbarwohnungen leben ebenfalls Menschen.«
Aufmunternd drückte meine Mutter mir die Hand. »Beschreib

sie uns. Wie sind sie denn so? Sind auch Nuba darunter? Besuchen sie dich oft? Esst ihr gemeinsam?«
»In London ist alles anders, *umi*«, erwiderte ich leise. »Die Leute tun so etwas nicht.«
»Du isst allein?«, entsetzte sich meine Mutter. »Meine Tochter muss alleine essen?«
Ich nickte. »Oft«, antwortete ich.
Meine Mutter machte keinen Hehl aus ihrem Schrecken. Allein zu essen kam für einen Nuba überhaupt nicht in Frage, und meine Eltern hätten es nie und nimmer getan. Für sie war so etwas unvorstellbar, denn Mahlzeiten wurden stets gemeinsam mit Familienmitgliedern oder Nachbarn eingenommen.
»Keine Familie, kein Ehemann, keine Kinder, keine Nachbarn …«, flüsterte meine Mutter bestürzt. »Warum kommst du nicht zurück ins Dorf und wohnst bei uns?«
»Sei nicht so streng mit ihr«, sprang mein Vater für mich in die Bresche.
»Wenn wir dir wenigstens einen Ehemann finden könnten, der ein Nuba ist«, fuhr meine Mutter fort. »Wenn du nur ein Kind hättest …«
»Lass sie in Ruhe«, unterbrach mein Vater. »Damit hilfst du ihr auch nicht weiter.«
Ich legte ihm beruhigend die Hand auf den Arm. »Schon gut, *ba*. Ich bin kein Kind mehr. Mutter hat recht. Ich bin nicht glücklich.«
Natürlich hatte ich meinen Eltern bei unseren gelegentlichen Telefonaten das eine oder andere über mein Leben erzählt. Doch ich hatte immer beteuert, es ginge mir gut, weil ich nicht wollte, dass sie sich Sorgen machten. Nun aber saß ich ihnen gegenüber und konnte ihnen die Wahrheit nicht länger verheimlichen.
Wir beschlossen, uns jetzt schlafen zu legen und uns in den nächsten Tagen weiter darüber zu unterhalten. Als ich mich in unserer kleinen Hütte ins Bett kuschelte, versuchte ich

vergeblich, das unbehagliche Gefühl loszuwerden, das Besitz von mir ergriffen hatte. Meine Mutter hatte den Nagel auf den Kopf getroffen: Was gab mir das Leben in London eigentlich?

Ich ließ eine meiner frühesten Erinnerungen an diese Stadt Revue passieren, eine Episode, die mir gezeigt hatte, welche Gefahren dort lauerten. Damals wohnte ich bei Damien und seiner Familie und war gerade mit dem Bus auf dem Nachhauseweg. Wegen Straßenbauarbeiten wurde der Bus nach Stoke Newington umgeleitet, ein Londoner Nobelviertel, in dem ich mich nicht gut auskannte. Ich musste umsteigen und geriet mit einer Frau aus Simbabwe ins Gespräch, die sich erbot, mir den richtigen Bus zu zeigen. Sobald wir auf der Straße standen, sagte sie mir, wie hübsch ich sei, und schlug mir vor, doch in ihrem Beruf zu arbeiten. Ich wurde neugierig und fand sie außerdem recht nett. Hinzu kam, dass sie eine afrikanische Schwester war. Ich hoffte, dass wir vielleicht Freundinnen werden könnten.

Sie ging mit mir in ein Internetcafé, wo sie mir am Computer Fotos von Mädchen zeigte. Da es mir merkwürdig erschien, dass alle diese Mädchen in Unterwäsche waren, erkundigte ich mich bei meiner neuen Bekannten, welchen Beruf sie denn eigentlich ausübte. Sie erklärte mir, die Mädchen böten sich auf dieser Internetseite an, und fügte in verschwörerischem Flüsterton hinzu, Männer bezahlten viel Geld, um mit ihnen zusammen zu sein. Was genau meinte sie denn mit »zusammensein«?, hakte ich nach. Sie antwortete, sie wohne ganz in der Nähe, so dass ich mir selbst ein Bild machen könne. Als sie mich dorthin mitnehmen wollte, lehnte ich ab und sagte, ich müsse den nächsten Bus nach Hause erwischen. Inzwischen hatte ich trotz meiner damaligen Naivität einen starken Verdacht, was diese Frau von Beruf war.

Sie erzählte mir, ihr gefiele diese Tätigkeit recht gut. Da weiße Männer verrückt nach attraktiven Afrikanerinnen seien, könnte eine junge Frau mit meiner Figur und meinem Gesicht viel Geld verdienen und sich dabei wie eine Prinzessin behandeln lassen. Sie selbst habe bereits zwei Häuser in London gekauft und baue gerade eine Villa in Simbabwe. Ihre Kinder besuchten eine Privatschule. Ständig zerrte sie mich am Arm, damit ich ihr zu ihrem Haus folgte und die anderen Mädchen kennenlernte, bis ich schließlich drohte, ich würde um Hilfe schreien, wenn sie mich nicht sofort losließe.

Als ich endlich zu Hause war und Damien von meinem Abenteuer berichtete, mahnte er mich zur Vorsicht. In London ginge es ganz anders zu als in den Nubabergen, warnte er. Man dürfe anderen Menschen nur vertrauen, wenn man sie sehr gut kenne.

Und inzwischen traute auch ich niemandem mehr.

10
Ein Lied für Mende

Am nächsten Morgen wurde ich davon geweckt, dass jemand vor unserer Hütte betete. Obwohl es gerade erst hell wurde, war mein Vater bereits wach und hatte mit dem *sorbah*, dem ersten Gebet des Tages, begonnen. Seinen Gebetsteppich hatte er links von unserer Hütte ausgebreitet, genau dort, wo die Zelte von Damien und Hannah standen. Ich lachte in mich hinein, denn nun war es vermutlich vorbei mit ihrer ungestörten Nachtruhe.

Nach dem Beten legte mein Vater sich wieder hin. Meine Geschwister und meine Mutter hielten es genauso. Wir schliefen noch eine Weile. Als ich später Gelächter hörte, schlug ich die Augen auf. Meine Familie saß, mal wieder einen großen Haufen Fotos vor sich, auf den Betten und dem Fußboden herum. Stets von neuem sortierten sie die Aufnahmen, kommentierten sie und machten ihre Witze darüber.

Irgendwann ging Vater hinaus. Aber er war noch nicht weit gekommen, als er plötzlich stehen blieb. »Mende, Mende, schau mal!«, rief er. »Und hol Corba und die anderen *khawajas*. Das müssen sie sich unbedingt ansehen!«

Neugierig lief ich zu ihm. Er kauerte vor einer Akazie und deutete auf den Stamm, der von Raupen bedeckt war wie von einem beweglichen grauen Teppich. Jede Raupe hatte einen dicken Pelz, der in der Morgensonne silbrig schimmerte. Kopf und Beine waren schwarz. Die sich windenden und zappelnden Tiere wirkten wie ein einziger Körper.

»*Ba*, haben wir früher etwa solche Raupen gegessen?«

Die giftigen Raupen

»Aber nein, Mende. Und fass sie bloß nicht an«, warnte mein Vater. »Sie sind so giftig, dass du schreckliche Blasen bekommst, wenn sie nur deine Haut berühren. Es juckt so, dass man sich blutig kratzt.«

Ich erschauderte angewidert und rief Damien herbei. Mein Vater wollte die Raupen töten, bevor sie jemanden verletzten. Zu Hause hätte er einfach ein paar heiße Kohlen aus dem Herd genommen und ein Feuer gemacht, um sie bei lebendigem Leibe zu verbrennen. Doch dafür war es noch zu früh; das Küchenpersonal war noch nicht eingetroffen, um das Kochfeuer anzuzünden.

Damien schlug vor, seinen »Flammenwerfer« einzusetzen. Während er die Sprühdose holen ging, erkundigte ich mich bei meinem Vater nach den anderen Raupen, die wir früher gegessen hatten – oder trog mich meine Erinnerung so sehr?

»Nein, nein, es gab sie – sie waren goldbraun, viel größer als

die da und hatten außerdem keine Haare«, erklärte er. »Aber von dieser essbaren Sorte gibt es in Karko kaum noch welche.«
»Warum nicht?«
»Als einer der *kujurs* fortging, verschwanden sie plötzlich. Der *kujur* war auf wilde Tiere spezialisiert. Vermutlich hat er sie mitgenommen.«
Damien kehrte mit seiner Waffe zurück und forderte uns auf, ein Stück zurückzutreten. Inzwischen war meine restliche Familie dazugekommen.
»Vorsicht«, rief mein Vater, als Damien sich dem Baum näherte.
Damien kauerte sich vor die Raupen und zündete das Spray mit seinem Feuerzeug an. Sofort wurde das Ekelgetier von einer Stichflamme eingehüllt. Knisternd verbrannten die Haare, eine stechende Rauchwolke stieg auf, und die Raupen fielen zu Boden, wo sie in einem zappelnden Klumpen liegen blieben.
Mein Vater betrachtete erstaunt den Flammenwerfer. »Mein Gott, das ist ja wie Zauberei.«

Nach dem Raupendrama ging mein Vater in den Busch, um sich ein paar Zahnstocher zu schneiden. Seiner Ansicht nach wirkte das Kauen an einem solchen Stöckchen genauso gut wie eine Zahnbürste und Zahnpasta. Er bevorzugte diese Methode sogar, weil sie auch die Zahnzwischenräume reinigte. Während meine Mutter, meine Schwester und ich die Hütte aufräumten, fegte mein Vater den Vorplatz mit einem improvisierten Reisigbesen.
»Der Hof ist ein Sauhaufen«, schimpfte er. »Achtet denn niemand hier auf Sauberkeit?«
Mit Feuereifer kehrte er weiter und beförderte Staub und welkes Laub in den Busch. Dann verkündete meine Schwester, sie habe einen riesigen Berg Wäsche zu waschen, weil die Sachen

unterwegs schmutzig geworden seien. Sie nahm eine Plastikschüssel, füllte sie mit Wasser aus dem Ölfass und fügte ein wenig von dem mitgebrachten Seifenpulver hinzu. Ich setzte mich mit ihr und meiner Mutter vor die Hütte.

»Lass mich das Waschen erledigen«, erbot ich mich. »Ich habe schon eine Ewigkeit nicht mehr mit der Hand gewaschen.«

»Auf gar keinen Fall«, entgegnete meine Schwester. »Du warst lange in *bilabara*. Deine Hände sind viel zu weich geworden.«

Ich lachte. »Ich beweise dir gern das Gegenteil. Du wirst schon sehen.«

Wie ich es genoss, ein kleines Stück Alltag mit meiner Familie zu erleben …

Shokan wollte gerade nachgeben, als mein Vater uns unterbrach. »Mende, weißt du vielleicht, wo der Tee ist?«

»Seit wann trinkst du denn so viel Tee?«, erkundigte ich mich.

»Er ist nicht für mich, sondern für die *ingles*. Es ist doch allgemein bekannt, dass die *ingles* morgens ihren Tee brauchen.«

Mein Vater erstaunte mich immer wieder. »Ich bin hier auch nur Gast, *ba*«, erwiderte ich. »Aber ich gehe mal nachschauen.«

Als ich mich in der Küche bei Hannan erkundigte, sagte sie, der Tee werde gleich fertig sein. Außerdem würde es zum Frühstück *mendazi* – süße Krapfen – geben. Erst als alles auf einem Tablett vor »Corba und den anderen *khawajas*« stand, war mein Vater, der sich tatsächlich als Gastgeber fühlte, zufrieden.

Nach dem Frühstück verkündete ich, ich würde jetzt duschen.

Alle sahen mich an, als hätte ich den Verstand verloren. »Duschen? Jetzt?«

»Natürlich«, erwiderte ich. »Bevor es hier von Besuchern nur so wimmelt und ich keine Zeit mehr habe.«

»Mende will duschen«, rief mein Vater meiner Mutter zu. »Sag ihr, sie soll es lassen.«

Gleich gehe ich duschen

»Nein, Mende, nein«, entsetzte sich meine Mutter. »Das Wasser ist viel zu kalt! Du wirst sicher krank.«
Lachend gab ich zurück, dass ich inzwischen auch Minusgrade überlebt hatte, schöpfte einen Eimer Wasser aus dem Ölfass und schleppte ihn zu der Duschkabine aus Beton, die neben den Toiletten stand. Das Wasser war so früh am Morgen noch sehr erfrischend. Meine Familie würde sicher bis zum späten Nachmittag warten, wenn die Sonne es auf eine lauwarme Temperatur gebracht hatte.

Als ich gerade mit dem Anziehen fertig war, hörte ich draußen Radau. Ich wusste sofort, dass mein Vater dafür verantwortlich war, und fragte mich, was er wohl jetzt schon wieder anstellte.
Zu meinem Erstaunen entdeckte ich, dass er vor der Hütte auf dem Boden kauerte, in der einen Hand einen langen Stock und

Mein Vater attackiert mit Stock, Pappe und Stein

ein Stück dicke Pappe, in der anderen einen großen Stein. Er machte einen Satz vorwärts, drehte sich um die eigene Achse, wandte sich um und täuschte einen Angriff vor. Dabei sprang er so geschmeidig hin und her wie ein junger Mann. Während er wieder einen Satz vorwärts vollführte, sah ich Damien am anderen Ende des Hofs stehen. Mein Vater tat, als wolle er ihn angreifen.

»Was hat er denn jetzt vor?«, fragte ich verdattert.

Meine Mutter schüttelte nur den Kopf und blickte nicht einmal auf. »Na, du kennst doch deinen Vater.«

Shokan lachte. »Mende, es ist mit ihm noch immer wie im Kino. Man weiß nie, was als nächstes kommt.«

Wir näherten uns, um uns die Sache anzuschauen. Mein Vater verzerrte in gespielter Wut das Gesicht und startete, Stock, Pappschild und Stein gezückt, den nächsten Angriff. Damien betätigte die Kamera. Nach einigen weiteren Schein-

Meine Familie mit der englischen und der deutschen Ausgabe meines Buches Sklavin

attacken ließ mein Vater alles fallen und fing laut zu lachen an.

»Was sollte das gerade, *ba*? Willst du unsere Gäste vergraulen?«, fragte ich.

Er grinste. »Ich habe ihnen nur gezeigt, wie ich früher in meiner Jugend gekämpft habe. Aber das ist schon lange her.«

»Du hast wirklich gegen die *khawajas* gekämpft?«, wollte Damien wissen.

»Nein, diese Kriege fanden zur Zeit meiner Vorfahren statt. Aber gegen die Araber haben wir uns so zur Wehr gesetzt. Wir hatten nur Speere, Schilde und Steine, während sie Schwerter und Gewehre besaßen. Aber die Nuba haben das mit ihrem Mut wettgemacht.«

Wir setzten uns auf die große Bastmatte, die meine Mutter vor der Hütte ausgebreitet hatte. Dann zeigte ich meinem Vater die mitgebrachten Ausgaben meines ersten Buches. Da niemand in meiner Familie Englisch, geschweige denn Deutsch lesen konnte, sahen sie sich hauptsächlich die Bilder an, die mich in London zeigten. Auf einigen waren auch Nuba zu sehen.

»Was machst du denn da auf dem Boden?«, fragte mein Vater und betrachtete ein Foto, auf dem ich gerade auf einem Kiesweg kniete.

»Dreimal darfst du raten, was ich mit diesen Steinchen vorhabe.«

Mein Vater schmunzelte. »Natürlich! Du willst *kak* spielen!«

Ich lachte. *Kak* war ein Steinspiel, mit dem wir uns im Dorf die Zeit vertrieben hatten. Dabei wirft man einen Stein hoch, hebt einen anderen vom Boden auf und fängt dann den ersten Stein aus der Luft, und zwar alles mit einer Hand. Dasselbe wiederholt man mit zwei Steinen, anschließend mit dreien, und so weiter und so fort.

Mein Vater wies auf ein Foto, das mich vor dem britischen Parlament zeigte. »Wo ist das? Das Gebäude sieht aus wie eine Moschee. Willst du dort beten?«

Ich lächelte. »Der Vergleich mit der Moschee passt. Allerdings ist es keine, sondern der Sitz der britischen Regierung.«

Mein Vater betrachtete das Foto noch einmal und gab ein beifälliges Brummen von sich. »Mein Großvater hat mir erzählt, wie die Briten in unser Land kamen, und auch von den Kriegen, die darauf folgten«, meinte er. »Frag Corba, ob er die Geschichte hören will.«

Damien bejahte, und mein Vater machte sich bereit.

»Die Weißen kamen zur Zeit der Ahnen meiner Ahnen vom Norden her in den Sudan«, begann er. »Sie töteten Sultan Ali Dinar, den arabischen Häuptling in dieser Gegend, und rückten dann weiter in Richtung der Nubaberge vor. Als sie Karko erreichten, beschloss unser Stamm, sie nicht zu bekämpfen. Stattdessen hießen wir sie in unserem Land willkommen.«

»Warum?«, wollte ich neugierig wissen. Diese spannende Geschichte kannte ich auch noch nicht.

»Weil die *ingles* Sultan Ali Dinar umgebracht hatten, den Erzfeind der Nuba, gegen den wir uns schon seit vielen Jahren auflehnten. Sicher hast du schon einmal den Spruch ›Der Feind meines Feindes ist mein Freund‹ gehört. Und deshalb freuten wir uns, die *ingles* zu sehen.«

»Aha! Und was geschah dann?«

»Wir veranstalteten ihnen zu Ehren ein großes Mahl. Anschließend marschierte der Anführer der *ingles* mit einer Abordnung einiger der besten Krieger aus Karko nach Dilling. Kurz bevor sie dort ankamen, begegneten sie Häuptling Ajabna, dem Führer eines Nubastammes namens Nunghi. Häuptling Ajabna schlug vor, die Fremden mit einem großen Fest und Spielen zu begrüßen. Die Nuba rangen und tanzten für die *ingles,* und auch der Anführer machte mit. Doch plötzlich wurde er von den Kriegern der Nunghi angegriffen und tödlich verwundet.

Natürlich waren die Krieger der Karko zornig, weil ihr Ehrengast verletzt worden war, und ein Kampf brach los – die Karko-Nuba und die Briten auf der einen, die Nunghi auf der anderen Seite. Das war der Auftakt des fünfjährigen Krieges, den einige Nubastämme gegen die *khawajas* führten. Zu guter Letzt töteten die Briten alle Häuptlinge, worauf die Kämpfe im Nubagebiet endeten. Danach rückten die *ingles* weiter nach Süden vor und eroberten den gesamten Sudan.«

»Und was wurde aus dem Anführer der *ingles?«,* erkundigte ich mich.

»Ach, jetzt kommt der beste Teil der Geschichte. Vor seinem Tod schrieb er nämlich noch einen Brief, in dem stand, dass die Karko-Nuba wahre Freunde der *ingles* seien. Deshalb müsse man uns unterstützen und uns zu offiziellen Verbündeten erklären. Zum Lohn für unsere Treue sollten alle Oberhäuptlinge von nun an aus dem Stamm der Karko kom-

men. Und deshalb wurde, nachdem die *ingles* den Krieg gewonnen hatten, das ganze Gebiet unter die Herrschaft der Karko-Häuptlinge gestellt. Danach war alles ruhig und friedlich in den Nubabergen, und alle Menschen waren gleichberechtigt.
Irgendwann baten die *khawajas*, einige Kinder der Karko mit sich nehmen und zur Schule schicken zu dürfen. Nach der Ausbildung wollten sie sie wieder zurückbringen; sie versprachen, dass es nur zu unserem Vorteil sein würde. Also fragten die Karko den *kujur* um Rat. Doch als die Geister der Ahnen über ihn kamen, sah er, dass etwas Schreckliches geschehen würde, wenn sie die Kinder fortgehen ließen. Und so weigerten sie sich, und keines der Kinder besuchte eine Schule.«
Als mein Vater zu Ende erzählt hatte, wurde ich nachdenklich. Seit unserer Ankunft hatte ich viele Klagen gehört, die Engländer hätten die Araber in Sachen Bildung und Wirtschaft bevorzugt. Das hier warf jedoch ein etwas anderes Licht auf die Sache. Wenn die Nuba es abgelehnt hatten, ihren Kindern eine Schulbildung zu ermöglichen, hatten sie sich einen Teil der späteren Schwierigkeiten vielleicht selbst zuzuschreiben. Andererseits konnte es niemand den Eltern verdenken, dass sie ihre Kinder nicht in fremde Hände geben wollten, weshalb ich Verständnis für die Entscheidung hatte. Möglicherweise hatte der *kujur* ja recht gehabt. Warum waren die Briten eigentlich nicht auf den Gedanken gekommen, eine Schule vor Ort in Karko zu bauen? Damit wären nämlich alle Probleme auf einen Schlag gelöst gewesen.

Nach dem Mittagessen erschien Kuku Khadia, um meine Familie zu begrüßen. Er stellte sich vor, indem er zuerst seinen Namen nannte und dann seinen Familienstammbaum herunterbetete – Sohn des Soundso, Bruder des Soundso, Onkel des Soundso. Seine Ausführungen schloss er mit einer kurzen Auflistung seiner Ahnen. Mein Vater folgte seinem Beispiel,

und so zog sich die Begrüßungszeremonie, an der sich meine ganze Familie beteiligte, eine Weile hin.
Mein Vater sagte zu Kuku, er sei sehr froh, mich wieder in den Nubabergen zu haben. Außerdem freue er sich auch über den Besuch meiner *khawaja*-Freunde. Zu *khawaja*-Zeiten sei alles viel besser gewesen, die Menschen hätten Gleichberechtigung genossen und einander geachtet. Allerdings hätten die Weißen bei ihrem Abzug aus dem Sudan einen Trümmerhaufen hinterlassen, den die Nuba nun beseitigen müssten.
»*Mailesh*«, meinte Damien, nachdem ich übersetzt hatte. »Was heißt denn eigentlich auf Nuba ›Es tut mir leid‹? Ich benutze immer das arabische Wort.«
Mein Vater überlegte kurz. »Ich glaube, es gibt keins. Wir sagen es einfach auf Arabisch.«
»Bald wird unsere Nubasprache ausgestorben sein«, merkte meine Mutter traurig an. »Schon jetzt mischen die kleinen Kinder Nuba und Arabisch durcheinander und vergessen dabei ihre Muttersprache.«
Ich schüttelte bedrückt den Kopf. Warum übernahmen wir die Sprache unserer Unterdrücker?

Während meine Eltern mit Kuku plauderten, kam Shwaya, um mit mir über die Begrüßungsfeier für meine Eltern zu reden. Es würden viele Gäste erwartet, weshalb alles bis ins letzte Detail geplant werden müsse. Ich erkundigte mich, was genau sie damit meinte. Nun, ein Schaf sei eindeutig zu wenig für alle. Wir würden überhaupt viel mehr Lebensmittel brauchen: Zwiebeln, Brot, Gewürze, Cola, Fanta und andere Getränke. Zudem zusätzliche Tische und Stühle, da mit hundert Gästen zu rechnen sei.
Ich verstand die Welt nicht mehr. Eigentlich hatte ich doch nur die Ankunft meiner Eltern feiern wollen – mit Youssef, Kuku Khadia, Shwaya und vielleicht noch ein paar anderen. Was also sollte das Gerede von hundert Gästen? Und wer würde das

viele Essen und die Getränke bezahlen? Schließlich war das Leben hier ziemlich teuer. Nach dem jahrzehntelangen Krieg war Vieh Mangelware, und die Anwesenheit so vieler UN-Soldaten und Polizisten – alles wohlhabende Ausländer – hatte die Fleischpreise zusätzlich in die Höhe getrieben. Für ein einziges Schaf hatte ich 24.000 sudanesische Dinar – etwa einhundertzwanzig amerikanische Dollar – hingeblättert.
»Warum so viele Gäste?«, fragte ich Shwaya.
»Nun, die Leute haben alle von dir gehört und wollen dich kennenlernen. Außerdem sind einige davon Mitglieder von MORDAR und wären deshalb ohnehin gekommen.«
Ich begriff immer noch nicht ganz und hatte den Eindruck, dass man mir etwas verheimlichte. Kurz überlegte ich, ob ich Damien rufen sollte. Er würde sich Shwaya sicher vorknöpfen und ihr mit der *khawaja*-typischen Direktheit die ganze Wahrheit entlocken. Von mir, einer Nuba, erwartete man mehr Höflichkeit. Aber ich wollte Damien nicht damit belasten. Und so stimmte ich Shwayas Vorschlägen ein weiteres Mal widerwillig zu.

Am Nachmittag fuhr Awad mit dem Landrover vor, um die für die Gäste benötigten Stühle, Kochtöpfe und Teller zu holen. Meine Mutter und meine Schwester beschlossen sich auszuruhen, doch ich fühlte mich verpflichtet, mitzufahren und Awad zu helfen. Auch mein Vater, Babo und Damien wollten uns begleiten. Hannah, Hagen und Mariella waren losgezogen, um Aufnahmen am Flugplatz von Kauda und in der Stadt zu machen. Als wir gerade aufbrechen wollten, erschien Youssef und fragte, ob wir noch einen Platz für ihn hätten.
Wir fuhren nach Westen in Richtung Berge. Die holprige Straße führte durch eine mit goldgelbem Gras bewachsene Ebene, aus der hin und wieder eine Akazie ragte. Als wir die Hügelausläufer erreichten, wurde die Straße steiler und steiniger und musste sich zwischen riesigen Felsbrocken hin-

durchschlängeln. Das Auto keuchte und ratterte. Links von uns ging es viele Meter bergab in die Tiefe. Plötzlich geriet der Landrover beim Versuch, einem großen Stein auszuweichen, ins Schlingern und rutschte in Richtung Abgrund.

»O mein Gott!«, überschrie ich das Motorengeräusch. »Awad, willst du uns umbringen? Ich hatte doch noch kaum Zeit mit meiner Familie.«

Alle lachten. »Es ist so schön hier«, fügte ich hinzu. »Die grünen Berge und die hohen Bäume. Fast wie bei uns zu Hause.«

»Wo ist mein Tabak?«, fragte mein Vater plötzlich, ohne auf meine Begeisterung einzugehen, und wühlte im Handschuhfach.

»*Ba*, ich habe gerade von der idyllischen Landschaft gesprochen. Und du denkst nur an deinen Kautabak!«, empörte ich mich.

»Wo ist er?«, beharrte er. »Ich fahre nie ohne Tabak weg. Wer weiß, wie lange wir unterwegs sein werden.«

Ich antwortete nicht. Wenn mein Vater nicht auf die Landschaft achtete, konnte mir seine Tabaksucht ebenfalls gleichgültig sein.

»Schau dir die Hochhäuser an«, meinte Youssef und zeigte auf einige Lehmhütten, die im Kreis auf einem Gipfel standen. »Das sind Nuba-Wolkenkratzer, Mende.«

Ich schmunzelte. »Kommst du morgen zu der Feier? Es wäre nett, wenn du etwas früher da wärst. Ich mache mir nämlich Sorgen. Es gibt so viel zu organisieren.«

»Ich werde es versuchen«, erwiderte Youssef. »Aber keine Angst, es wird schon gutgehen.«

Wir erreichten einen Pass zwischen zwei Bergen und quälten uns im Schritttempo darüber. Vor uns lag ein von geschwungenen Hügeln gesäumtes großes Tal. Rings um die Gipfel drängten sich Gruppen von Lehmhütten, jede davon das

Anwesen einer Familie. Mich erinnerte die Szenerie stark an zu Hause, wo die kleinen Familiengruppen in Rufweite zu ihren Nachbarn lebten. Hier war es ganz anders als in der sengend heißen Ebene. Auch die Luft war kühler und frischer, und von den Hügeln wehte eine sanfte Brise heran. Sofort fühlte ich mich wie befreit und viel wohler.

Der Landrover fuhr ächzend und klappernd den Pfad hinunter und wurde dabei immer schneller. Zu beiden Seiten der Straße sah ich kleine Felder. Selbst die steilsten Hänge waren in stufenförmige Terrassen unterteilt, die von Steinmauern zusammengehalten wurden. Zwei gewaltige Baobab-Bäume ragten links und rechts von der Straße auf.

Am Grunde des Tals kamen wir zu einem steinigen Flussbett. Wegen der Regenfälle kürzlich führte es Wasser, das in der Nachmittagssonne funkelte und glitzerte. Mädchen, die gerade Wasser holten, machten uns Platz, damit wir uns keuchend das andere Ufer hinaufquälen konnten. Wir kamen an Gruppen junger Frauen vorbei, die viel zu schwer wirkende Kanister auf dem Kopf trugen. So hatte ich als Kind auch Wasser geholt, allerdings mit einem Tonkrug. Andere Frauen transportierten riesige schwankende Brennholzbündel auf dem Kopf. Wir fuhren durch das erste Dorf, wo am Straßenrand Kochfeuer brannten. Davor kauerten wiederum Frauen und bereiteten, umringt von ihren Kindern, das Abendessen zu.

Mir fiel auf, dass ich nirgendwo Männer bei der Arbeit sah. Wo mochten sie bloß stecken? Womit beschäftigten sie sich den ganzen Tag? Offenbar holten sie weder Wasser noch Brennholz, kochten nicht und kümmerten sich auch nicht um die Kinder. Aber was gab es hier auf dem Land sonst zu tun? Feldarbeit vielleicht? Doch auch beim Umgraben und Pflanzen erkannte ich überall nur Frauen. Was also machten sie dann? Gingen sie möglicherweise auf die Jagd? Oder kämpften sie? Der Krieg war allerdings vorbei, und es herrschte Frieden. Als ich nun gründlicher Ausschau hielt, entdeckte ich einige

Männergruppen, die unter den Bäumen saßen, Tee tranken, Karten spielten und Witze rissen. Wie schön für sie.

»Schaut, da ist ein Markt!«, verkündete mein Vater und deutete aus dem Fenster. »Lasst uns anhalten, damit ich Tabak kaufen kann.«

»Ein Stück weiter gibt es noch einen größeren«, erwiderte Youssef. »Da wirst du mehr Glück haben.«

»So lange kann ich nicht warten«, protestierte mein Vater. »Warum gönnt ihr mir meinen Tabak nicht?«

Grinsend warf ich Youssef einen Blick zu. Wenn mein Vater auf seinen Tabak verzichten musste, konnte er ziemlich knurrig werden. Fünf Minuten später erreichten wir den zweiten Markt und hielten an. Mein Vater sprang aus dem Wagen, marschierte los und zog an einigen Buden Erkundigungen ein. Als er kurz darauf zurückkehrte, war seine Miene noch mürrischer geworden. Er nahm auf dem Vordersitz Platz und starrte missmutig schweigend aus dem Fenster.

»Hast du dir Tabak besorgt?«, erkundigte ich mich nach einer Weile.

Er schnaubte verächtlich. »Es gab keinen. Auf dem ersten Markt hätte ich bestimmt welchen bekommen. Aber ihr wolltet ja nicht anhalten. Und was jetzt?«

»*Ba*, es tut mir leid«, erwiderte ich und verkniff mir ein Lachen. »Auf dem nächsten Markt helfen wir dir, welchen zu finden.«

Wir fuhren weiter in die Hügel hinein. Mein Vater saß schmollend vorne zwischen Damien und Awad. Zum Glück hatte Damien kein Wort von der Tabakdebatte verstanden und ahnte deshalb nicht, weshalb mein Vater schlechte Laune hatte.

Nach einer scharfen Linkskurve stieg die Straße plötzlich noch steiler an. Verzweifelt gab Awad Gas, doch nachdem der Landrover noch ein kurzes Stück bergauf geruckelt war, blieb er keuchend und schnaufend stehen. Im nächsten Moment fingen wir an, rückwärts zu rollen, und ich stellte fest, dass mein

Vater allmählich in Panik geriet. Auch ich bekam es mit der Angst zu tun, versuchte aber, mir nichts anmerken zu lassen.
»Awad, pass auf!«, rief mein Vater.
Ich wusste, dass mein Vater am liebsten aus dem Wagen gesprungen wäre, der mit dem Heck voran über das lose Geröll schlidderte. Allerdings war er zwischen Damien und Awad eingeklemmt. Als Awad einen Hebel nach vorne drückte, kam der Landrover ruckartig zum Stehen und arbeitete sich dann mit aufheulendem Motor wieder langsam bergauf. Im Schritttempo setzten wir unseren Weg fort und erreichten endlich eine Gruppe von Lehmhütten.
»Seht ihr, was für ein guter Autofahrer Awad ist«, verkündete mein Vater. »Ohne ihn hätten wir es sicher nie nach Kauda geschafft.«
Ein Schild verkündete, dass wir vor dem MORDAR-Büro für das Gebiet Lwere standen. Leute kamen heraus, die allgegenwärtigen Gartenstühle aus Plastik wurden zusammengerückt, und man forderte uns auf, uns in den Schatten zu setzen. Wir befanden uns auf dem Gipfel eines kegelförmigen, auf allen Seiten von höheren Bergen umgebenen Hügels, der Aussicht auf das Tal bot. Von den umliegenden Hängen hallte geschäftiges Treiben zu uns herüber: Gelächter, Kindergeschrei, das Gackern von Hühnern, das Wiehern von Eseln und Hundegebell. In der Ferne keuchte ein Auto den Berg hinauf. Eine Fahrradglocke schellte. Man konnte die Gespräche in den Hütten auf dem Nachbarhügel beinahe mithören.
Es war eine idyllische Szene, die mich rasch in ihren Bann zog. Wir saßen da, tranken Wasser und plauderten mit den Menschen, die uns begrüßten. Einer war ein junger ehemaliger Soldat, der inzwischen für MORDAR arbeitete. Sein Name war Kisi, was in der Nubasprache »vierter Sohn« bedeutet. Er wies hinunter ins Tal, wo eine Reihe quadratischer Gebäude an einen großen Hof angrenzte. In der Mitte dieses Hofes stand ein Fahnenmast, an dem eine Flagge im Wind wehte.

»Seht ihr das?«, sagte Kisi. »Das ist das militärische Oberkommando. Und kennt ihr die Flagge?«
»Es ist die sudanesische, oder?«, erwiderte ich.
Er lächelte. »Stimmt. Aber welche?«
»Die Flagge des neuen Sudan und des Widerstandes der Nuba«, rief mein Vater aus, bevor ich etwas erwidern konnte.
Kisi nickte. »Richtig. Es ist unsere Flagge.«
»Kennt ihr die Geschichte?«, fragte mein Vater und sprach weiter, ohne uns Gelegenheit zu einer Antwort zu geben. »Als die Briten kamen, entwarfen sie eine Flagge für den ganzen Sudan. Sie hatte oben einen schwarzen Streifen, um zu zeigen, dass die Schwarzen im Sudan die Mehrheit bilden und dass es ihr Land ist. Der grüne Streifen stand für die fruchtbare Erde, und der rote Streifen ganz unten symbolisierte die arabischen Neuankömmlinge. Doch als die Araber die Macht ergriffen, drehten sie die Flagge einfach um, so dass der rote Streifen oben und der schwarze unten war. Jetzt haben wir sie wieder umgedreht, damit sie richtig herum hängt.«

Nach einer Weile erschien ein junges Nubamädchen und stellte sich mir vor. Sie hieß Nigda und hatte eine viel dunklere Haut als ich, so schwarz, dass sie beinahe bläulich schimmerte. Nigda war eine wirkliche Schönheit und hielt sich stolz und aufrecht. Sie erklärte uns, dass sie unsere Hilfe brauchte. Eine Frau sei schwer erkrankt. Ob wir wohl so gut sein könnten, sie ins Krankenhaus zu fahren? Unten im Tal gebe es eine von deutschen Ärzten geführte Klinik.
Natürlich waren wir sofort einverstanden. Wir sprangen in den Landrover und hatten den halben Hügel schon hinter uns, als ich bemerkte, dass jemand fehlte.
»Wo ist Damien?«, fragte ich.
Zuletzt hatte ich ihn oben auf dem Hügel im Gespräch mit Kisi gesehen. Offenbar hatten wir ihn vergessen, aber da er ohne Auto nirgendwohin konnte, war es das Beste, ihn ab-

zuholen, nachdem wir die kranke Frau abgeliefert hatten. Als wir am Krankenhaus ankamen, wurde die Frau rasch auf einer Trage ins Gebäude gebracht. Awad wollte sich schon auf den Rückweg machen, aber mein Vater hinderte ihn daran.

»Fahr rasch dort hinten zum Markt, damit ich mir Tabak besorgen kann«, sagte er.

Awad blickte zwischen mir und meinem Vater hin und her. Ich verdrehte die Augen. Wenn mein Vater auf Tabakjagd war, gab es für ihn kein Halten. Doch auch auf diesem Markt war nichts zu bekommen. Eigentlich rechnete ich damit, dass sich die Laune meines Vaters daraufhin noch mehr verdüstern würde, aber er machte gute Miene zum bösen Spiel.

Bei unserer Rückkehr saß Damien noch am selben Platz. Er rief mich zu sich.

»Kisi hat mir einige interessante Geschichten erzählt«, verkündete er. Dann beugte er sich vor und zischte mir ins Ohr: »Wie könnt ihr einen Gast so behandeln? Fahrt einfach davon, ohne ein Wort zu sagen! Vielen Dank auch. Ich dachte schon, ihr wärt wieder nach Kauda zurückgekehrt, und habe schon mit Kisi über einen Schlafplatz gesprochen.«

»Wo liegt das Problem?«, entgegnete ich empört. »Du hast dich doch prima unterhalten. Wir waren nur kurz im Krankenhaus.«

»Ihr hättet mir wenigstens Bescheid geben können. Typisch sudanesisch, jeder tut einfach das, was ihm gerade einfällt.«

Mit einem verächtlichen Schnauben wandte Damien sich wieder an Kisi. »Kisi hat mir gerade seine Geschichte erzählt. Übrigens spricht er ausgezeichnet Englisch.«

Kisi stammte aus der Gegend von Kadugli, der Stadt, die meine Eltern auf der Fahrt nach Kauda hatten passieren müssen. Während seine Mutter sich jedoch nach Khartoum geflüchtet hatte, war Kisi mit seinem Vater nach Süden gegangen, um sich der SPLA anzuschließen. Mit zwölf Jahren war er Soldat geworden und hatte danach seine Eltern vierzehn Jahre lang nicht gesehen. Sein Vater war zwar auch bei der Armee, aber in einer weit entfernten Region stationiert gewesen. Als vor zwei Jahren der Friede kam, kehrte Kisi zurück und fand eine Stelle als MORDAR-Landwirtschaftskoordinator in seinem Heimatdorf.

Damien fragte Kisi, ob er verheiratet sei.

»Ich bin verlobt«, erwiderte dieser verlegen. »Vor zwei Jahren habe ich bei meinem ersten Besuch zu Hause ein Mädchen kennengelernt und mit ihren Eltern gesprochen. Ich hatte die Möglichkeit, bei ihr zu Hause ein wenig mit ihr zusammen zu sein. Das ist erlaubt, wenn man den Eltern mitteilt, dass man ihre Tochter heiraten will.«

Diese Sitte unterschied sich völlig von den Bräuchen in meinem Stamm, wo die Eltern ein Mädchen und einen Jungen schon in früher Kindheit miteinander verloben. »Wie alt ist sie?«, wollte ich von Kisi wissen.

Kisi lächelte. »Ich bin siebenundzwanzig, und sie ist süße sechzehn. Meine Familie hat mit ihrer den Brautpreis ausgehandelt. Wir haben uns auf vier Kühe, zwanzig Ziegen, einige Schweine und noch ein paar Dinge geeinigt.«

»Ein tolles System«, begeisterte sich Damien. »Das sollten wir in England auch einführen. Aber wie setzt man den Preis fest? Was macht ein Mädchen wertvoller als das andere? Die Schönheit?«

Kisi schüttelte den Kopf. »Nein, ganz und gar nicht. Zuerst wird überprüft, ob sie einen angenehmen Charakter hat und aus guter Familie stammt. Dann sehen wir uns die Bildung an: je gebildeter, desto höher der Brautpreis. Die Schönheit kommt erst zum Schluss.«

»Ich finde das seltsam«, erwiderte Damien. »Die Schönheit ist doch das Allerwichtigste.«

Kisi und ich lachten. »Achte nicht auf seine albernen Witze«,

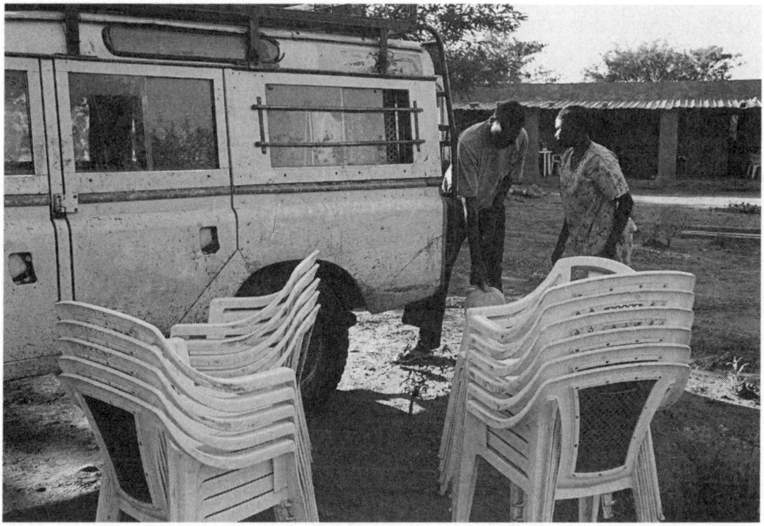

Die berühmten Plastikstühle

meinte ich. »Er meint dieses dumme Zeug nicht ernst. Und was macht eine Frau schön?«

Kisi überlegte kurz. »Nun, sie darf nicht zu dick sein. Oder zu groß. Oder zu klein. Eben genau richtig. So wie meine Zukünftige: schlank, anmutig wie eine Gazelle und einfach vollkommen.«

Ich grinste breit. »Das ist ja mein Name! Mende heißt in unserer Sprache ›Gazelle‹.«

Kisi musterte mich mit schalkhaft funkelnden Augen. »Tja, dazu kann ich mich nicht äußern. Schließlich bin ich ein verlobter Mann.«

»Und was passiert, wenn die Frau nicht will?«, fragte Damien. »Darf sie auch ablehnen?«

»Nun, in meinem Fall wusste ich bereits, dass sie mich mochte«, erwiderte Kisi. »Ansonsten würde man nicht mit ihren Eltern sprechen. Ich hatte sie ein paarmal getroffen und mich mit ihr unterhalten. Also konnte ich ziemlich sicher sein, dass sie einverstanden ist.«

Nigda kam, um uns mitzuteilen, die Stühle seien in den Landrover verladen, so dass wir jetzt abfahren könnten. Sie bedankte sich dafür, dass wir die kranke Frau in die Klinik gebracht hatten, und bat uns, sie nach Kauda mitzunehmen. Sie arbeitete für MORDAR und war eigentlich im dortigen Büro beschäftigt. Nachdem wir uns von Kisi verabschiedet hatten, gingen wir zum Landrover, auf dessen Dachträger sich Dutzende von Gartenstühlen aus weißem Plastik stapelten.

Wir fuhren den Hügel hinunter und hielten noch einmal am Marktplatz, wo mein Vater sich wieder auf die Suche nach Tabak machte. Da fragte uns Nigda aus heiterem Himmel, ob wir das Grab von Yousif Kuwa besuchen wollten, das sich ganz in der Nähe befand. Yousif Kuwa hatte bis zu seinem Tod im März 2001 als der Vater der Nubanation gegolten. Ich erwiderte, ich würde es mir gerne ansehen.
»Dann folgt mir«, forderte Nigda uns auf.
Sie ging voran einen Weg entlang, der vom Markt weg und einen Hügel hinauf führte. Für ein junges Nubamädchen war Nigda erfrischend direkt und temperamentvoll. Sie schob sich an den Soldaten vorbei, die hier offenbar Wache hielten, und fünf Minuten später erreichten wir ein Gebäude. Es wirkte nicht sonderlich ansehnlich und wäre in London vermutlich niemandem aufgefallen. Doch hier in den Nubabergen, wo es eigentlich kaum Steinhäuser gab, machte es einen ziemlich imposanten Eindruck.
Der steinerne Kuppelbau wurde von sechs kleineren, ebenfalls von einer Kuppel gekrönten Türmen umgeben und unterschied sich völlig von den Gebäuden, die ich kannte. Als einziger Vergleich fiel mir ein *dur*, ein traditioneller Getreidespeicher, ein. Ein *dur* hat ebenfalls ein Kuppeldach und die Form eines Turms. Allerdings besteht er aus Lehm und ist längst nicht so groß wie dieses Grabmal. Wir folgten Nigda zur Rückseite des Gebäudes, wo sich ein Eingang befand, der

Der Eingang zu Yousif Kuwas Grabstätte

geformt war wie ein riesiges Schlüsselloch. Zu beiden Seiten standen Statuen. Doch da sie mit Planen verhüllt waren, konnte ich nicht erkennen, was sie darstellten.

Nigda marschierte ins Gebäude und weckte die beiden Wachen, die uns gestatteten, einzutreten und dem Verstorbenen die letzte Ehre zu erweisen. Der seltsam geformte Eingang führte in ein kleines Vorzimmer. Ich zwängte mich durch einen zweiten schlüssellochförmigen Türbogen und fand mich in einer großen, beinahe stockdunklen Halle wieder. Nachdem meine Augen sich an die Lichtverhältnisse gewöhnt hatten, stellte ich fest, dass der Raum einer großen Nubahütte nachempfunden war. Das Dach bestand aus Holzbalken und getrocknetem Gras und wurde von hölzernen Säulen gestützt. Die Wände waren braun verputzt. Durch kleine Fenster hoch oben in der Wand fiel ein wenig Licht herein.

In der Mitte schließlich erhob sich ein gewaltiger Sarkophag aus grauem Beton, der mit Plastikblumen in allen erdenklichen Farben bedeckt war. Die Wände wurden von verschiedenen

Gemälden geschmückt. Eines zeigte eine nur mit Perlenketten bekleidete Nubafrau mit einem Wasserkrug auf dem Kopf, ein anderes einen nackten Mann beim Kühemelken und ein drittes einen Nubakrieger mit gehörntem Kopfschmuck und Perlenrock beim Tanzen. Im Grabmal herrschte eine unheimliche Stille. Als Damien fragte, ob er fotografieren dürfe, holte Nigda bei den Wachen die Erlaubnis ein.
Ich stellte mich vor Yousif Kuwas Sarkophag, um mich ablichten zu lassen. »Schade, dass du mein Buch nicht mehr lesen konntest. Es hätte dir vielleicht gefallen«, murmelte ich.

Auf der Rückfahrt nach Kauda schafften wir es dann tatsächlich, uns zu verirren. »Ach, keine Sorge«, erwiderte Nigda, als ich sie um Rat fragte. »Alle Wege führen nach Rom.«
»Woher hast du diesen Ausspruch?«, wollte ich wissen. »Auf Englisch benützt man ihn häufig.«
Nigda schmunzelte. »Auch wir benutzen ihn. Und Kauda muss heute eben als unser Rom herhalten. Ganz gleich, wie wir fahren, wir finden es. Ich kenne übrigens noch ein gutes Sprichwort, das stammt von hier: ›Wer einen Elefanten sieht, soll sich nicht vor seinem Schatten fürchten.‹ Das heißt, dass man Dinge, vor denen man Angst hat, direkt angehen muss. Wenn man sich schon vorher einschüchtern lässt, hat man verloren.«
Dieser Satz hatte für mich eine ganz besondere Bewandtnis. Ich hatte das stolze Gefühl, den Elefanten sozusagen bei den Stoßzähnen gepackt zu haben. Schließlich war ich nicht vor seinem Schatten geflohen, sondern hatte mich meinen Ängsten gestellt, indem ich mich offen gegen die Unterdrückung meines Volkes ausgesprochen hatte. Und mit meinen Äußerungen zu den Geschehnissen in Darfur hatte ich es wieder getan.
Während wir über den Pass und in die Ebene hineinfuhren, ging die Sonne unter. Ich beugte mich vor und fragte Damien,

Shokan,
meine Schwester

wie weit es noch bis Kauda sei, denn ich vermisste meine Mutter und meine Schwester bereits. Und als wir eine Stunde später im Hotel California ankamen, eilte ich sofort zu unserer Hütte, wo meine Mutter und Shokan im warmen Kerzenschein saßen.

»Mende, wir haben uns schrecklich gelangweilt«, verkündete meine Mutter, sobald sie mich bemerkte. »Du bist erst nach Dunkelwerden zurückgekommen. Wir haben so wenig gemeinsame Zeit hier. Wenn wir das gewusst hätten, hätten wir dich begleitet.«

Ich setzte mich aufs Bett. »Tut mir leid, *umi*, aber ich musste ein wenig für diese Feier organisieren. Ich hatte keine Ahnung, dass es so lange dauern würde.«

»Nun, wir haben unsere Zeit gut genutzt«, erwiderte meine Mutter lächelnd. »Shokan und ich haben ein Lied einstudiert, das wir bei der Feier singen wollen.«

»Singt es mir jetzt vor!«, rief ich aufgeregt. »Ich will sehen, wer von euch beiden noch mehr üben muss.«
»Bestimmt ich«, meint Shokan. »*Umi* ist sich ihrer Sache ganz sicher, aber ich kann es noch nicht richtig.«
»Also singt es mir vor, dann weiß ich mehr.«
Shokan lächelte schüchtern. »Gut, ich fange an.«
Shokans Lied erzählte die Geschichte des Wunders, wie ich nach all den vielen Jahren und einer langen Reise wieder zu meiner Familie zurückgekehrt war.

Nachts konnte ich nicht schlafen.
Am Nachmittag konnte ich nicht stillsitzen.
Denn ich habe gehofft,
Dass unsere Schwester nach Hause kommt.

Nachts in meinem Bett
Fragte ich Gott nach meiner Schwester.
Ich rief Mende, Mende, Mende.
Denn ich habe gehofft,
Dass unsere Schwester nach Hause kommt.

Ich sagte zu meinem Vater Imi Hussein,
Nimm dir ein Kissen und ruh dich aus.
Bald ist meine Schwester Mende da.
Denn ich habe gehofft,
Dass unsere Schwester nach Hause kommt.

Ich sagte zu meinem Onkel Foneshir,
Nimm dir ein Kissen und ruh dich aus.
Bald ist meine Schwester Mende da.
Denn ich habe gehofft,
Dass unsere Schwester nach Hause kommt

Ich sagte zu meinem Onkel Moussa,

Nimm dir ein Kissen und ruh dich aus.
Bald ist meine Schwester Mende da.
Denn ich habe gehofft,
Dass unsere Schwester nach Hause kommt.

Zainuba, Husseins Tochter.
Meine Schwester Mende.
Bald ist sie da.
Denn ich habe gehofft,
Dass unsere Schwester nach Hause kommt.

Hoch über Kauda
Fliegt ein Flugzeug durch die Luft
Und bringt meine Schwester Mende.
Denn ich habe gehofft,
Dass unsere Schwester nach Hause kommt.

Zainuba, Husseins Tochter.
Ich fasse es nicht.
Vor Freude verschlägt es mir den Atem.
Denn ich habe gehofft,
Dass unsere Schwester nach Hause kommt.

Meine Schwestern laufen herbei.
Und meine Mutter läuft herbei.
Wir alle weinen laut vor Glück.
Denn ich habe gehofft,
Dass unsere Schwester nach Hause kommt.

Alle nah und fern sollen es erfahren.
Alle unsere Brüder und Schwestern.
Mende, unsere Schwester ist da.
Denn ich habe gehofft,
Dass unsere Schwester nach Hause kommt.

Als Shokan bei der letzten Strophe angelangt war, weinte ich leise vor mich hin. Das Lied war sehr traurig, kündete aber auch von unendlich viel Liebe und Hoffnung. Außerdem hatte meine Schwester wunderschön gesungen. Ich hob den Kopf, betrachtete sie, während die Töne verklangen, und stellte fest, dass sie ebenfalls Tränen in den Augen hatte. Dann beugte ich mich vor und drückte sie so fest an mich, wie ich konnte.
»Dein Lied hat mir sehr, sehr gut gefallen«, sagte ich zu ihr. »Du musst es unbedingt für mich auf der Feier singen. Du brauchst keine Angst zu haben.«

Als Nächstes war meine Mutter an der Reihe. Nervös schaute sie zwischen Shokan und mir hin und her. »Jetzt bin ich dran. Aber ich weiß nicht, wie ich anfangen soll.«
»Sing es so, wie du es möchtest«, erwiderte ich.
»Das ist ein Lied für meine Tochter Mende Nazer«, begann sie leise. »Ich liebe meine Tochter Mende sehr, und ich habe nie aufgehört, sie zu lieben.
Grenzenlose Mutterliebe malte sich in ihrem Blick, als sie mich ansah und anfing, einen einfachen Rhythmus auf ihr Bein zu klopfen.

An alle Menschen im Sudan.
Mein Sohn Jabir, ich bitte dich.
Geh und such meine Tochter Mende.
Nur meine Geduld ist es, die mich trägt.
Muss finden meine Tochter Mende.

Mein Sohn Jacoub, ich bitte dich.
Geh und such meine Tochter Mende.
Nur meine Geduld ist es, die mich trägt.
Muss finden meine Tochter Mende.

Mein Sohn Teshir, ich bitte dich.
Geh und such meine Tochter Mende.
Nur meine Geduld ist es, die mich trägt.
Muss finden meine Tochter Mende.

In ihrem Lied forderte meine Mutter all unsere engen Verwandten – die sie, ganz gleich ob Cousins oder Neffen, als Sohn bezeichnete – auf, das ganze Land nach mir abzusuchen.

Ich sah ein Flugzeug hoch in der Luft
Und fragte mich, ob es mich wohl mitnimmt,
Zu suchen meine Tochter Mende.
Nur meine Geduld ist es, die mich trägt.
Muss finden meine Tochter Mende.

Ich bin verwirrt und weiß nicht weiter.
Ob es mich wohl hinbringen kann?
Nur meine Geduld ist es, die mich trägt.
Muss finden meine Tochter Mende.

Meine Mutter sang die immer wiederkehrende Melodie mit hoher schleppender Stimme, so dass ihr Lied an einen Zauberspruch erinnerte. Wie konnte ein Mensch eine so wunderschöne und sanfte Stimme haben, in der dennoch so viel Trauer und Leid mitschwangen?

Ich kannte diesen Ort in *bilabara* nicht,
Den man London in England nennt.
Als meine Tochter fort war,
Hörte ich das Wort zum ersten Mal.
Nur meine Geduld ist es, die mich trägt.
Muss finden meine Tochter Mende.

Alle Menschen im Sudan,
Mein Sohn Jabir, ich bitte dich.
Geh und such meine Tochter Mende.
Vater Imis Tochter.
Onkel Moussas Tochter.
Wo ist meine Tochter?
Wo ist meine kleine Mende?
Nur meine Geduld ist es, die mich trägt.
Muss finden meine Tochter Mende.

Die Geschichte, die sie in ihrem Lied erzählte, war so direkt und so schlicht und rührte mich so sehr, dass es mir einen Stich ins Herz versetzte. Während sich ihre Lippen singend im Takt bewegten, weinte ich bitterlich. Meine Mutter rezitierte die Worte, als hätte sie sie schon unzählige Male wiederholt.

Ich will zu meiner Tochter.
Ich will zu meiner Tochter.
Ich schicke ihr Wörter durch die Luft.
So etwas nennt man Telefon.
Aber meine Botschaft kommt nicht an.
Meine Tochter, Mende *kando*.
Nur meine Geduld ist es, die mich trägt.
Muss finden meine Tochter Mende.

Ich schicke eine Nachricht auf Papier.
Aber der Brief erreicht meine Tochter nicht.
Ich möchte so gern die Antwort sehen.
Und wissen, was meine Tochter mir schreibt.
Nur meine Geduld ist es, die mich trägt.
Muss finden meine Tochter Mende.

Beim Singen strömten auch meiner Mutter die Tränen übers Gesicht. Doch sie schien es gar nicht zu bemerken, denn sie war völlig in ihr Lied versunken und sang immer weiter, ohne innezuhalten, um sie abzuwischen.

Ich habe die Jahre gezählt
Und die Erinnerungen an meine Tochter gehütet.
Aber die Zeit verging.
Und es blieb der schreckliche Schmerz
Über unsere Trennung,
Den ich nicht in Worte fassen kann.
Nur meine Geduld ist es, die mich trägt.
Muss finden meine Tochter Mende.

Während meine Mutter ihren Schmerz heraussang, streckte ich die Hand aus und wischte ihr mit dem Daumen die Tränen von den Wangen. Sie nahm es kaum wahr, denn sie war wie hypnotisiert von ihrem Klagegesang, der die unvorstellbare Trauer einer Mutter schilderte.

Die Frauen in unserem Dorf kamen zu mir.
Die Frauen in unserem Dorf haben mir geholfen.
Sie haben meine Tränen getrocknet.
Tante Mareh sagte zu mir:
Hab Geduld, hab Geduld,
Hab Geduld und sei stark.
Tante Ijoh sagte zu mir:
Hab Geduld, hab Geduld,
Hab Geduld und sei stark.
Tante Mamah sagte zu mir:
Hab Geduld, hab Geduld,
Hab Geduld und sei stark.
Nur meine Geduld ist es, die mich trägt.
Muss finden meine Tochter Mende.

Während das wunderschöne traurige Lied durch unsere winzige Hütte hallte, wurde mir klar, dass es für meine Mutter eine Art Befreiung bedeutete und ihr die Möglichkeit gab, Leid und Schmerz endlich abzuschütteln. Heiße Tränen strömten mir über die Wangen, denn ich spürte, dass das Lied auf mich dieselbe Wirkung hatte: Meine Mutter versuchte, auch mein verwundetes Herz mit diesem Zauber zu heilen.

Hoffentlich sehe ich meine Tochter bald.
Sie lebt an einem Ort in *bilabara*.
Man nennt ihn London in England.
Ich hörte dieses Wort zum ersten Mal
Als Mende *kando*, meine Tochter, fort war.
Ein Flugzeug fliegt durch die Luft.
Ob es mich wohl mitnehmen kann?
Dorthin, wo meine Tochter lebt.
Nur meine Geduld ist es, die mich trägt.
Muss finden meine Tochter Mende.

Ich will hingehen, wo meine Tochter lebt.
Ich will hingehen, wo meine Tochter lebt.
Ich will hingehen, wo meine kleine Tochter lebt.
Ich träume davon hinzugehen, wo meine kleine Tochter lebt.
Nur meine Geduld ist es, die mich trägt.
Muss finden meine Tochter Mende.

Als die letzten Töne verklangen, wurde mir klar, dass meine Mutter mir damit etwas mitteilen wollte, was sich in Worten nur schwer ausdrücken ließ. Es war die lange Geschichte unserer Trennung – und der Hoffnung, die sie mit ihrer Suche aufrechterhalten hatte. Unzählige Fragen hatte ich auf dem Herzen gehabt und so vieles erfahren wollen. Aber nun hatte meine Mutter sie alle beantwortet: mit einem schlichten Lied,

das sie für mich, ihre Tochter, gedichtet hatte und das ihre Trauer, ihre innere Leere und ihren Schmerz beschrieb.
Kein Gespräch, keine Erklärung hätte mich auf diese Weise angerührt. Indem sie sich einer uralten Stammestradition bediente – nämlich, Geschichten in Liedern zu erzählen –, hatte meine Mutter unseren tragischen Leidensweg geschildert. Jedes einzelne Wort hatte mir etwas zugerufen und mich in tiefster Seele berührt.

11
Das Ziegen-Beschaffungskommando

Als ich am folgenden Morgen aufwachte, fand ich, dass es höchste Zeit war, meinen Eltern und meiner Schwester ihre Geschenke zu überreichen, und nahm deshalb die aus London mitgebrachten Schals aus meinem Koffer. Shokan spähte mir über die Schulter, griff nach dem löwenfellfarbenen Schal und musterte ihn im Licht der Morgensonne, das durch die Tür hereinströmte.

»Oh, Mende, er ist wunderschön!«, rief sie aus.

Meine Mutter betrachtete den Schal ebenfalls und hielt ihn sich an die dunkle Haut. »Ach, der würde mir auch gefallen. Außerdem habe ich nichts in dieser Farbe …«

Lachend fiel Shokan meiner Mutter um den Hals. »Dann nimm du ihn, *umi*. Er gehört dir. Richtig, Mende?«

Ich nickte glücklich und war froh, dass meine Geschenke so gut ankamen. Dann küsste ich meine Mutter auf die Wange. »Er steht dir wirklich ausgezeichnet.«

»Danke, dass du ihn *umi* gegeben hast«, meinte ich dann zu Shokan. »Du bist noch genauso großzügig wie damals in unserer Kindheit.«

Die ganze Nacht hatte ich eng angekuschelt an meine Mutter verbracht und mich warm und geborgen gefühlt. Doch mit der Morgensonne begann ein neuer Tag. Ich blieb noch eine Weile liegen und verglich die tatsächlichen Umstände, unter denen die Begegnung mit meiner Familie stattfand, mit meinen Wunschvorstellungen. Da keiner von uns hier zu

Hause war, kamen sich alle – meine *khawaja*-Freunde in den Nubabergen und meine Familie in Kauda – vor wie Gäste. Und so fühlte ich mich ständig verpflichtet, die Gastgeberin zu spielen und dafür zu sorgen, dass alle zu essen hatten, sich genug ausruhten und glücklich waren. Alle waren wir aus unserer normalen Situation herausgerissen, was es uns schwermachte, ein wenig Familienalltag zu leben. Und zu allem Überfluss hatte ich jetzt auch noch die Feier am Hals, die an diesem Abend stattfinden sollte und vor der mir schon ziemlich graute.

Am Vorabend hatte Shokan mich beiseite genommen, um im Schatten der Akazien unter vier Augen mit mir zu sprechen. Sie erzählte mir, meine Mutter sei sehr krank gewesen, habe mich aber nicht damit belasten wollen und es mir deshalb verschwiegen. Doch Shokan fand es wichtig, dass ich davon erfuhr.

»Sie war gelähmt, und die eine Körperhälfte fühlte sich ganz taub an. Da du uns Geld für die Behandlung geschickt hast, konnte sie verschiedene Ärzte aufsuchen. Doch es war alles vergeblich.«

»O mein Gott«, flüsterte ich. »Ich dachte, sie wäre wieder gesund.«

»Nein, aber du kennst ja *umi*. Sie will sich nicht wichtig machen.«

Shokan und ich entwickelten einen Plan, wie wir meine Mutter durch einen Trick dazu bringen konnten, sich noch einmal im Krankenhaus von Kauda einem Arzt vorzustellen. Dazu würde ich ankündigen, ich wolle meiner ganzen Familie eine Vorsorgeuntersuchung in einer Klinik spendieren. Obwohl sich meine Mutter allein bestimmt geweigert hätte, würde sie uns sicher begleiten wollen. Auf der anderen Seite des Flugplatzes gab es ein von einer Hilfsorganisation betriebenes Krankenhaus, wo man den Ursachen für ihre Symptome vielleicht auf den Grund kommen würde, ohne dass sie wusste, wie ihr geschah. Allerdings bedeutete das eine weitere Erledigung. Der Druck auf mich nahm ständig zu.

Während wir in der Hütte saßen und die Schals bewunderten, fühlte ich meiner Mutter die Stirn. »Du bist ja ganz heiß, *umi*. Ist dir nicht gut?«

Sie schüttelte den Kopf. »Heute Nacht war mir übel. Ich bin hinaus in den Busch gegangen.«

»Musstest du dich übergeben?«, fragte ich besorgt.

Meine Mutter nickte, und als ich mich nach ihren weiteren Symptomen erkundigte, hörte es sich ganz nach Malaria an. Ob sie sich womöglich unterwegs beim Übernachten im Busch die Krankheit eingefangen hatte? Ich machte mich auf die Suche nach Damien. Vielleicht hatte er ja Medikamente bei sich. Wieder einmal lag er in seiner Hängematte. Bei meinem Anblick hob er den Kopf.

»Ist etwas passiert? Du machst so ein Gesicht.«

»Damien, meine Mutter ist krank. Es könnte vielleicht Malaria sein. Hast du Medikamente dabei?«

»Ich schaue sie mir zuerst an. Wenn es nur eine Grippe ist, wäre es nicht gut, ihr Malariamittel zu geben, denn die sind ziemlich stark und können unangenehme Nebenwirkungen haben.«

Damien fühlte meiner Mutter die Stirn, stellte ihr ein paar einfache Fragen und kam zu dem Schluss, dass es Malaria, aber auch einfach nur eine Grippe sein konnte. Er schlug vor, ihr zuerst Paracetamol zu verabreichen und ihre Reaktion abzuwarten. Wenn die Symptome nachließen, sollte sie es weiter nehmen, wenn nicht, würde er ihr ein Malariamedikament geben. Meine Mutter schluckte das Paracetamol und legte sich hin.

»Ich fühle mich gestresst«, sagte ich zu Damien, als wir wieder draußen waren. »Irgendwie habe ich keine Chance, längere Zeit am Stück zur Ruhe zu kommen und mit meiner Familie allein zu sein.«

»Was meinst du damit?«, erwiderte er stirnrunzelnd.
Die Worte sprudelten nur so aus mir heraus. »Dass meine Mutter krank ist, liegt an der schrecklichen Reise und ist ganz allein meine Schuld. Eigentlich sollte ich meine ganze Familie ins Krankenhaus bringen. Aber da ist ja die dämliche Party heute Abend, zu der Hinz und Kunz eingeladen sind. Lauter fremde Leute, und dabei wollte ich nur mit meiner Familie und meinen Freunden feiern. Und anstatt mich mit ihnen zu beschäftigen, muss ich alles organisieren und die Gastgeberin machen. Ich habe keine Lust dazu. Ich will mich nur meiner Familie widmen!«
»Keine Sorge«, antwortete Damien. »Nach der Party verhängen wir eine Besuchersperre. Niemand kommt hier rein, wenn du es nicht willst. Kein Mensch soll dir mehr den Tag verplanen. Verbring deine Zeit mit deiner Familie. Und wenn das jemandem nicht passt, schick ihn zu mir, damit ich ihm auf meine bewährte fiese *khawaja*-Methode den Kopf zurechtrücke.«
»Aber die Leute kreuzen einfach unangemeldet hier auf. Wie sollen wir das verhindern?«
»Indem du mit deiner Familie in deiner Hütte bleibst, während ich allen mitteile, dass du gerade einem Filmteam ein wichtiges Interview gibst, das sicher noch stundenlang dauern wird. Damit müssten sie sich abwimmeln lassen.«
Ich nickte. Eine großartige Idee. So würde es sicher klappen, denn kein Nuba hätte je die Autorität eines Filminterviews in Frage gestellt – insbesondere dann nicht, wenn Ausländer im Spiel waren. Gefilmt zu werden war für die Leute hier etwas völlig Fremdes, vor dem sie Respekt hatten, während sie meinen Wunsch, mit meiner Familie allein zu sein, niemals begreifen würden. In unserer Kultur ist das Bedürfnis nach Privatsphäre schlicht und ergreifend kein triftiger Grund, um einen Gast abzuweisen.
»Wenn ich je wieder in den Sudan kommen kann, möchte ich

mit meiner Familie absolut ungestört sein. Was hältst du davon, wenn wir uns gleich in unserem Dorf treffen?«
»Das wäre vermutlich fatal«, entgegnete Damien. »Man würde dich sicher noch mehr vereinnahmen und überall herumreichen. So seltsam es auch klingen mag, hättest du wahrscheinlich nur in London die Ruhe, die du dir wünschst. In deiner Heimat wird man dir nie eine Pause gönnen.«
»Ich weiß nicht so recht. Daran habe ich noch gar nicht gedacht.« Kurz versuchte ich, mir meine Eltern in meiner kleinen Londoner Wohnung vorzustellen, und musste lächeln. »Das ginge allerdings nur im Sommer. Sonst wäre es zu kalt für sie, und sie säßen in meiner Wohnung fest wie im Gefängnis. Das würde mein Vater niemals ertragen. Du kennst ihn ja. Ihn zieht es immer nach draußen.«

Nach dem Frühstück machte ich mich auf die Suche nach den beiden Schafen, die ich bereits im Voraus bezahlt hatte. Ich hatte das Geld einem Mitarbeiter von MORDAR mitgegeben, der den Bauern kannte. Eigentlich hätten die Tiere schon am frühen Morgen geliefert werden müssen, denn das Küchenpersonal wartete darauf, mit den Essensvorbereitungen anfangen zu können. Aber es fehlte jede Spur von ihnen. Als ich Shwaya danach fragte, versprach sie mir, Erkundigungen einzuziehen.
Dann ging ich in die Küche, um nach dem restlichen Essen, dem Besteck und dem Geschirr zu sehen. Ich bat Hannan, schon einmal mit den übrigen Speisen – Zwiebeln, Reis, Linsen und Sorghum-Pfannkuchen – zu beginnen, damit wir zeitlich nicht ins Hintertreffen gerieten. Sie stimmte mir zu, man werde sich gleich an die Arbeit machen.
Als ich zur Hütte zurückkehrte, sah ich meine Mutter aus dem Busch taumeln.
Erschrocken lief ich zu ihr, um sie zu stützen. »O mein Gott, *umi*, was hast du?«

»Ich musste mich gerade wieder übergeben«, erwiderte sie leise.
Ich führte sie zurück in die Hütte und deckte sie gut zu, weil sie fror. »Ganz ruhig, *umi.* Du hast das Medikament ja gerade erst genommen. Versuch, ein bisschen zu schlafen.«
Meine Mutter legte sich hin und schloss die Augen, während ich mich neben sie setzte, ihr die Stirn streichelte und sie küsste. Da sie sich weder zu heiß noch zu kalt anfühlte, wirkte das Medikament offenbar schon. Ich strich ihr über das Haar, damit sie sich beruhigte und einschlief.
Sie lächelte schwach. »Mende, es geht mir schon viel besser. Mach dir keine Sorgen. Was ist mit den Schafen?«
»Sie sind noch nicht da, *umi.* Aber du darfst jetzt nur an deine Gesundheit denken.«
Nach einer Weile stand ich auf und kehrte zurück in die Küche, wo ich mir ein Eckchen suchte und drei Steine zu einer Kochstelle zusammenstellte. Nachdem ich trockenes Gras und ein wenig Reisig hineingelegt hatte, holte ich mir ein kleines Holzscheit aus einem der anderen Kochfeuer und schob es mit dem glühenden Ende zuerst unter das trockene Gras. Dann beugte ich mich vor und pustete in die Glut. Eine Qualmwolke stieg mir ins Gesicht, so dass ich hustend nach Luft schnappte. Meine Augen brannten, und Tränen liefen mir über die Wangen.
Nach Atem ringend, taumelte ich rückwärts. Wie lange war es her, dass ich zuletzt versucht hatte, auf diese Weise ein Feuer anzuzünden? Beim Überlegen wurde mir klar, dass heute eigentlich das erste Mal überhaupt war! Damals im Dorf war ich noch zu klein gewesen: Kinder durften kein Feuer machen, da sonst Gefahr drohte, dass sie vielleicht die Hütte in Brand steckten oder sich verletzten. Ich hatte meiner Mutter immer nur dabei zugesehen. Wahrscheinlich stellte ich mich deshalb so ungeschickt an.
Ich bemerkte, dass Hannan neben mich getreten war. Sie schob

mich sanft zur Seite, denn offenbar fand sie es an der Zeit, dass sich eine Expertin der Sache annahm. Sie griff nach dem glühenden Ast und schob ihn tiefer in die Kochstelle. Dann beugte sie sich vor, bis ihr Kopf beinahe den Boden berührte, und pustete kräftig durch eine Ritze zwischen zwei Steinen, so dass der Luftstrahl von unten auf das Feuer traf. Im nächsten Moment züngelten Flammen empor.

Hinter mir war ein Klicken zu hören. Ein Blitzlicht zuckte. Damien hatte ein Foto geschossen. »Man merkt, dass du zu lange nicht mehr in den Nubabergen warst«, hänselte er mich. »Deine Augen tränen, und deine schicken Londoner Klamotten sind voller Ruß. Und so was will eine Nuba sein! Inzwischen bist du durch und durch Großstädterin.«

»Das stimmt nicht«, protestierte ich, wobei ich mir ein Lachen verkneifen musste. »Hannan war nur so nett, mir zu helfen.«

Mit Hannans Hilfe kochte ich eine Schale dünne, leicht verdauliche und vitaminreiche Sorghumbrühe für meine Mutter. Auch meinem Vater brachte ich ein Schälchen. Meine Mutter zwang ich, die ganze Schale auszutrinken, obwohl sie keinen Appetit hatte. Auch mein Vater, stellte ich fest, wirkte müde und unruhig. Ständig lief er auf und ab und wurde immer nervöser. Die Sorge, weil die Schafe immer noch nicht da waren, stand ihm ins Gesicht geschrieben.

»Wo sind sie bloß?«, fragte er immer wieder. »Es ist schon fast Mittag. Was machen wir ohne Fleisch, wenn die Gäste kommen?«

Ich zuckte die Achseln. »Keine Ahnung, *ba*. Ich habe sie schon bezahlt, und sie hätten längst geliefert werden müssen. Was soll ich sonst noch tun?«

Eine Stunde später erhielt ich zwei widersprüchliche Erklärungen dafür, warum die Schafe noch immer durch Abwesenheit glänzten: Shwaya teilte mir mit, sie habe jemanden zum Schafhirten geschickt, doch der sei gerade auf der Weide gewesen, um die beiden Schafe zu holen. Die zweite Begründung lautete, der Hirte sei krank und habe sich deshalb verspätet. Inzwischen war es zwei Uhr, die ersten Gäste wurden gegen vier erwartet. Selbst wenn der Hirte innerhalb der nächsten fünf Minuten eintrudelte, würde die Zeit nicht mehr reichen, um die Schafe zu schlachten, zu zerlegen und zu braten.

»Weiß jemand, wo der Hirte wohnt?«, fragte Babo, um eine praktische Lösung bemüht. »Wenn ja, kann ich ihm ja einen Besuch abstatten.«

»Keine Ahnung, Babo«, erwiderte ich. »Ich war noch nie dort. Außerdem haben sie ja schon jemanden hingeschickt. Der Hirte ist entweder verschwunden oder krank. So lauten wenigstens die beiden Versionen.«

»Und was machen wir jetzt?«, seufzte Babo entnervt.

Wieder zuckte ich die Achseln. Ich war ratlos und beschloss, mich an Damien zu wenden. Vielleicht hatte er ja eine Idee.

»Die verdammten Schafe sind nicht da«, schimpfte ich, sobald ich ihn aufgestöbert hatte. »Der Blödmann von einem Hirten ist einfach nicht aufgekreuzt, obwohl verabredet war, dass er in aller Frühe hier sein sollte.«

»Ach herrje! Katastrophe. Wo zum Teufel steckt er?«

»Ich weiß nicht.« Zornig schüttelte ich den Kopf.

»Jedenfalls bringt es nichts, den ganzen Tag hier herumzusitzen und zu jammern!«, verkündete Damien. »Warum gehen wir nicht zum Markt und kaufen ein Schaf? Dann können wir den Gästen wenigstens etwas vorsetzen.«

»Ich habe doch schon für zwei Schafe bezahlt«, protestierte ich.

»Mag sein, aber wo sind sie? Wenn ich auf dem Markt ein anderes Schaf kaufe, kannst du vom Hirten dein Geld zurückverlangen. Sollte er wider Erwarten doch noch auftauchen, während ich weg bin, halt die Schafe fest, nur für den Fall, dass ich mit leeren Händen zurückkomme.«

Ich dachte über Damiens Vorschlag nach. Die Frage war, wer das Schaf bezahlen sollte. Nachdem ich Speisen und Getränke

Der schlechte Hirte

für die Feier finanziert hatte, hatte ich nämlich kein einheimisches Geld mehr. Damien meinte, ich solle mir keine Sorgen machen. Er werde die Zusatzkosten übernehmen. Da erschien Youssef, und die beiden machten sich auf den Weg. Ich hörte noch, wie Youssef zu Damien sagte, dass sie vermutlich kein Schaf finden würden. Auf dem Markt gebe es eigentlich nie Schafe, sondern nur Ziegen.

»Ziege, Schaf, Katze oder Hund, das ist doch egal«, knurrte Damien. »Solange das Biest nur vier Beine hat und gebraten werden kann.«

Ich blickte ihnen nach.

»Wo will Corba hin?«, fragte mein Vater, der neben mich getreten war.

»Zum Markt, um ein Schaf aufzutreiben.«

»Ich sollte mitgehen«, verkündete mein Vater. »Ich hole nur rasch meinen Tabak.«

Ich legte ihm die Hand auf den Arm. »*Ba*, ich möchte, dass du hier bei mir bleibst. Bitte. Allein ist mir das alles zu viel. Wenn der Hirte doch noch kommt, brauche ich deine Hilfe.«
Nur mühsam war er davon abzuhalten, sich der Expedition anzuschließen. »Hm, ich weiß nicht. Außerdem sollten *khawajas* nicht in der größten Mittagshitze draußen herumlaufen ...«
Als ich etwa eine Stunde später aus der Tür meiner Hütte blickte, bemerkte ich einen Mann, der ein einziges Schaf den Hügel hinaufführte. Ich packte meine Schwester am Arm und sah auf ihre Armbanduhr. Es war kurz vor drei. In einer guten Stunde wurden die Gäste erwartet.
»Er ist da, aber er hat nur *ein* verdammtes Schaf dabei!«, rief ich aus. »Shokan, ich will diesen Kerl nicht sehen. Wenn ich mit ihm reden muss, verliere ich sicher die Beherrschung.«
Shokan ging und ließ den Hirten wissen, was wir von ihm hielten. Dann kam mein Vater herein und nahm einen Dolch vom Fensterbrett. Es war ein traditionelles Nubamesser mit einer handgefertigten Scheide aus Eidechsenleder, hübsch verziert mit geometrischen roten Mustern. Im hinteren Teil der Scheide steckten drei rasiermesserscharfe Stilette, jedes fast so lang wie der Dolch selbst und so dünn wie Nadeln. Mein Vater benutzte sie, um Splitter zu entfernen, wenn er sich bei der Feldarbeit einen einzog.
Er zückte den Dolch mit dem hölzernen Griff, in dessen Klinge ebenfalls zarte geometrische Muster eingraviert waren. »Wir dürfen keine Zeit verlieren«, verkündete er. »Ich werde das Schaf sofort schlachten.«
»Nein, *ba*, lass Awad das erledigen. Er ist ein junger, starker Mann. Die Arbeit ist viel zu schwer für dich.«
»Nein, Mende, ich will es selbst tun und dabei ein Gebet sprechen, damit es *halal* für dich ist.«
»Bitte lass es Awad tun.«

»Also gut.« Mein Vater zögerte kurz. »Awad! Awad!«, rief er dann. »Komm her und töte dieses Schaf!«
Ich musste lachen. Trotz meiner inneren Anspannung fand ich meinen Vater furchtbar komisch. Er war so aufgeregt, weil das Schaf endlich da war, und wollte alles rechtzeitig erledigt wissen. Als Awad erschien, reichte mein Vater ihm den Dolch.
In aller Seelenruhe griff Awad danach und steckte ihn neben dem Schaf in den Boden. Wie immer war er die Gelassenheit in Person. Dann drückte er dem Tier den Kopf herunter und stellte den Fuß auf die Hörner, damit es sich nicht bewegen konnte. Dabei redete er die ganze Zeit beschwichtigend auf das Schaf ein. Babo nahm die Hinterbeine. Beide Männer achteten darauf, dass sie dabei nach Osten, zum heiligen Land der Moslems, blickten. Dann bog Awad dem Schaf den Kopf zurück, so dass seine weiße Kehle freilag. Ich konnte nicht mehr hinschauen, denn ich wollte nicht sehen, wie er es tötete. Schlachten ist eindeutig Männerarbeit.
Ich zog mich in die Hütte zurück und hörte, wie Awad draußen auf Arabisch Gebete murmelte. Ein Gurgeln und Poltern sagte mir, dass das Tier nun starb und sein Blut im sandigen Boden des Hotel California versickerte. Für einen Moslem muss alles Fleisch *halal* sein, was heißt, dass man das Tier tötet, indem man ihm die Kehle durchschneidet, und dabei bestimmte Gebete spricht. So schreibt es der Islam vor.
Als das Schaf tot war, machten sich Awad und *ba* mit dem Küchenpersonal daran, es zu häuten und zu zerlegen, und zerteilten das Tier mit Messern und Macheten, bis es sich in einen Haufen aus Fleisch, Knochen und Eingeweiden verwandelt hatte. Shokan und ich nahmen uns Stücke von Leber, Nieren und Magen und brieten sie mit Öl und Gewürzen. Das fertige Schafscurry nahmen wir mit in unsere Hütte, um es meinen Eltern zu servieren.
Gerade hatten wir uns gesetzt, als wir Damien und Youssef den Hügel hinaufkommen sahen. Youssef führte eine ziemlich

magere und kränklich wirkende Ziege an einem Seil hinter sich her. Als ich die beiden zum Essen einlud, erwiderte Youssef, er müsse gehen und sich für die Feier vorbereiten. Doch Damien setzte sich zu uns. Wir alle aßen von einem großen Teller, der auf dem Boden stand, indem wir die Mischung aus gebratenen Innereien mit großen Brotstücken auftunkten. Mitten auf dem Teller befand sich der Deckel eines Marmeladenglases. Mein Vater träufelte frischen Zitronensaft, gemahlenes Chili und ein wenig Schafsgalle hinein, was eine scharfe, bittere Sauce ergab.

»Ihr habt also eine Ziege ergattert«, meinte ich und schob Damien mehr von dem Essen hin. »Allerdings sieht sie nicht sehr gesund aus.«

Damien lächelte müde. »Willst du die ganze Geschichte hören? Sie ist ziemlich komisch.«

»Schieß los«, antwortete ich. »Ich könnte ein bisschen Aufmunterung gut gebrauchen.«

»Nun, auf dem Markt sind wir zuerst zur Bude des Metzgers gegangen«, begann Damien. »Dahinter gibt es ein Café, wo einige Soldaten sich die Bäuche mit Ziegeneintopf vollschlugen. Vorne steht ein großer Metzgerblock aus Holz. Dort wurde gerade eine Ziege zerlegt, und alles wimmelte von Fliegen. Doch als Youssef fragte, ob wir eine Ziege kaufen könnten, hieß es, sie hätten keine mehr.«

Ich übersetzte für meine Eltern. Da es sehr heiß in der Hütte war, beugte ich mich vor, wischte meiner Mutter mit der Hand den Schweiß von der Stirn und rieb mir die Handflächen dann an den nackten Füßen ab.

»Offenbar waren alle Ziegen schon vertilgt worden«, fuhr Damien unterdessen fort. »Die, die gerade zerteilt wurde, war die letzte. Als ich mich aber auf dem Markt umschaute, bemerkte ich, dass dort massenweise Ziegen herumliefen. Ich wollte von Youssef wissen, warum wir keine davon kaufen könnten, aber er sah mich an, als hätte ich eine Schraube

locker. Die sind nicht zu verkaufen, sagte er. Da erinnerte ich ihn daran, dass wir in einer Stunde einige hundert Gäste erwarten, denen wir irgendetwas vorsetzen müssen. Wir würden doch sicher eine dieser Ziegen bekommen, wenn wir bereit seien, jeden Preis dafür zu bezahlen.«
»Natürlich waren sie nicht zu verkaufen«, unterbrach ich. »Wenn eine Ziege zu verkaufen ist, wird sie an einen Baum gebunden, und daneben steht der Besitzer. Oder erwartest du von der Ziege, dass sie dir sagt, wie viel sie kostet?«
Damien warf mir einen finsteren Blick zu. »Wie dumm von mir, dass ich nicht gleich daran gedacht habe. Nach einer Weile meinte der Mann, der gerade die Ziege zerlegte, sein Bruder würde uns möglicherweise eine abtreten. Irgendwann erschien tatsächlich der Bruder, sagte aber, er habe kein Tier zu verkaufen. Ziegen seien Mangelware, da momentan alle Appetit auf Fleisch hätten. Youssef erklärte mir, ich solle mir keine Sorgen machen. Der Mann wolle nur den Preis in die Höhe treiben, weil ich hier stünde. Er befürchtete, der Mann könnte den *khawaja*-Preis verlangen. Deshalb musste ich mich während der Verhandlungen ins Café setzen und mich unsichtbar machen.«
»Wie konnte Youssef sich so eine räudige alte Ziege andrehen lassen?«, fragte ich.
Wieder blickte Damien mich finster an. »Dazu wollte ich gerade kommen. Als Youssef die Ziege sah, wollte er sie tatsächlich nicht kaufen. Er schlug vor, uns anderswo eine zu suchen. Ich aber war der Meinung, wir hätten nun wirklich keine Zeit mehr und müssten die Ziege nehmen, auch wenn sie nur drei Beine und einen Eidechsenkopf hätte. Youssef bestand zwar noch darauf, dass ich mir die Ziege zuerst anschaute, und ging mit mir in den Stall hinter dem Haus. Aber für mich sehen alle diese dämlichen Biester gleich aus. Und so beschloss ich, sie zu kaufen.«
Ich bog mich vor Lachen. Wie hatte er übersehen können, dass

die Ziege krank war? Auch meine Eltern kicherten in sich hinein. In manchen Dingen waren die sonst so findigen *khawajas* einfach nicht zu gebrauchen.
»Youssef zog sich mit dem Ziegenhändler zu Beratungen zurück«, sprach Damien weiter. »Irgendwann eröffnete er mir, er habe es geschafft, den Preis von 120.000 Dinar auf 100.000 herunterzuhandeln. Allerdings sei das noch immer Wucher und genau der *khawaja*-Preis, vor dem er mich gewarnt habe. Nachdem ich dem Mann das Geld gegeben hatte, verschwand er und kehrte eine Minute später zurück. Und so standen wir wortlos nebeneinander im Café und sahen uns an. Ich fragte mich, was jetzt von mir erwartet wurde und wo die Ziege war. Eigentlich hatte ich mit einer Übergabe gerechnet.«
»Sei nicht albern«, entgegnete ich. »Er kann doch schlecht mit einer Ziege in ein Café spazieren. Sicher hatte er sie draußen an einen Baum gebunden.«
Damien lachte auf. »Genau so war es auch. Aber woher sollte ich das denn wissen? Schließlich hat dieses Café einen Lehmboden und eine alte UNO-Plane als Dach und sieht gerade so aus wie ein Ziegenstall. Naja, irgendwann gingen wir raus und Youssef band die Ziege los. Das Problem war nur, dass die nicht so recht mitzog. Sie stemmte die Hufe in den Boden, so dass Youssef sie an den Hörnern packen und weiterzerren musste. Inzwischen lachte der ganze Markt über uns …«
In diesem Moment schaute der erste Gast zur Tür herein und stellte einen Kassettenrekorder auf den Boden, der in einer Plastiktüte steckte. Ob die Verpackung wohl als Schutz gegen Regen oder Staub gedacht war?
»Mende, ich spiele dir jetzt ein traditionelles Nubalied vor«, verkündete der Fremde.
Als er den Startknopf drückte, gab der Rekorder in voller Lautstärke ein verzerrtes Geplärre von sich. Der Mann lächelte mir zu. Ich bedankte mich bei ihm und sagte, wir würden uns später bei der Feier sehen.

»War es das?«, fragte ich Damien dann, wobei ich das Gedudel überbrüllen musste. »Ist die Ziegengeschichte jetzt zu Ende?« Damien nickte. »Mehr oder weniger. Bist du mit dem Ergebnis zufrieden?«
Ich übersetzte die Frage für meine Eltern.
»Nun, woher soll er sich mit den hiesigen Gebräuchen auskennen?«, sagte mein Vater versöhnlich. »Schließlich ist er ein *khawaja*. Aber zumindest hat er eine Ziege bekommen. Was machen wir jetzt damit?«
Ich drehte mich um und schaltete den Rekorder aus, weil man bei dem Radau sein eigenes Wort nicht verstehen konnte.
»Was tust du da?«, protestierte Shokan und stellte ihn wieder an.
»Wie soll man sich bei dem Lärm unterhalten?«, gab ich zurück. »Außerdem kriegt man sowieso nichts mit, weil der Ton so verzerrt ist. Oder weißt du vielleicht, was die da singen?«
»Aber natürlich!«, gab Shokan zurück.
Ich drehte den Ton leiser und erkundigte mich bei Damien nach seinen Plänen mit der Ziege.
»Tja, ich weiß nicht so recht, ich habe sie inzwischen ziemlich liebgewonnen«, spöttelte er. »Vielleicht nehme ich sie ja mit nach England. Nein, natürlich möchte ich sie schlachten und essen.«
Ich lachte. Da der Hirte nur ein Schaf mitgebracht hatte, kam uns das zusätzliche Fleisch sehr gelegen. Mein Vater beauftragte wieder Awad und Babo mit der Schlachtung. Zum Glück war die Kassette inzwischen zu Ende. Doch Shokan wollte sie um jeden Preis noch einmal zurückspulen, um mir zu erzählen, worin es in dem Lied ging. Ich rührte keinen Finger, um ihr zu helfen. Sie schaffte es trotzdem.
»In Khartoum wohnt ein Mann, der hat zwei Frauen«, fing Shokan an und lauschte angestrengt und mit schräg geneigtem Kopf. »Aber die finden heraus, dass er sich eine dritte nehmen will. Und so dichten sie ein Lied, das die Weisheit und das gute

Aussehen des Mannes lobt und die dritte Frau als hässlich, faul und dumm hinstellt.«
Shokan sang ein paar Takte mit. »Sie wollen sie fertigmachen, bevor sie überhaupt eine Chance gehabt hat. Ist das zu fassen?«
Offenbar war das Lied in Karko-Sprache verfasst, da Shokan dem Text sonst nicht hätte folgen können. Aber ich verstand wegen des verzerrten Tons trotzdem kein Wort. Mir fiel auf, dass Shokan die Handlung erzählt hatte, als hätte sie sich wirklich zugetragen. Für meine Familie waren erfundene Geschichten etwas sehr Fremdartiges – und mir war es ganz ähnlich gegangen, bevor ich in den Westen gekommen war. Niemand in meinem Dorf hatte je einen Roman gelesen, einen Fernsehfilm gesehen oder im Internet gesurft. Alles wurde mündlich von den Eltern oder einem Ältesten weitergegeben, bezog sich auf lebende Personen oder Ahnen und spielte in unserem Dorf oder Stamm. Auch wenn einige Schilderungen eher ins Reich der Mythen und Legenden gehörten, beruhten sie auf Tatsachen aus der Vergangenheit.

»Corba, wie hat dir denn das Essen geschmeckt?« Mein Vater wies auf den Teller mit Curry.
»Ausgezeichnet«, erwiderte Damien. »Ich wusste gar nicht, dass Schaf so lecker sein kann.«
Nachdem meine Mutter die Schafsleber und -nieren gegessen hatte, wirkte sie schon viel kräftiger. Vielleicht hatte auch das Paracetamol gewirkt. Jedenfalls leuchteten ihre Augen wieder. Auch ich hatte mich beruhigt. Eigentlich hätte die Feier bereits vor einer Stunde beginnen sollen, doch die ersten Gäste trudelten erst jetzt allmählich ein, und niemand schien sich groß daran zu stören, dass das Essen noch nicht fertig war. Ich beschloss, die Sache locker anzugehen. Schließlich hatte ich mir nach dem Organisationsstress die Ruhe redlich verdient.

Ich plauderte gerade in meiner Hütte mit meiner Familie, als Shwaya erschien. »Mende, Omer will mir dir reden.«
Mit einem unguten Gefühl entschuldigte ich mich und ging ins Büro, wo ich wie bei einem Tribunal von drei Personen, unter ihnen Omer, erwartet wurde.
»Nimm Platz, Mende«, meinte er und wies auf einen Stuhl vor dem Schreibtisch. »Wir wissen, dass du ein Fest veranstalten willst. Aber warum hast du uns nicht im Voraus Bescheid gegeben?«
»Was soll das heißen?«, erwiderte ich verdattert. »Eigentlich war nur eine kleine Familienfeier geplant. Das ist doch nicht eure Angelegenheit.«
»Wie man's nimmt«, sagte Omer. »Unsere Organisation ist in Kauda sehr bekannt. Wenn bei MORDAR eine Veranstaltung stattfindet, muss alles streng nach Vorschrift ablaufen. Dazu brauchen wir Vorabinformationen, um alle verschiedenen Seiten rechtzeitig davon in Kenntnis zu setzen und einzuladen.«
»Moment mal«, unterbrach ich ihn. »Ich verstehe kein Wort. Erstens wussten Shwaya und Carlo schon seit Tagen Bescheid. Und dann, was haben ich und meine Familie mit euren verschiedenen Seiten zu tun – wer immer die auch sein mögen? Ich habe niemanden offiziell eingeladen. Schließlich kenne ich hier keine Menschenseele.«
»Nichts für ungut. Trotzdem müssen wir informiert werden, damit es nicht zu unvorhergesehenen Zwischenfällen kommt. Ansonsten könnten Komplikationen ...«
Ich sah Omer zornig an. »Lass uns eines klarstellen: Machst du es mir etwa zum Vorwurf, dass ich mit meiner Familie unser Wiedersehen feiern will?«
»Nein, nein, nein«, protestierte Omer. »Ich meine doch nur, dass unsere Partner uns deswegen kritisieren ...«
»Omer, die Feier ist für meine Familie«, zischte ich. »Warum also sollte jemand dich kritisieren? Es ist privat. Ich habe dich

nicht einmal persönlich eingeladen. Oder habe ich irgendwann ›Omer, möchtest du nicht auch kommen?‹ gesagt?«
»Jetzt beruhige dich erst einmal«, erwiderte Omer, nun doch etwas bestürzt. »Selbst wenn wir es wollten, könnten wir nichts mehr rückgängig machen. Allerdings bräuchten wir jemanden, der ein paar einleitende Worte spricht und erklärt, welchem Zweck die Feier dient.«
»Du redest mir hier ein schlechtes Gewissen ein, als ob ich etwas verbrochen hätte. Ich verstehe nicht …«
»Du brauchst kein schlechtes Gewissen zu haben«, antwortete Omer. »Keine Sorge, Mende. Wir kümmern uns um die Ansprache.«
»Macht nur«, gab ich zurück und schickte mich zum Gehen an. »Tut mir leid, aber mehr kann ich dazu nicht sagen. Ich begreife nämlich immer noch nicht, was hier gespielt wird.«

Draußen vor dem Büro versuchte ich mich wieder zu fassen und meine wild durcheinanderwirbelnden Gedanken zu beruhigen. Hatte ich einen Fehler gemacht? Was wollten diese Leute von mir? Plötzlich fühlte ich mich eingesperrt. Tatsache war doch, dass ich mit meiner Familie hier festsaß. Ein Flugzeug nach England für mich und der Landrover nach Karko für meine Familie waren die einzigen Möglichkeiten, Kauda zu verlassen – und das hätte bedeutet, dass wir uns trennen mussten. Da ich auf keine einzige kostbare Minute mit meinen Eltern und Geschwistern verzichten wollte, war ich hier gefangen.
Ich machte mich auf die Suche nach Damien. Inzwischen drängten sich unzählige fremde Leute unter den Akazien, aber ich hatte keine Lust, mit ihnen zu reden.
»Alle hier sind böse auf mich«, sprudelte ich hervor, sobald ich ihn gefunden hatte. »Und ich bin an allem schuld.«
Dann erklärte ich ihm, was gerade geschehen war.
»Warum hast du mich nicht gerufen?«, fragte er. »Ich habe dir

doch gesagt, dass du mich holen sollst, wenn jemand Ärger macht.«

»Sie haben mich überrumpelt«, antwortete ich. »Ich hatte keine Ahnung, dass so etwas passieren würde.«

Ich sah, dass Shwaya mit einem Blatt Papier auf uns zukam. Sie nahm Damien und mich beiseite. Es war eine von Omer aufgestellte Liste von Leuten, die bei der Feier sprechen sollten. Zuerst würde ein Priester mit den Christen und ein Imam mit den Moslems beten. Anschließend wollte Shwaya die Anwesenden offiziell vorstellen. Nachdem Damien und das Filmteam ein paar Worte gesprochen hatten, sollte ich meine Geschichte erzählen. Darauf würden politische Reden folgen … Ich hörte nicht mehr zu. MORDAR hatte die Wiedersehensfeier für meine Familie an sich gerissen, und ich wollte nichts mehr damit zu tun haben.

»Wahrscheinlich ist es zu spät, um die Sache noch zu stoppen«, meinte Damien, nachdem Shwaya fort war. »Die haben uns ausgetrickst, Mende, und wollen die Party als politische Kundgebung nutzen.«

»Ich bin nur noch wütend«, erwiderte ich. »Es kommt jetzt überhaupt nicht mehr in Frage, dass ich mich vor diese Leute hinstelle und meine Geschichte erzähle.«

Damien bat mich, mir keine Sorgen zu machen. Er werde für mich sprechen und behaupten, ich fühlte mich nicht recht wohl. Er verlange nur von mir, dass ich seine Rede übersetzte. Ich war erleichtert, dass ich mich nicht vor fremden Menschen würde offenbaren müssen. Je schneller diese alberne Feier vorbei war, desto besser.

Auf der einen Seite des Hofes hatte sich eine große Gruppe von Männern versammelt. In einer Ecke abseits saßen einige wenige Frauen. Ich traute meinen Augen nicht: Anscheinend hatten sie die Geschlechtertrennung aus freien Stücken vorgenommen. Ich hatte mir eine Feier wie unter Freunden vorgestellt,

Die »Frauenecke« beim Willkommensfest

bei der Männer und Frauen gemeinsam aßen, ungezwungen plauderten, lachten und vielleicht sogar das eine oder andere Lied sangen. Nach dem Essen sollten unbedingt Nubatänze getanzt werden. Allerdings war die Stimmung bisher eher kühl.
Meine Mutter und meine Schwester hatten sich automatisch zu den Frauen gesetzt, und ich gesellte mich zu ihnen. Eine beleibte Frau erhob sich lächelnd und umarmte mich zur Begrüßung. Sie machte einen warmherzigen und freundlichen Eindruck. Ich fand sie auf Anhieb sympathisch.
»Ich heiße Awatif«, verkündete sie. »Und du bist sicher Mende. Ich freue mich ja so, dich kennenzulernen. Ich komme von der hiesigen Nuba-Frauengruppe.«
»Schön, dich zu sehen«, antwortete ich. »Verrate mir mal, warum alle Frauen hier drüben sitzen? Sind wir denn Bürger zweiter Klasse? Das ist doch albern.«
Sie lachte auf. »Keine Ahnung. Ich bin hier auch nur Gast. Aber ich finde es genauso dämlich wie du.«

Awatif von der Frauengruppe, die mich gerettet hat

Als die Küchenhilfen mit dem Servieren des Essens begannen, brachten sie alle Platten zu den Tischen unter den Bäumen, wo die Männer saßen. Während diese sich bedienten, sah ich mit meiner Mutter, meiner Schwester und den übrigen Frauen zu und wartete. Anfangs dachte ich noch, dass man uns gleich hinüberbitten würde, aber weit gefehlt! Offenbar würden wir uns gedulden müssen, bis die Männer aufgegessen hatten – und sie waren zehnmal so viele wie wir.

Ich hielt es nicht mehr aus, sprang auf und machte mich auf die Suche nach Hannan. »Was ist hier los? Warum bekommen nur die Männer etwas zu essen?«, wollte ich wissen.

»Tut mir leid, Mende, so lauten eben unsere Anweisungen«, erwiderte Hannan.

Ich entschuldigte mich bei ihr, denn mir war klar, dass es nicht ihre Schuld war. Dann bat ich sie, auch den Frauen etwas zu bringen.

Hannan ging einige Platten mit Essen holen, stand dann jedoch vor dem Problem, dass es keine Tische mehr gab. Also schleppte man ein leeres Benzinfass herbei und stellte die Platten darauf.
Inzwischen war ich so aufgewühlt, dass ich mich weder setzen noch etwas essen konnte. Die Speisen waren rasch vertilgt. Dann rückten die Männer ihre Stühle in die Mitte des Hofes und ordneten sie in einem Halbkreis an. Die Frauen mussten an einem Ende Platz nehmen. Alle saßen da und warteten darauf, dass die Reden anfingen.

Als Shwaya aufstand, erhob sich die Menge. Der Imam stimmte mit ihr ein islamisches Gebet an. Danach war der christliche Priester an der Reihe.
Anschließend hielt Shwaya eine Rede. »Diese kleine Feier wurde von Mende Nazer ausgerichtet …«, begann sie. Aber ich hörte gar nicht mehr zu.
Stattdessen sah ich mich nach meinem Vater um, den ich nirgendwo entdecken konnte. Endlich bemerkte ich, dass er vor unserer Hütte im Schatten auf und ab lief.
Schon spürte ich wieder jemanden neben mir. »Komm und übersetz für mich«, sagte Damien. »Du musst dich den Leuten zeigen. Ich werde ausführlich irgendwelches langweiliges Zeug erzählen, weil sie das offenbar hören wollen. Zum Schluss sage ich, dass du krank bist. Dann brauchst du dich nur kurz zu bedanken und kannst dich danach sofort mit deiner Familie zurückziehen. Einverstanden?«
Ich nickte, und wir traten vor die Zuschauer. Inzwischen dämmerte es, weshalb die Gesichter des Publikums nicht mehr gut zu erkennen waren.
Damien erklärte, wer er war, stellte das Filmteam vor und schilderte seine Projekte überall im Sudan. Ich stand vor den Leuten und fing an zu übersetzen. Doch ich war zu erschöpft und zornig, um mich richtig konzentrieren zu können.

»Also ist Damien als Fernsehjournalist zur Ostfront gefahren, um zu … wie heißt das richtige Wort … zu informieren …«
»Warum übersetzt du nicht richtig?«, rief da eine Stimme aus der vordersten Reihe.
Im ersten Moment verschlug es mir die Sprache. Als ich fortfahren wollte, wurde ich von derselben Stimme unterbrochen.
»Das Wort lautet ›berichten‹!«, brüllte der Mann. »Das ist der korrekte Ausdruck: ›berichten‹.«
Da das alles auf Arabisch geschah, bekam Damien nichts davon mit und redete einfach weiter, so dass ich pausenlos mitübersetzen musste. Aber mein Selbstbewusstsein hatte einen schweren Schlag erlitten. Während ich mich abmühte, unternahmen die anderen Zuschauer halbherzige Versuche, den Querulanten zum Schweigen zu bringen. Inzwischen hatte ich ihn ausfindig gemacht. Er sah merkwürdig, ja, beinahe bedrohlich aus, und ich stellte fest, dass er mich giftig anstarrte. Mit seinem wirren, verfilzten Haarschopf wirkte er überhaupt nicht wie ein Nuba.
Als ich mich wieder in einem Satz verhedderte, sprang der Mann auf. »Warum lässt du mich nicht übersetzen? Ich könnte das viel besser!« Seine Sitznachbarn zogen ihn wieder auf seinen Stuhl zurück.
Ich spürte Damiens Hand auf der Schulter. »Mende, was ist da los?«
»Dieser Typ da will mich provozieren«, schimpfte ich.
Wir machten weiter, bis Damien auf meine Geschichte zu sprechen kam. Abermals stolperte ich über die arabische Übersetzung eines englischen Wortes.
»Dieses Mädchen hat doch keine Ahnung!«, rief der Mann mit dem wirren Haar. »Aufhören! Aufhören! Lasst jemanden ran, der etwas davon versteht.«
Plötzlich erhob sich eine massige Gestalt und eilte über den Platz. Es war Awatif, die freundliche beleibte Dame von der

Nuba-Frauengruppe. Allerdings lächelte sie jetzt nicht mehr, sondern sah zornig, aufgebracht und ziemlich gefährlich aus. Sie wandte sich an das Publikum. »Es ist empörend!«, schrie sie und legte mir beschützend den Arm um die Schulter. »Ihr Männer solltet euch schämen! Warum hindert ihr diesen Kerl nicht daran, die arme Frau zu belästigen? Komm, Mende, setz dich zu mir. Soll doch jemand anderes dolmetschen.«
Bevor ich ging, wandte ich mich an den Querulanten. »Ich habe mein Bestes getan. Arabisch ist nicht meine Muttersprache«, sagte ich unter Tränen. »Sondern Nuba. Du hättest Nachsicht mit mir haben sollen. Schließlich ist es nicht leicht für mich.«
Betretenes Schweigen entstand, als ich mich auf einen Stuhl neben Awatif sinken ließ. Ich war völlig erschöpft und verzweifelt und wollte nur noch fliehen und mich in meiner Hütte verkriechen. Da spürte ich eine warme, tröstende Hand auf der Schulter und stellte fest, dass meine Mutter neben mir saß. Sie sagte kein Wort, aber das war auch nicht nötig. Sie umarmte mich nur, und genau das brauchte ich jetzt.
Shokan griff nach meinen Händen. »Zerbrich dir nicht den Kopf über diesen Mann, Mende«, flüsterte sie. »Bestimmt ist der Dummkopf betrunken. Du hast es ganz prima gemacht.«

Die Ansprachen dauerten noch über eine Stunde. Politiker, Sozialarbeiter und Angehörige von NGOs und Hilfsorganisationen redeten und redeten. Das alles wäre im richtigen Umfeld ja noch angegangen – doch heute Abend, um diese Uhrzeit und zu so einem Anlass? Wie ich befürchtet hatte, war die Begrüßungsfeier für meine Familie gründlich verdorben. Wenn die Leute hier ein solches Trauerspiel für ein Fest hielten, war eine Visite des Spaßministeriums wohl dringend angesagt. Wo blieben die Musik, die Tänze, das Geplauder, das Flirten und das Lachen? Die ganze Veranstaltung war ein Sieg der Bürokratie über den Schwung und die Lebensfreude meines Volkes.

Nur einer der Redner blieb mir im Gedächtnis – mein Vater. Aus heiterem Himmel rief Shwaya ihn nach vorne, damit auch er ein paar Worte sprach. Sollte er etwa vorgeführt werden? Schließlich besaß er keine Schulbildung und war öffentliche Auftritte nicht gewöhnt. Wer würde den Querulanten mit dem wirren Haar daran hindern, mit ihm ebenso umzuspringen wie mit mir? Mein Vater war gerade Zeuge geworden, wie man mich auf offener Bühne gedemütigt und beleidigt hatte. Und dabei war ich eine erfahrene Rednerin und hatte auf der ganzen Welt bei Kongressen gesprochen, die um einiges größer und wichtiger waren als die Veranstaltung heute Abend. Ich schickte ein Stoßgebet zum Himmel – und meinem Vater all meine Liebe, damit sie ihn vor Schaden bewahrte.

»Friede sei mit euch«, begann mein Vater. Er wirkte erstaunlich ruhig und selbstbewusst. »Vielen Dank für die freundliche Begrüßung, vor allem an diejenigen unter euch, die von weit her kommen. Ich freue mich sehr, euch alle hier versammelt zu sehen. Es ist schön, dass ihr Mende besucht und gemeinsam mit uns feiert. Also noch einmal vielen Dank.«

Mit diesen wenigen Worten war seine Rede vorbei. Doch mehr war eigentlich auch nicht zu sagen. Mein Vater war immer freundlich und höflich zu seinen Mitmenschen. Das lag ihm nun einmal im Blut. Außerdem blickt die Toleranz bei den Nuba auf eine lange Tradition zurück, denn nur so konnte ein Volk, das sich aus Moslems, Christen und Animisten zusammensetzt, Tausende von Jahren friedlich zusammenleben. Mein Vater war ein lebendiges Beispiel für diese Haltung, und das hatte er heute Abend unter diesen Menschen, die mir selbst im Grunde so lästig waren, wieder einmal unter Beweis gestellt.

Nach den Reden fanden noch einmal ein muslimisches und ein christliches Gebet statt. Dann rückten die Gäste die Stühle beiseite und zerstreuten sich wortlos.

Ich sah mich überall nach dem Querulanten um, denn jetzt

wäre der richtige Zeitpunkt gewesen, um ihn zur Rede zu stellen. Aber ich konnte ihn nirgendwo entdecken. Als ich mich nach ihm erkundigte, erwiderte Damien, er sei gleich nach der Attacke gegen mich aufgestanden. Den restlichen Abend sei er unter den Akazien auf und ab gelaufen und habe dabei aus voller Kehle Verse aus dem Koran deklamiert. Noch vor Ende der Reden habe er sich aus dem Staub gemacht. Ich fragte mich, wer er wohl sein mochte? Ein Betrunkener? Ein ortsbekannter Verrückter? Oder doch jemand, der eine Bedrohung für mich darstellte?

Kuku Khadia gesellte sich zu uns und gratulierte Damien und mir zu dem »wundervollen Abend«. Es sei ein großer Erfolg gewesen. So viele Menschen seien gekommen, begeisterte er sich.

Damien schnaubte verächtlich. »Kuku, mein Freund, mach dir nichts vor. Es war ein Fiasko. Oder würdest du so etwas als familiäre Begrüßungsfeier bezeichnen? In Wirklichkeit hatten wir es mit einer PR-Veranstaltung von MORDAR zu tun, zwangsweise finanziert von Mende und von mir.«

Als Kuku widersprechen wollte, fiel Damien ihm ins Wort. »Lass uns eines klarstellen: Mende ist hier, um ihre Familie zu sehen. Sie interessiert sich weder für politische Kundgebungen noch für Staatsbesuche oder dafür, Horden fremder Leute die Hand zu schütteln. Nur ihre Familie zählt. Und da ihnen nur noch wenige gemeinsame Tage bleiben, wird nach dem heutigen Abend niemand mehr irgendetwas planen, ohne mit ihr und mit mir Rücksprache zu halten.«

»Aber ich habe für morgen doch schon ein Treffen organisiert«, protestierte Kuku. »In Lwere soll eine Begegnung mit dem Kommissionär und der militärischen Führung stattfinden …«

»Das musst du wohl wieder absagen«, sagte Damien ruhig, aber bestimmt. »Mende wird keine weiteren Termine wahrnehmen. Und damit basta. Also halt dich bitte zurück, Kuku. Sie ist einzig und allein wegen ihrer Familie hier.«

Bedrückt schüttelte Kuku den Kopf. »Dann muss ich eben allein hinfahren, um euch alle zu entschuldigen.«

»Nein, das auch wieder nicht«, entgegnete Damien. »Nicht uns alle. Hannah und ich begleiten dich. Vielleicht auch das Filmteam. Doch Mende bleibt hier. Sie tut nur das, was sie will, nämlich Zeit mit ihrer Familie verbringen.«

Kuku nickte erleichtert, und Damien fuhr fort: »Wer war denn eigentlich der Idiot mit dem wirren Haar, der Mende ständig belästigt hat? Und warum hat ihm niemand den Mund verboten?«

Da Kuku erst später gekommen war, hatte er die Szene verpasst. Aber er versprach, Erkundigungen einzuziehen.

Sehr erleichtert, mich hinter Damien verstecken zu können, eilte ich zu meiner Familie. Sie waren schon in der Hütte und schickten sich gerade zum Schlafengehen an. Ich war bedrückt. Eigentlich hätte es ihre Begrüßungsfeier werden sollen, und jetzt gingen sie um acht Uhr zu Bett.

Meine Mutter lächelte, als ich hereinkam. »Ach, Mende, da bist du ja.«

»Es tut mir so leid«, erwiderte ich. »Entschuldige, *umi*, entschuldige, Shokan. Ihr habt nicht einmal Gelegenheit gehabt, euer Lied vorzutragen.«

Meine Mutter lächelte sanft. »Mach dir keine Sorgen, Mende-*kando*. Das können wir ja ein andermal nachholen.«

Es war typisch für meine Mutter, aus jeder Situation das Beste machen zu wollen, ein Zug, der sie mir noch mehr ans Herz wachsen ließ. Sie hatte ein hartes Leben hinter sich und nur aus ihrer Ruhe und Gelassenheit Kraft schöpfen können. Mein Vater hänselte sie zwar ständig, aber ich wusste, dass sie für ihn wie ein Fels in der Brandung war. Mir graute davor, dass einer von ihnen sterben könnte, denn sie ergänzten einander wie Yin und Yang.

Mende-*kando* war der Kosename, den meine Eltern mir als Kind gegeben hatten. Wörtlich kann man ihn nicht übersetzen – »Mende-Schatz« trifft es wohl am besten. Normalerweise spricht man kleine Kinder so an. Meine Mutter wollte mir damit die frühere Wärme und Geborgenheit vermitteln, und ich war ihr so dankbar dafür.

Da ich noch nicht schlafen konnte, schlüpfte ich irgendwann aus der liebevollen Umarmung meiner Mutter und gesellte mich zu Kuku und Damien, die ins Gespräch vertieft waren. Gerade wollte ich mich setzen, als ich die Gegenwart meines Vaters hinter mir spürte. Er griff nach meinen Händen.

»Warum bist du gegangen, Mende-*kando?*«, fragte er leise. »Hast du etwas?«

»Ich konnte nicht schlafen, *ba*, weil ich ständig an die grässliche Willkommensfeier denken musste.«

Mein Vater umfasste fest meine Hände. »Zerbrich dir nicht mehr den Kopf darüber«, fiel er mir ins Wort. »Du brauchst dir um uns keine Sorgen zu machen. Uns genügt es, dass wir dich endlich wiedergefunden haben. Außerdem bist du schließlich eine Nubaprinzessin, der niemand etwas anhaben kann.«

Ich lächelte meinen Vater unter Tränen an und umarmte ihn.

»Das habe ich ernst gemeint«, fuhr er fort, und seine Augen funkelten im Mondlicht. »Du weißt doch sicher über deine königlichen Wurzeln Bescheid?«

Ich schüttelte den Kopf. »Nein, *ba*. Aber es ist trotzdem nett von dir, dass du mich für eine Prinzessin hältst.«

»Du irrst dich«, unterbrach er mich sanft. »Wir wollen uns zu den anderen setzen. Dann erzähle ich euch die Geschichte des Nubavolkes.«

Wir gesellten uns zu Kuku und Damien.

»Der Legende nach gab es bei den Nuba viele königliche Familien«, begann mein Vater. »Vor langer Zeit floh unser Volk vor dem Krieg im Südsudan und konnte sich in den Nubabergen in Sicherheit bringen. Die *kujurs* hatten den Häuptlingen geraten, sich mit ihren besten Kriegern ins Gebirge zurückzuziehen. Und so führten die *kujurs* die Nuba, eskortiert von bis an die Zähne bewaffneten tapferen Soldaten, ins Land der Freiheit. Wir Nuba – also auch die Karko – können unseren Stammbaum bis zu diesen königlichen Familien zurückverfolgen.«

»Also stimmt das mit der Prinzessin wirklich?«, erstaunte ich mich. Mein Vater nickte lächelnd, und ein glückseliger Ausdruck malte sich auf seinem Gesicht.

»Die Geschichte reicht sogar noch weiter zurück«, ergänzte Kuku. »Einundzwanzig Nubastämme, die man auch als die Ajang-Gruppe bezeichnet – zum Beispiel die Karko, Kujuna, Funa, Kacha, Shifir, Abjunuk, Dilling, Gulfan, Unchuh, Gwali, Tabac, Kudr, Mali, Hejerat, Maidoh, Diar und Kadaroh –, gelten als direkte Nachfahren der altägyptischen Pharaonen. So kann etwa Youssef seinen Stammbaum bis zu den alten Ägyptern nachvollziehen. Sein Vater hieß Amer Ahmoun, genauso wie ein großer Pharao.«

Wie er hinzufügte, gebe es im Sudan mehr Pyramiden als in Ägypten. Zweifellos sei die altägyptische Hochkultur von schwarzen Nuba begründet worden, die auch die ersten Pharaonen hervorgebracht hätten. Abbildungen in frühen Gräbern und auf Papyrus zufolge hätten die ersten alten Ägypter eine schwarze Haut gehabt. Bis heute bestatteten einige Nubastämme ihre Toten ähnlich wie im alten Ägypten. Der Verstorbene werde in einer großen Grabkammer beigesetzt und mit allem versorgt, was er für die Reise ins Jenseits brauche – Schmuck, Waffen und irdene Gefäße mit Proviant. In den Nubabergen fänden sich noch immer tiefe Grabkammern, die Utensilien wie Messer und Tonschalen enthielten. Diese stammten eindeutig aus der Zeit der Pharaonen.

Mit begeistert funkelnden Augen und heftig nickend lauschte

mein Vater Kukus Bericht. »Das schlägt sich sogar in unserem Alltag nieder«, bestätigte er. »Einige *kujurs* kennen noch die Lieder unserer Urahnen. Manche sind in einer Sprache verfasst, die wir nicht mehr verstehen, und erzählen von der Seefahrt, von Schiffen, bemannt mit Ruderern, und von riesigen Meeresungeheuern und Krokodilen – alles Dinge, die uns Nuba im Binnenland völlig fremd sind.«

Erstaunt und ehrfürchtig schaute ich meinen Vater an. Welch ein großes Wissen er besaß, von dem ich früher nichts geahnt hatte, da man mit Kindern nicht über solche Themen spricht.

Mein Vater erwiderte meinen Blick. »Siehst du, Mende, du bist nicht nur mein Sohn, weil du so tapfer und so kämpferisch bist, sondern auch eine Nubaprinzessin. Das darfst du nie vergessen, denn es ist etwas, das dir niemand mehr nehmen kann.«

12
Das Erdnussfeld

Jeden Morgen wachte ich neben meiner Mutter auf. Sie küsste mich und streichelte mir das Haar. »Wo ist deine Tochter Uran?«, lautete stets ihre erste Frage.

Wenn ich ihr das Stofftier zeigte, drückte sie es lächelnd an sich.

Heute, am vierten Morgen, war mein Vater noch früher auf den Beinen als sonst, und ich hörte, dass er vor der Hütte betete. Als er zurückkam, kicherte er in sich hinein.

»Was ist denn so komisch, *ba?«*, fragte ich ihn.

Er schüttelte grinsend den Kopf. »Diese *khawaja*-Frauen! Ich kann sie einfach nicht auseinanderhalten. Mit ihrer weißen Haut und den hellen Haaren sehen sie genau gleich aus. Wie zwei Eichhörnchen.«

Als mein Vater und ich laut zu lachen anfingen, wurden Hannah und Mariella, die Zielscheiben unseres Spotts, auf uns aufmerksam.

»Warum lacht ihr denn so?«, wollte Mariella wissen.

Ich übersetzte, was mein Vater gesagt hatte.

»Nun, dann richte ihm aus, dass sich dieses Problem für ihn bald gelöst hat«, frotzelte Mariella. »Ich reise nämlich heute Morgen ab, und dann ist nur noch ein Eichhörnchen übrig.«

Irgendwann im Laufe des vergangenen Abends hatte ein Mitarbeiter einer Hilfsorganisation Mariella mitgeteilt, dass früh am nächsten Morgen ein Flug starten würde. Es handelte sich um eine Transportmaschine, die das deutsche Krankenhaus in Lwere mit Medikamenten und Gerätschaften belieferte. Da die Maschine ohne Ladung zurückkehrte, war genug Platz für Passagiere an Bord, und so hatten Mariella und Hagen beschlossen, die Gelegenheit zu nutzen. Eigentlich waren sie auf eine Maschine der UN gebucht, doch dieser Flug war – so wie unserer damals – gestrichen worden.

Damien, Hannah, Hagen und Mariella waren lang aufgeblieben, um ihren Abschied zu feiern, und hatten dabei die letzten Whiskyreste vertilgt. Zwei leere Flaschen lagen unter dem Gartentisch. Als meine Schwester sie sah, fragte sie mich, ob sie sie haben könne. Aber ich müsse sie ihr besorgen, da es ihr zu peinlich sei.

»Wozu brauchst du denn die alten Flaschen?«, wollte ich wissen. Bevor ich die *khawajas* darum bitte, musst du mir den Grund erklären.«

Sie lachte auf. »Meinetwegen. Ich will Parfüm mischen.«

Erstaunt zog ich die Augenbrauen hoch. »Parfüm? Für Parfüm braucht man doch keine so riesigen Flaschen.«

»Es wird *khombra«*, erwiderte sie. *Khombra* war ein Parfüm, das man bei Hochzeiten und Geburten verwendete.

»Willst du etwa wieder heiraten und noch mehr Kinder bekommen? Ich dachte, das hättest du hinter dir.«

Shokan fing zu lachen an. »Es ist für meine Töchter, du Dummerchen. Schließlich werden sie auch irgendwann heiraten. Man mischt dazu vier verschiedene Düfte mit Gewürzen und Sandelholz. Außerdem braucht man auch noch *dhoffra.«*

»Was ist denn *dhoffra?* Das Wort kenne ich nicht.«

»Gemahlene Tierkrallen.«

»Mmh, herrlich!«

Als ich Damien fragte, ob ich die Flaschen haben könne, klärte ich gleich noch etwas anderes: »Muss ich wirklich nicht mit zu dem Treffen mit den Militärkommandanten?«, erkundigte ich mich. »Das findet doch heute statt, oder?«

Damien lachte auf. »Ja, heute ist der große Tag. Aber leider hat der Landrover eine Panne, und außerdem ist hier im Camp das

Benzin ausgegangen. Wenn ich Glück habe, können wir den Ausflug also vergessen. Und du musst dir sowieso keine Sorgen machen, du bleibst hier und widmest dich deiner Familie.«
»Gut«, erwiderte ich lächelnd. Nach den Ereignissen des Vorabends brauchte ich dringend Ruhe. »Danke. Wie viel Zeit haben wir eigentlich noch?«
»Bis Samstag. Wir könnten vielleicht auch noch einige Tage dranhängen, aber wenn ich ehrlich bin, halte ich das für keine gute Idee. Es gibt hier nämlich einige Leute, denen ich nicht über den Weg traue.«
Ich wusste genau, worauf Damien hinauswollte. Erst Ahmed, der unsympathische Mann vom Marktplatz, und dann der Querulant mit dem wirren Haar. Wer konnte wissen, wer es sonst noch auf mich abgesehen hatte? Vielleicht waren es nur harmlose Gesellen – womöglich aber musste man auch Spitzel der Regierung hinter ihnen vermuten.
Ich rechnete nach: Bis zu unserer Abreise waren es noch vier Tage. »Es ist genug. Meine Familie wird zu Hause erwartet, denn bald fängt die Ernte an. Außerdem muss mein Vater sich um seine Kühe kümmern. Eigentlich ist er ja schon zu alt dafür, doch er hört nicht auf mich, wenn ich ihm sage, dass er nicht so viel arbeiten soll.«

Auch am späten Vormittag sah es nicht danach aus, als ob der Landrover so schnell irgendwo hinfahren würde. Awad hatte den Kopf unter der Motorhaube. Neben ihm auf dem Boden lagen zahlreiche ölverschmierte Motorenteile herum. Awad schraubte vergnügt vor sich hin, offenbar völlig ungerührt von der Tatsache, dass das Treffen mit den Militärkommandanten für zehn Uhr angesetzt war.
Beim Mittagessen waren wir alle etwas gereizt – vielleicht die Nachwirkung des gestrigen Tages. Mein Bruder fing an, sich über die Maismühle zu beschweren, die ich für das Dorf ge-

kauft hatte. Sie allein zu betreiben sei einfach zu viel Arbeit für ihn, weshalb er dringend einen Gehilfen brauche. Wenn der Mühle das Benzin ausginge, müsse er nach Dilling fahren, um welches zu besorgen. Währenddessen stünde die Mühle dann still, weil er keinen Vertreter habe. Eine einzige Person könne das unmöglich bewältigen.
Ich fand, dass Babos Einwände etwas für sich hatten. Doch mein Vater warf ihm einen vernichtenden Blick zu, als wäre er ein verwöhntes Kind.
»Das ist wieder mal typisch für die junge Generation!«, schimpfte er. »Als ich in deinem Alter war, wäre ich mühelos allein mit der Mühle zurechtgekommen.«
Babo sah meinen Vater finster an. »Das Mahlen ist harte Arbeit. Deshalb will sie ja auch niemand übernehmen.«
»Meinst du vielleicht, die Landwirtschaft wäre ein Zuckerschlecken?«, gab mein Vater zurück. »Zu meiner Zeit hätte man dir so eine Einstellung nicht durchgehen lassen.«
»Dauernd hackst du auf Babo herum«, sprang meine Mutter für ihren Lieblingssohn in die Bresche. »Bedräng ihn nicht so.«
»Und du widersprich mir nicht ständig«, entgegnete mein Vater. »Damit bringst du den Jungen nur durcheinander.«
»*Ba*, sprich nicht immer von damals«, wandte ich ein. »Die Zeiten haben sich eben geändert. Sei nicht so streng mit Babo.«
Ungeduldig schüttelte mein Vater den Kopf. »Jetzt fängst du auch noch an, Mende! Wenn du Partei für ihn ergreifst, verwöhnst du ihn bloß.« Er wandte sich an Babo. »Gut, ich übernehme für eine Woche die Mühle, und du kümmerst dich dafür um das Vieh und die Felder. Dann werden wir ja sehen, was anstrengender ist.«
Babo schwieg mürrisch, worauf mein Vater die Hände ausstreckte. »Schau dir mal die Schwielen an. Die kriegt man vom Arbeiten.«

Babo blickte zu Boden. »Ich will weder mit den Kühen noch mit der Mühle etwas zu tun haben.«
Ich merkte meinem Bruder an, dass er eingeschnappt war. Wie früher war er sehr empfindlich und nahm sich Kritik stark zu Herzen, insbesondere wenn sie von unserem Vater kam.
»Und was ist mit dir?«, meinte ich zu meinem Vater. »Obwohl du zu alt bist, um die Kühe zu versorgen, weigerst du dich, sie aufzugeben. Willst du immer so weitermachen?«
Mein Vater starrte mich entgeistert an. »Was stimmt denn mit meinen Kühen nicht?«
»Mit deinen Kühen ist alles in Ordnung, *ba*«, antwortete ich ein wenig sanfter. »Ich mache mir nur Sorgen um deine Gesundheit. Schließlich bist du auch nicht mehr der Jüngste …«
Mein Vater verzog das Gesicht. »Mende, was genau willst du mir damit sagen?«
»Warum hältst du eigentlich noch Kühe? Trinkst du etwa jeden Tag Milch oder isst Fleisch?«
Mein Vater schnaubte verächtlich. »Solche Fragen kann nur eine Frau stellen. Kühe zu besitzen ist eine Ehre, Mende. Es ist dein Erbe. Diese Kühe bilden das Vermögen unserer Familie.«
»Hm – ich wollte eigentlich etwas anderes vorschlagen. Verkauf sie doch alle, nimm das Geld und genieße das Leben. Du könntest mit Mutter verreisen und auch sonst tun, was du willst.«
Entgeistert schüttelte mein Vater den Kopf. »Glaubst du allen Ernstes, dass das etwas für mich wäre? Was soll ich denn ohne meine Kühe tun? Und was könnte ich meinen Kindern hinterlassen?«
»Wenn du Freude daran hast, *ba*, ist es ja gut. Ich möchte nur nicht, dass du dich überanstrengst.«
»Mende, womit würde ich mich ohne meine Kühe beschäftigen?«, regte sich mein Vater weiter auf. »Ich kann nicht den

ganzen Tag untätig herumsitzen. Was soll ich mit Reisen oder Sehenswürdigkeiten? Für Babo mag es ja das Richtige sein, aber nicht für mich.«

Ich musste mich beherrschen, um nicht über diesen Seitenhieb gegen meinen Bruder zu lachen. Als ich länger über die Worte meines Vaters nachdachte, wurde mir aber klar, dass er recht hatte. Vielleicht war ich wirklich zu lange fort gewesen und hatte mich dabei verändert und meine Herkunft vergessen. Niemals würde mein Vater sich für ein Leben in Untätigkeit entscheiden, und er hatte auch kein Interesse an Freizeit oder Geld. Seine Rinderherde war sein ganzer Stolz und kam bei ihm an zweiter Stelle gleich nach seiner Familie. Die Tiere zu versorgen gab seinem Leben jeden Tag Sinn. Außerdem war er tief in seinem Stamm, seinem Dorf und seiner Scholle verwurzelt. Unmöglich, ihn von seinem Vieh und seinem Land zu trennen, denn sie bildeten die Grundlage seines Selbstverständnisses. In gewisser Weise beneidete ich ihn darum.

Dennoch gefiel es mir nicht, dass er sich in seinem Alter noch so abplagte.

»Aber die Feldarbeit hast du doch eingeschränkt, oder, *ba?*«

»Wir bauen keine Sorghumhirse und keine Erdnüsse mehr an«, erwiderte mein Vater. »Und die haben die meiste Mühe gemacht. Wir pflanzen nur noch ein bisschen Mais und Sesam. Trotzdem vermisse ich die frischen Erdnüsse.«

»Ich auch. Warum habt ihr mir keine mitgebracht?«, witzelte ich, um die Stimmung aufzulockern. »Du weißt doch, wie gerne ich sie mag.«

Unvermittelt sprang mein Vater auf. »Gut, dann suchen wir uns welche. Schließlich gibt es hier jede Menge Felder.«

»Wir müssen zuerst den Bauern finden. Wir können uns nicht einfach selbst bedienen«, protestierte ich.

»Da drüben auf dem Feld arbeitet ein Mann«, antwortete mein Vater grinsend. »Ich habe ihn heute Morgen gesehen.«

Meine Mutter und ich hasteten hinter meinem Vater her, der eilig auf die Felder zusteuerte. Babo schmollte noch immer und schloss sich uns nicht an.

Mein Vater behielt recht: Gleich neben dem Eingang zum Hotel California lag ein kleines Erdnussfeld. Er spürte den Besitzer auf und begrüßte ihn.
»Können wir ein paar Erdnüsse kaufen?«, fragte er dann.
»*Kaufen* könnt ihr sie nicht«, antwortete der Bauer. »Nehmt euch nur, so viel ihr wollt.« Er bückte sich, zog eine Pflanze aus dem Boden und reichte sie meinem Vater. An der Wurzel hing ein dicker Klumpen Erdnüsse. Das Geld, das mein Vater ihm aufnötigen wollte, lehnte er konsequent ab. »Wenn ich nach Karko käme, dürfte ich mich doch auch auf deinem Feld bedienen, ohne dass du Geld dafür verlangen würdest.«
Mein Vater tat diesen Einwand mit einer Handbewegung ab. »Natürlich. Du könntest dich nach Herzenslust satt essen.«
»Richtig«, erwiderte der Mann. »Und deshalb zahlst du hier auch nichts.«
Während mein Vater und der Bauer Erdnusspflanzen in einer Ecke anhäuften, holten meine Mutter, Shokan und ich uns Gartenstühle und setzten uns damit aufs Feld. Ich merkte meinem Vater an, wie ihm das Herz aufging, und seine Seele schien den feuchten, erdigen Geruch der Felder in sich aufzusaugen. Endlich fühlte er sich nicht mehr wie in der Fremde.
Zufrieden schweigend zupften wir die Pflanzen auseinander, und es herrschte eine entspannte und glückliche Stimmung. Anders als im Camp lief mein Vater nicht ständig nervös auf und ab, da er sich auf dem Feld in seinem Element fühlte. Dass wir uns hier, ungestört von den Blicken neugieriger Besucher, mit etwas ganz Einfachem und Alltäglichem beschäftigen konnten, schweißte uns als Familie endgültig wieder zusammen.
Ich ging Damien holen, damit er uns auch einmal so erlebte.

Dieses selbstverständliche Miteinander war es, das ich mir beim Gedanken an ein Wiedersehen mit meiner Familie erträumt hatte. Doch da wir nun einmal Gäste des Camps waren und in Kauda eigentlich keinen wirklichen Alltag leben konnten, würde sich während unseres Aufenthalts vermutlich keine zweite Gelegenheit wie diese mehr ergeben.
Damien und Hannah setzten sich zu uns. Ich bat Damien, ein paar Fotos zu machen, weil ich mir ein Andenken an diesen Augenblick wünschte. Dann reichte ich Hannah ein paar Erdnüsse. Sie bedankte sich mit einem Lächeln, wischte die Erde ab und verspeiste sie genüsslich.
»Lecker!«, verkündete sie. »Kann ich noch mehr haben?«
Ich reichte ihr die Schüssel mit den Nüssen. Sie beobachtete, wie mein Vater die Schale knackte, und brach sich beim Versuch, seinem Beispiel zu folgen, einen Nagel ab.
»Autsch!«, rief sie. »Ich wusste gar nicht, dass die Dinger so hart sind.«
»Schau«, meinte mein Vater und gab ihr eine in der Mitte aufgebrochene Hülse. »Weil die Nüsse noch ganz frisch sind, ist sie ganz voll. Und ohne Hohlraum ist sie schwerer zu knacken.«
Gerührt aß Hannah die Nüsse, die mein Vater ihr in die Hand drückte. Als ich ein Kind gewesen war, hatte er sie auch für mich geknackt. Hannah war zwar erwachsen, doch mein Vater wusste, dass sie weiche *khawaja*-Hände hatte und deshalb ebenso an den Nüssen gescheitert wäre wie ein Nubakind.

Allerdings währte unsere Idylle nicht lang, denn Kuku Khadia erschien in Begleitung eines anderen Mannes.
»Aha, Erdnüsse«, stellte Kuku fest, als er sah, was wir da taten. »Wie lecker.«
Es war ihm anzumerken, dass er fand, ich hätte Wichtigeres zu tun. Dann stellte er uns den Fremden vor und fügte hinzu,

er stamme aus der Region Darfur im Westsudan. Der junge Mann erklärte, es gebe hier in den Nubabergen ganz in der Nähe ein Flüchtlingslager für Menschen aus Darfur, und bat uns, dieses zu besuchen.

Es machte mich neugierig, dass man ausgerechnet hier in den Nubabergen ein solches Flüchtlingslager eingerichtet hatte, denn schließlich waren wir Hunderte von Kilometern entfernt vom Krisengebiet. Ich überlegte kurz. Einerseits bedeutete das natürlich wieder weniger Zeit allein mit meiner Familie. Andererseits ging mir das Leid der Bevölkerung von Darfur besonders nah, da es mich an mein eigenes Schicksal erinnerte. Und so beschloss ich, die Menschen im Lager zu besuchen. Wir verabredeten uns für den kommenden Vormittag.

Als Kuku mir meldete, es seien außerdem Besucher für mich eingetroffen, ließ ich meine Familie widerstrebend auf dem Feld zurück und ging los, um die Gäste zu begrüßen. Es handelte sich ausschließlich um Männer, zum Großteil ehemalige Soldaten. Youssef war auch dabei. Damiens gestrige Warnung an Kuku hatte offensichtlich wenig bewirkt.

Ich bemühte mich, die Männer freundlich, wenngleich etwas distanziert zu behandeln, aber offenbar rechneten sie fest damit, dass ich ihnen Tee anbot. Nun ließ der Zimmerservice im Hotel California etwas zu wünschen übrig, und so setzte ich mich eine Weile zu den Besuchern und plauderte, in der Hoffnung, dass sie den Wink verstehen und wieder gehen würden. Dabei quälte mich jedoch ständig der Gedanke, wie entsetzlich unhöflich es in unserer Kultur war, seine Gäste dursten und hungern zu lassen.

Zu guter Letzt kapitulierte ich vor meinem schlechten Gewissen und ging in die Küche. Da Hannan mit dem Mittagessen beschäftigt war, kochte ich den Tee selbst, stellte alle benötigten Utensilien auf ein Tablett und brachte dieses den Männern. Die aber rührten sich nicht, offenbar in der Erwartung, dass ich ihnen den Tee einschenken würde. Obwohl ich hier der allseits gefeierte Ehrengast war, sollte ich doch die Männer bedienen wie ein braves kleines Nubamädchen.

»Bitte sehr«, verkündete ich und wies auf das Tablett. »Greift zu. Wir haben hier Selbstbedienung.«

Doch die Männer starrten weiter auf die Teekanne. Anscheinend waren sie fest entschlossen, lieber zu verdursten als den Tee selbst einzugießen. Nach einer Weile kam Babo herbei und fing an, den Tee zu verteilen, nicht ohne mir einen finsteren Blick zuzuwerfen. Ich wusste, dass er böse auf mich war, weil ich meine weiblichen Pflichten vernachlässigte. Mich aber machten die hiesigen Zustände immer wütender. Als die Gäste sich verabschiedet hatten, gingen Kuku und Babo los, um nach dem Landrover zu sehen, so dass ich mit Youssef allein zurückblieb.

»Kannst du mir vielleicht verraten, warum die Frauen hier für die ganze Arbeit zuständig sind?«, fragte ich ihn.

»Was meinst du damit?«, gab er zurück.

»Nun, ihr Männer habt mehr Körperkraft als wir Frauen. Und trotzdem erwartet ihr von uns, dass wir Tee in eure Tassen schütten, Milch und Zucker dazugeben und euch das Ganze dann auch noch in die Hand drücken. Ein Wunder, dass ihr wenigstens das Austrinken selbst erledigt. Könnt ihr Männer denn gar nichts allein tun? Oder seid ihr behindert?«

Lachend schüttelte Youssef den Kopf. »Dein Einwand hat etwas für sich. Aber nicht alle Nubamänner sind so, Mende. Ich gehöre nicht dazu.«

Ich war überrascht, denn ich hatte damit gerechnet, dass Youssef seine Geschlechtsgenossen in Schutz nehmen würde.

»Ich habe mir genau angeschaut, wie es in Kauda läuft: Die Männer behandeln ihre Ehefrauen wie Sklavinnen«, fuhr ich fort. »Die Frauen hacken Holz, tragen es nach Hause, holen Wasser, kochen, putzen, bringen die Kinder zur Welt und versorgen sie dann. Sie müssen sogar den Großteil der Feldarbeit erledigen.«

Youssef nickte. »Ich weiß.«
»Mein Vater ist nie so mit meiner Mutter umgesprungen. Niemals hat er sie zum Holzschleppen geschickt, und er macht bis heute die meiste Feldarbeit. Sie haben die Pflichten untereinander aufgeteilt. Mein Vater begreift nicht, wie sich alles so verändern konnte. Schau dir nur meinen Bruder Babo an. Sogar er sitzt nur da und lässt sich von den Frauen bedienen.«
»Stimmt«, seufzte Youssef hilflos. »So ist es nun einmal hier. Wir müssen es unbedingt ändern, doch es wird eine Weile dauern. Der Krieg hat die Frauen daran gewöhnt, für alles verantwortlich zu sein.«
»Wenn mein Vater sieht, dass etwas getan werden muss, packt er es an«, schimpfte ich weiter. »Mein Vater hat *harraro*, Antrieb. Er behauptet nicht, irgendetwas wäre Frauenarbeit, und wartet dann, bis eine Frau es übernimmt. Selbst hier fegt er jeden Morgen den Hof. Außerdem ist er sehr direkt und nimmt kein Blatt vor den Mund, was das alles betrifft.«
»Ein bisschen wie du also?« Youssef schmunzelte.
Ich lächelte zurück. »Ja, ein bisschen. Vielleicht haben wir ja beide *harraro*. Deshalb stehen wir uns wahrscheinlich auch so nah.«
Als mein Vater sich zu uns gesellte, berichtete Youssef ihm von meinen »radikalfeministischen« Ansichten.
Mein Vater erwiderte, seine Mutter sei genauso gewesen. »Ich erzähle euch eine Geschichte«, begann er. »Eines Tages hatte meine Mutter den ganzen Tag schwer im Haushalt gearbeitet, gekocht, geputzt und sich um die Kinder gekümmert. Doch ihr Mann, mein Vater, kommandierte sie ständig herum, bis sie schließlich zu ihm meinte: ›Wie soll ich hier irgendetwas schaffen, wenn du nur herumsitzt und verlangst, dass ich dir alles hinterhertrage? Wann habe ich einmal Zeit, einfach nichts zu tun?‹ Deine Großmutter war eine sehr starke Frau, Mende.«
Mein Vater sah mich mit funkelnden Augen an und fuhr fort: »Dein Großvater hat sich bei ihr entschuldigt und geantwor-

tet: ›Dann setz dich hin und ruh dich aus.‹ Das tat meine Mutter auch und nützte den Rest des Nachmittags, um sich zu erholen. Aber bald ging das Trinkwasser zur Neige, und es war auch nichts mehr zu essen im Haus. ›Wenn ich mich ausruhe und du auch nichts tust, werden wir alle verhungern und verdursten‹, stellte meine Mutter fest. ›Glaubst du, ich möchte jeden Tag am Hungertuch nagen?‹ Und so brachte sie deinem Großvater bei, dass er nicht den ganzen Tag müßig herumsitzen konnte.«

Ich lachte. Das war eine Lektion, die die Männer von Kauda offenbar bitter nötig hatten.

Ich fragte mich, was sich seit der Jugend meines Vaters so verändert haben mochte. Hatte es wirklich mit dem Krieg zu tun? Lag es daran, dass die Männer sich daran gewöhnt hatten, zu kämpfen und den Alltag den Frauen zu überlassen? Oder war der Grund eher im Einfluss des Islam auf die Kultur der Nuba zu suchen? Als Muslimin war ich mir dessen bewusst, wie unsere Religion missbraucht wurde, um Frauen zu unterdrücken. Allerdings war Youssef auch Moslem und, soweit ich feststellen konnte, einer der aufgeklärtesten Männer hier. Vermutlich handelte es sich wirklich um eine Folge der langen Kriegsjahre.

Wie so oft im Hotel California hatte es heute wieder kein Frühstück gegeben. Zum Mittagessen wurde *kal* und *waj* serviert, eine Art steife Polenta mit Okragemüse. Dieses Gericht ist bei uns Nuba sehr beliebt, aber ich wusste, dass Damien und Hannah es nicht leiden konnten. Es stand zwar auch ein Topf mit »*khawaja*-Essen« auf dem Herd, doch nur der Himmel wusste, wann es fertig sein würde. Inzwischen war der Landrover repariert, und Damien brannte darauf, den Besuch in Lwere hinter sich zu bringen. Also fuhren sie los, ohne auf das Mittagessen zu warten.

Als mein Vater bemerkte, dass sie mit leerem Magen aufge-

brochen waren, hatte er große Angst um ihre Gesundheit und schüttelte verzweifelt den Kopf. »Kein Frühstück, kein Mittagessen. Bis sie zurückkommen, werden sie keinen Appetit mehr haben. Ich wünschte, ich hätte sie in mein Haus einladen können, um ihnen zu zeigen, was wir in den Nubabergen unter Gastfreundschaft verstehen«, klagte er.
Nachdem mein Vater sich ein wenig beruhigt hatte, holten wir die Schüsseln mit den Erdnüssen vom Feld und fingen an, sie zuzubereiten. Wir reinigten sie, gaben sie in einen großen Topf und kochten sie über dem Feuer. Gekochte Erdnüsse schmecken ganz anders als rohe. Während meine Schwester und ich sie abgossen und mein Vater sie in der Sonne ausbreitete, hielt meine Mutter in der Hütte ein Nickerchen.
Bei der Arbeit summte mein Vater zufrieden vor sich hin. Auch ich war glücklich, denn diese alltägliche Verrichtung sorgte dafür, dass ich mich wieder wie in meiner idyllischen Kindheit fühlte. Die Erdnüsse in der Sonne erinnerten an einen goldenen Teppich. Immer wieder knackte mein Vater eine Nuss, steckte sie in den Mund und reichte auch mir eine Handvoll. Ein Genuss! Meine Schwester förderte einige frische Gurken zutage, die sie aus Karko mitgebracht hatte. »Wir brauchen bei der Arbeit Stärkung«, verkündete sie. »Ich mache uns zu den Nüssen einen Salat.«
Ich half ihr dabei. Wir schnitten Zwiebeln, Tomaten und Gurken auf und mischten Chilis und Zitronensaft zu einer Sauce. Jetzt hatten wir eine köstliche Beilage zu unseren frisch gekochten Erdnüssen.

Natürlich wurden wir bald wieder von Besuchern gestört. Zuerst eine weiße Dame, die mich interviewen wollte, dann ein paar mir völlig fremde Nubamänner. Widerwillig hastete ich in die Küche, um Tee für sie zu bestellen, und eilte dann zu ihnen zurück. Unterwegs sah ich noch kurz in der Hütte nach meiner Familie.

Als ich mich wieder der weißen Frau widmen wollte, wurde ich von Shwaya abgefangen, die mir mitteilte, es gebe offenbar ein Problem mit unserem UN-Flug: Wahrscheinlich würde er drei Tage früher eintreffen als geplant, also bereits übermorgen. Ich erwiderte, ich würde mich damit beschäftigen, nachdem ich die Besucher losgeworden sei. Wieder einmal fühlte ich mich am Ende meiner Kräfte.

Ich teilte der *khawaja*-Frau mit, ich würde ohne Rücksprache mit Damien keine Interviews geben, und bat sie, ein andermal wiederzukommen. Nachdem ich ihr und den Nubamännern noch Tee serviert hatte, drehte ich ihnen kühn den Rücken. Wenn es wirklich so war, dass ich früher fliegen musste, lief mir die Zeit davon, und ich wollte nichts weiter, als bei meiner Familie zu sein.

Als ich mich unserer Hütte näherte, hörte ich gedämpfte Stimmen, blieb lauschend an der Tür stehen und stellte fest, dass über mich geredet wurde.

»Wir sind wegen Mende hier, doch sie ist die meiste Zeit verschwunden«, beklagte sich Shokan. »Wenn wir wieder in Karko sind, werden wir kaum etwas über sie erzählen können.«

»Aber es ist doch nicht ihre Schuld«, widersprach meine Mutter. »Sie kann nichts dafür, dass sie ständig Besuch bekommt.«

»Ihr bleibt nichts anderes übrig«, ergänzte mein Vater. »Es wäre unhöflich von ihr, die Gäste nicht zu empfangen.«

Ich fühlte mich elend. Als ich eintrat und den Kopf hängen ließ, blickten alle auf. Dann schaute Shokan verlegen zu Boden.

Meine Mutter lächelte mir tapfer zu und forderte mich auf hereinzukommen. »Setz dich, Mende. Du weißt, dass ich viel zu wenig Zeit mit dir hatte, meine Tochter.« Sie legte den Arm um mich.

»Das stimmt«, antwortete ich. »Aber was soll ich tun? Bitte verzeiht mir. Beim nächsten Mal müssen wir uns anderswo treffen. Irgendwo, wo wir die Tür hinter uns zumachen und miteinander allein sein können, so lange wir wollen. Vielleicht wäre das ja eine Lösung?«

Als der Landrover zurückkehrte, war es schon dunkel. Ich merkte Damien und Hannah die Erschöpfung an. Sie hatten einen langen Tag hinter sich und noch nichts im Magen. Ich sorgte dafür, dass sie etwas zum Abendessen bekamen, und erkundigte mich dann nach ihrem Besuch in Lwere.

»Hat man mich erwartet?«, fragte ich besorgt. »Was haben sie gesagt? Waren die Leute verärgert?«

»Nein«, brummte Damien. »Ich habe einfach behauptet, du hättest dir eine kleine Malaria eingefangen.« Er schaute von seinem Teller auf und fixierte mich mit einem forschenden Blick. »Du hast doch Malaria, richtig?«

»Aber natürlich.«

»Prima! Wenn noch jemand auf Besuch kommt, schütze einfach Krankheit vor, einverstanden?«

Ich nickte. »Und was war sonst noch los?«

»Willst du die lange oder die kurze Version hören?«, fragte Damien. »Bei der langen schläfst du bestimmt ein.«

Ich lachte. »Gut, dann also die kurze.«

»Wir fuhren los, doch schon nach kurzer Zeit hatte der Landrover wieder eine Panne«, begann Damien. »Und so saßen wir am Straßenrand und aßen Brotfrüchte, während Awad versuchte, den Wagen zu reparieren. Nachdem wir die Karre ein paarmal vergeblich angeschoben hatten, warfen wir das Handtuch. Dann kam in Höchstgeschwindigkeit ein mit Soldaten vollgestopfter Pick-up daher. Kuku hielt den Daumen raus und bat die Soldaten, uns mitzunehmen. Als wir gerade hinten aufstiegen, warf der Fahrer eine leere Brandyflasche aus dem Fenster. Ich muss gestehen, dass ich in all den Jahren im Sudan noch nie so um mein Leben gefürchtet habe.«

»Warum?«, fragte ich.

»Der Fahrer raste wie ein Verrückter. Nie nahm er den Fuß

Ein weiblicher kujur

vom Gas, ganz gleich, ob sich ihm Schafherden, Frauen mit Wasserkrügen auf dem Kopf oder Schulkinder in den Weg stellten. Sie mussten alle beiseite springen. Eins sage ich dir, Mende, im Krieg ging es in diesem Land weniger gefährlich zu. Zumindest herrschte eherne Disziplin, und die Sodaten waren nicht ständig blau wie die Strandhaubitzen.«
Damien aß einen Bissen. »Auf wundersame Weise kamen wir trotzdem lebendig in Lwere an«, sprach er weiter. »Und außerdem ohne jemanden totgefahren zu haben. Daraufhin fanden eine Reihe höchst spannender Besprechungen statt ... aber damit möchte ich dich nicht langweilen.«
»War es ein Fehler, dass ich nicht mitgekommen bin?«, erkundigte ich mich.
»Überhaupt nicht. Der Höhepunkt des Nachmittags war der Besuch beim dortigen *kujur*. Wirklich sehr aufschlussreich.«
Ich grinste. »Hat er dich verhext?«

»Der *kujur* war kein Er, sondern eine Sie.«
»Ein weiblicher *kujur*, das ist wirklich eine Seltenheit.«
»Ja. Sie hat mir Wasser ins Gesicht gespritzt und mir ein langes Leben vorhergesagt. Am liebsten hätte ich ihr geantwortet, dass ich das für höchst unwahrscheinlich hielte, wenn wir mit diesen betrunkenen Idioten zurückfahren müssten. Sie ist ein Ernte-*kujur* und für eine reiche Ernte verantwortlich. Außerdem kann sie die Ahnen anrufen. Auch sie hat uns von dem einzigen Gott der *kujurs* – Abadir – erzählt, den sie sehen und mit dem sie sprechen könne. Er sei die Quelle ihrer Macht.«
Ich kicherte. »Und glaubst auch du jetzt an Abadir?«
»Wenn es dann friedlicher zugehen würde, gern«, erwiderte Damien. »Wir hätten alle denselben Gott, und so könnte auch niemand unter dem Deckmäntelchen der Religion einen Krieg mit seinen Nachbarn vom Zaun brechen. Vielleicht konvertiere ich bald zur Religion der *kujurs*. Wenn mich jemand fragt, welcher Glaubensgemeinschaft ich angehöre, antworte ich, ich hätte mich zum Kujurianismus bekehren lassen. Was hältst du davon? Machst du mit?«
Ich wandte mich an Kuku Khadia, der sich gerade zu uns gesetzt hatte. »Und welcher Religion gehörst du an?«, fragte ich, ohne auf Damiens Neckereien einzugehen.
»Warum interessiert dich das?«, entgegnete Kuku. »Die Religion ist Privatsache. Du bist ein Mensch, ich bin ein Mensch, und das ist alles, was zählt. Über die Religion hier in den Nubabergen könnte ich dir Geschichten erzählen …«
»Moment mal«, unterbrach Damien. »Ich bin noch nicht fertig. Wie durch ein Wunder hatte jemand den Landrover flottgekriegt, Awad holte uns ab, und wir machten uns auf die lange Rückfahrt. Doch als wir den steilsten Punkt des Hügels erreichten, blieb das Auto wieder stehen. Wir stiegen alle aus, klemmten einen großen Stein unter das Hinterrad und schoben die Kiste bis zur Kuppe. Hannah sagte, während der rest-

lichen Fahrt sei der Wagenboden so heiß gewesen, dass sie das Gefühl hatte, ihre Schuhe stünden in Flammen.«

Damien hielt inne und machte ein ernstes Gesicht. »Ich möchte ja niemanden erschrecken, aber ich frage mich, ob dieses Auto es wieder zurück nach Karko schaffen wird.«

Eine gute Frage – und noch ein Problem, mit dem ich mich beschäftigen musste.

»Wollt ihr jetzt meine Geschichte hören?«, begann Kuku. »Gut. Ich kenne nämlich einen Nuba, der Sohn einer Christin und eines Moslems ist. In den Nubabergen kommen solche Mischehen ziemlich häufig vor. Also wurde der Mann im Sinne beider Traditionen erzogen und schloss sich später dem Kampf der Nuba an. Kurz darauf zog seine Mutter nach Saudi-Arabien, um dort Arbeit zu suchen. Während sie zum Islam übertrat und eine fromme Muslimin wurde, blieb der Vater in den Nubabergen und konvertierte irgendwann zum Christentum.«

»Sie haben also gewissermaßen die Religionen getauscht?«, wunderte ich mich.

Kuku schmunzelte. »Genau. Als seine Mutter aus Saudi-Arabien zurückkam, ging sie in die Moschee, während sein Vater die Kirche besuchte – also genau umgekehrt wie zuvor. Aber sie waren immer noch glücklich miteinander. Eines Tages besuchten die Eltern ihren Sohn. Die Mutter entrollte ihren Gebetsteppich, und der Vater packte seine Bibel aus. Doch der Sohn hielt sie beide zurück. ›Mein Sohn, warum hinderst du uns daran zu beten?‹, fragte der Vater, und die Mutter war genauso konsterniert. Der Sohn betrachtete die beiden, und dann antwortete er …«

Kuku hielt inne, um seinen Teller nachzufüllen.

»Also, was hat er geantwortet?«, drängte ich.

»Der Sohn sagte: ›Als ich ein Kind war, hast du, Vater, mich mit in die Moschee genommen. Dann bist du, Mutter, mit mir in die Kirche gegangen. Ihr wolltet beide, dass ich zu eurem

Gott bete. Jetzt habt ihr die Religionen getauscht. Woran, um Himmels willen, soll ich jetzt noch glauben? Also habe ich beschlossen, mein Haus zur religionsfreien Zone zu erklären. Während eures Aufenthalts werdet ihr euch an meine Regeln halten und mich mit eurer Religion verschonen.‹«

»Und was meinten die Eltern dazu?«, fragte ich.

Kuku lachte. »Was blieb ihnen anderes übrig, als zuzustimmen?«

Kuku erzählte uns von der einzigartigen religiösen Toleranz der Nuba. Es sei nicht unüblich, dass ein Elternteil Moslem, der andere Christ sei, während beide an den *kujur* glaubten und den Kindern die Glaubensentscheidung selbst überließen. Darin könne der Rest der Welt eine Menge von den Nuba lernen, stellte Kuku fest. Wo sonst gäbe es eine so vorurteilsfreie Gesellschaft, in der zwei große Religionen nebeneinander existierten und Mischehen an der Tagesordnung seien?

»Wie weit geht diese Toleranz?«, hakte Damien nach. »Verzeiht ihr auch denen, die während des Krieges versucht haben, euch auszurotten?«

»Das geschieht immer wieder«, antwortete Kuku. »Alte Feinde können einander vergeben, wenn sie einsehen, dass sie falsch gehandelt haben, um Verzeihung bitten und Reue zeigen. Allerdings ist die Vergebung ein Geschenk dessen, der verzeiht. Wenn ein Nuba vor der Wahl steht, ob er einem anderen Menschen verzeihen soll, kann er sich dafür oder dagegen entscheiden. Doch auch dann wird er seinen alten Feind noch lange argwöhnisch beobachten. Auf diese Weise kann man sich ein Bild davon machen, ob die Bitte um Verzeihung ernst gemeint war.«

Ich lehnte mich zurück und ließ Kukus Worte auf mich wirken. Für einen so jungen Menschen war er erstaunlich weise und hatte offenbar schon viel über die Nubatradition der Toleranz und des Verzeihens nachgedacht. Wenn sich seine Aufgeschlossenheit auch auf die Frauenfrage erstreckt

Die Frauen von Darfur

unten: *Mende mit der Frau, die alles verlor*

oben: *Mende und Intesar*

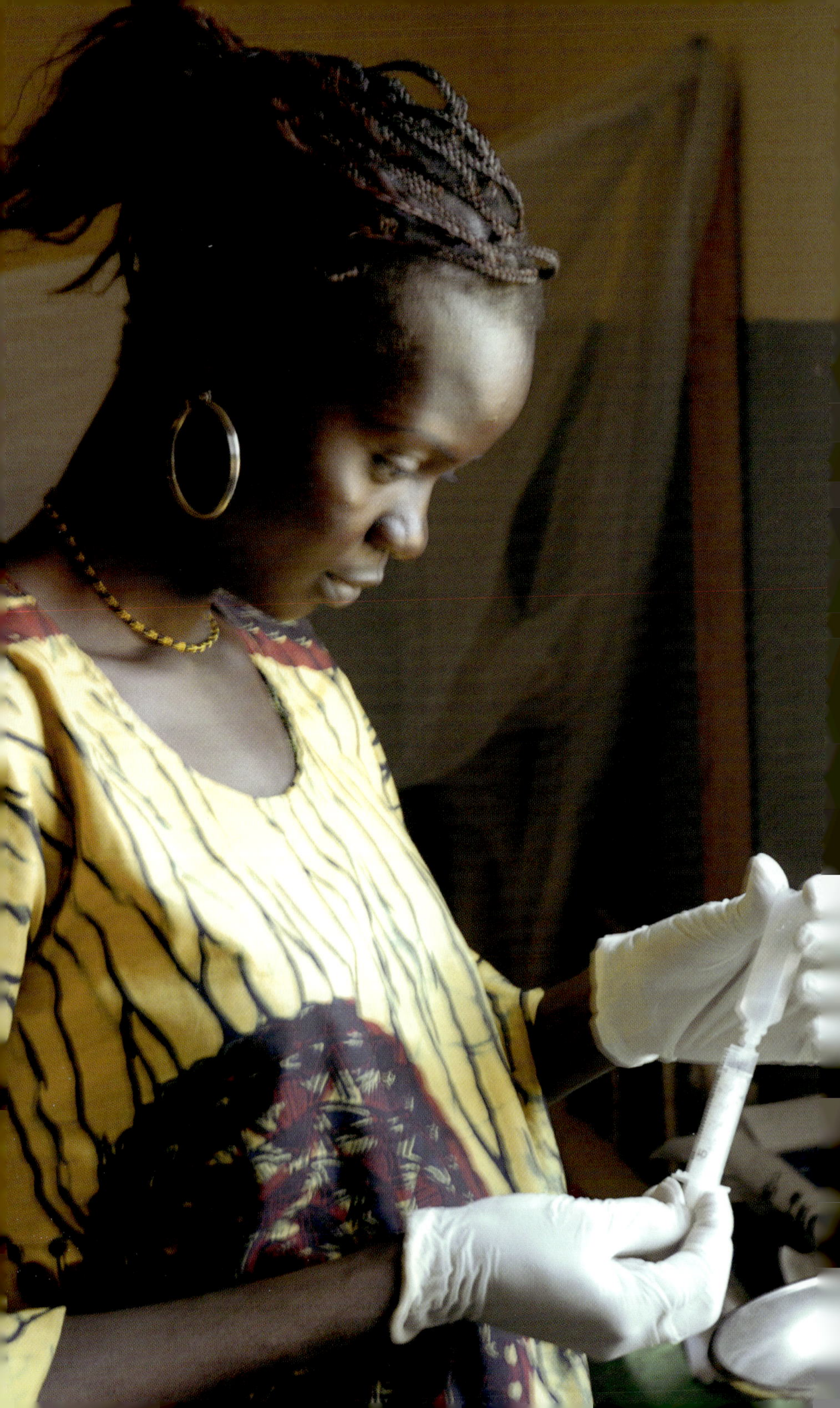

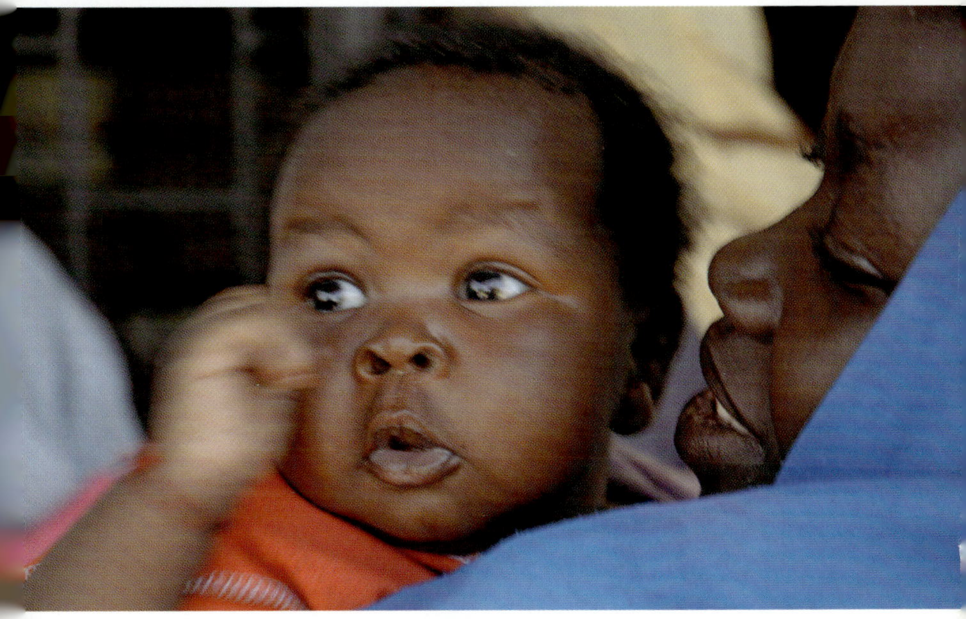

Eine Krankenschwester und
ein kleiner Patient in der Kumo-Klinik

Cousin Abdullah mit seiner Frau Ushea

hätte, hätte ich ihn ohne zu zögern zum Präsidenten der Nubaberge gewählt.

Ich entschuldigte mich und zog mich in meine Hütte zurück. Meine Eltern schickten sich gerade zum Schlafengehen an.
»Ich bin völlig erledigt«, verkündete ich. »Morgen trete ich endgültig in den Streik. Ich werde mich weigern, für irgendjemanden Tee und Essen zu machen. Mir ist es egal, ob sich die Gäste selbst versorgen oder verhungern!«
Meine Eltern und meine Schwester krümmten sich vor Lachen, aber ich meinte es todernst.
»Wo werden wir uns wiedersehen, Mende?«, knüpfte Shokan voller Hoffnung an unser vorheriges Gespräch an.
»Vielleicht doch einmal in Karko?«, schlug ich hoffnungsvoll vor. Ich sehnte mich so danach.
Meine Schwester schüttelte den Kopf. »Dort wird es noch schlimmer sein. Die Leute werden uns das Haus einrennen.«
Meine Mutter nickte zustimmend.
»Warum?«, gab ich zurück. »Wir schließen einfach die Tür ab.«
»Du weißt doch, wie es in unserem Dorf ist ...«, begann Shokan, aber meine Mutter unterbrach sie mit einer Handbewegung.
»Mende, das ganze Dorf kennt dich«, erklärte sie mir freundlich. »Alle wissen, dass du verschwunden warst und wieder lebendig zurückgekommen bist. Wenn du schon hier in der Fremde, in Kauda, so viele Besucher hast, kannst du dir sicher vorstellen, wie es in Karko sein wird.«
Hilflos starrte ich zu Boden und wusste nicht, was ich sagen sollte. Es war, als machte man mir das Recht streitig, meine Heimat zu besuchen. Nach einer Weile sah ich meine Mutter an. »*Umi*, Karko war einmal mein Zuhause. Ist es das immer noch? Wenn ich nicht einmal dort in Ruhe mit euch zusammen sein kann, wo denn dann?«

13
Berittene Teufel

Am folgenden Morgen beim Frühstück berichtete Shwaya Damien und Hannah von den Problemen mit dem UN-Flug. Wie immer herrschte ein heilloses Durcheinander. Anscheinend würde die Maschine tatsächlich nun schon drei Tage früher eintreffen – und das hieß bereits morgen. Für eine Abreise war es allerdings noch viel zu früh, und außerdem stand heute der Besuch im Flüchtlingslager für die Menschen aus Darfur auf dem Programm.

Niemand – auch nicht Shwaya – schien den Grund für die Änderung zu kennen. Damien, Hannah und ich zogen uns zu Beratungen zurück.

»Die Lage sieht also so aus«, begann Damien. »Unser erster Flug ab Loki wurde ganz gestrichen. Ebenso der von Hagen und Mariella. Und jetzt kommt die Maschine angeblich drei Tage zu früh. Allerdings glaube ich keine Minute lang, dass sie tatsächlich eintreffen wird. Offenbar sind die Flugverbindungen der UN zu einhundert Prozent unzuverlässig. Die Frage ist nur, was wir jetzt tun sollen?«

»Welche Alternativen gibt es denn?«, fragte ich.

»Naja«, sagte Damien, »erstens: Wir fahren morgen zum Flugplatz und hoffen und beten, dass die Maschine kommt.«

»Nein, nein, das geht nicht«, fiel ich ihm ins Wort. »Ich fühle mich, als hätte ich noch gar keine Zeit mit meiner Familie gehabt.«

»Einverstanden«, erwiderte Damien. »Wenn wir also garantiert rechtzeitig abreisen wollen, bleibt uns nichts anderes

übrig, als selbst eine Maschine zu chartern, wie beim Herflug. Und ihr wisst, dass das Kosten von mindestens fünftausend Dollar bedeutet.«
»Nun, fünftausend Dollar sind eine Menge Geld«, meinte ich. »Warum rufst du nicht erst die UN an und erkundigst dich, was los ist?«
Damien seufzte. »Weil ich auf die Antwort sowieso nichts geben würde.«
»Na gut. Auf keinen Fall will ich auf die letzten drei Tage mit meiner Familie verzichten«, wiederholte ich. »Ich habe mich auf jeden einzelnen Tag gefreut.«
»Gut, dann chartern wir eben Turbine Air, mit denen wir hergekommen sind. Allerdings ist das leichter gesagt als getan. Wahrscheinlich müssen wir das MORDAR-Büro in Loki anfunken und die Leute dort bitten, Turbine Air etwas auszurichten. Es ist ein Alptraum. Außerdem bleibt die Rechnung an uns beiden hängen, Mende.«
Ich nickte. »Ich weiß. Doch wenn es um meine Familie geht, gebe ich meinen letzten Cent.«
Da Awads Landrover bei dem gestrigen Ausflug nach Lwere stark gelitten hatte, steckte mein Cousin wieder den Kopf unter die Motorhaube. Offenbar würde bis zu unserem Besuch im Darfur-Flüchtlingslager noch einige Zeit vergehen, weshalb wir die Gelegenheit nutzten, um uns um den Flug zu kümmern. Am späten Vormittag gelang es Shwaya, einen Funkspruch abzusetzen, und wir erhielten die Bestätigung, dass unser Flug gebucht war. Allerdings traute Damien dem Frieden nicht, bevor er nicht selbst am Satellitentelefon mit einem Mitarbeiter von Turbine Air gesprochen hatte.
Als Awad verkündete, der Landrover sei wieder fahrtüchtig, brachen wir zum Flüchtlingslager auf. Alle schienen erleichtert, das Camp verlassen zu können, auch wenn die Fahrt zu einem Ort führte, wo wahrscheinlich verzweifelte Zustände herrschten. Viel wussten wir noch nicht über die Lage dieser

Menschen; nur das, was Kuku Khadia und sein Freund aus Darfur uns am Vortag erzählt hatten. Deshalb war ich sehr neugierig auf die Flüchtlinge und fragte mich, welchen Stämmen sie angehörten. Ähnelten sie wohl den Nuba und waren ihre Leiden mit den unseren vergleichbar?

Als wir gerade losfahren wollten, traf Kuku Khadia ein und erbot sich, uns zu begleiten, weshalb es ziemlich eng im Auto wurde.

Kaum unterwegs, wies mein Vater auf die Tasche in der Tür des Landrover. »Schau, ob meine Sachen da drin sind«, wies er meine Mutter an.

»Was für Sachen?«, gab sie zurück, obwohl sie ganz genau wusste, dass er seinen Tabak meinte. Sie tastete nach und meldete, sie habe nichts gefunden. Daraufhin wollte mein Vater über mich klettern, um selbst zu suchen, und schließlich war Awad gezwungen anzuhalten, damit er richtig nachsehen konnte. Alle mussten aussteigen, während er sich vergewisserte, dass der Tabak weder hinter einen Sitz noch auf den Boden gerutscht war – sondern vielmehr im Camp geblieben. Da wir uns nicht noch einmal den ganzen Tag damit beschäftigen wollten, kehrte Awad brav um, und dann konnten wir uns endlich auf den Weg machen.

Bis zum Lager war es weiter, als ich gedacht hatte. Erst nach einer zweistündigen Fahrt über die Ebene erreichten wir unser Ziel, das sich in einer sengend heißen, steinigen und staubigen Bodensenke befand. Ringsherum ragten schroffe Berge auf. Inzwischen herrschte im Wagen eine ängstliche und angespannte Stimmung, da wir nicht wussten, was uns erwartete. Als wir ankamen, fielen mir zuerst die vielen Kinder auf. Überall wimmelte es von Jungen und Mädchen, die unter alten Plastikplanen und anderem Sperrmüll Schutz vor der gleißenden Sonne suchten.

Wir alle stiegen aus und folgten Kuku Khadia in das Zentrum des Lagers. Von überall her hörten wir die inzwischen ver-

Flüchtlingskind

trauten *khawaja*-Rufe. Plötzlich waren Damien und Hannah von Kindern mit Rotznasen umringt, denen Fliegen um die Münder krabbelten.
Damien ging in die Hocke, holte die Kamera heraus und begann zu fotografieren. Doch schon im nächsten Moment bemerkte ich, dass sich nackte Angst im Blick eines kleinen, schätzungsweise kaum zwei Jahre alten Jungen malte. Er fing an zu schreien und um sich zu schlagen und wollte davonlaufen, während die älteren Kinder versuchten, ihn zu beruhigen. Die Großen verstanden, was Damien da tat, aber die Kleinen schienen sich sehr vor ihm zu fürchten.
Plötzlich fiel es mir wie Schuppen von den Augen: Keines der Kinder fürchtete sich vor mir oder meiner Familie, da wir aussahen wie schwarze Afrikaner. Damien hingegen erinnerte sie mit seinem sonnengebräunten Gesicht und den Bartstoppeln vermutlich an die arabischen Banditen, die ihre Dörfer

überfallen hatten – und seine riesige Nikon-Kamera wirkte auf ein Kleinkind wohl wie ein Gewehr.
Ich ging ebenfalls in die Hocke, drückte den verängstigten kleinen Jungen an mich und tat mein Bestes, um ihn zu trösten. Als ich ihm mit der Handfläche Rotz und Fliegen vom Gesichtchen wischte, ekelte ich mich überhaupt nicht. Schließlich putzten wir zu Hause kleinen Kindern auch auf diese Weise die Nase; meine Mutter hatte es bei mir genauso gemacht.
Als Kuku Khadia mich rief, erhob ich mich und wurde Noor Haroun, dem Leiter des Lagers, vorgestellt. Noor war selbst ein Flüchtling aus Darfur und hatte die Aufgabe, die im Lager eingehenden Hilfsgüter zu verteilen. Kuku erklärte ihm, Damien und Hannah seien Journalisten. Damien bat um die Erlaubnis, zu fotografieren und zu filmen. Für alle Fälle hatten Hagen und Mariella ihm nämlich ihre zweite Kamera dagelassen.
Noor war über unseren Besuch hocherfreut, weil er sich davon öffentliche Aufmerksamkeit für die Probleme der Menschen aus Darfur erhoffte. Soweit er sich erinnern konnte, hatte noch nie ein Journalist den Fuß in dieses Lager gesetzt.
Da dieses Gebiet Lower Kumo hieß, hatte man dem Lager den Namen »Lower Kumo Darfur Refugee Camp« gegeben. Noor erklärte, dass es sich um eine improvisierte Einrichtung handelte, die nicht unter der offiziellen Leitung einer Hilfsorganisation stand. Der hiesige Nubastamm habe das Land zur Verfügung gestellt, die UN lieferte Lebensmittel, und einige kleinere Organisationen wie »Save the Children« oder »Samaritan's Purse« spendeten Zelte, Kleidung, Küchenutensilien und Medikamente. Wie Noor hinzufügte, reichte das Essen nie, weil das Lager stetig wuchs. Aber wenigstens seien die Menschen hier vor Angriffen sicher.
Ich fragte Noor, ob bald weitere Flüchtlinge erwartet würden.

Während der Regenzeit sei aus dem Flüchtlingsstrom ein Rinnsal geworden, erklärte er mir daraufhin. Doch nun, in der Trockenzeit, würden sicher weitere Menschen vor den gewalttätigen Übergriffen in Darfur fliehen. Hier seien die Lager sicher, was man von denen in Darfur nicht behaupten könne. Die Dschandschawid hätten in den Nubabergen keine Macht. Und so würde das Ende der Regenzeit wieder eine neue Flut leidender und vertriebener Menschen bringen.

Ich bat Noor, mir die Geschichte des kleinen Jungen zu erzählen, der sich so vor Damiens Kamera gefürchtet hatte und den ich immer noch fest im Arm hielt.

»Ach, es ist sehr traurig«, erwiderte Noor. »Wirklich eine Tragödie. Er musste mit ansehen, wie seine Mutter bei einem Überfall getötet wurde. Seinen Vater hat er auch verloren. Andere Flüchtlinge haben ihn hierher mitgenommen. Nun sucht er die ganze Zeit seinen Vater, weil er glaubt, dass er noch lebt.«

»Und wer sorgt für ihn?«, fragte ich entsetzt.

Noor zuckte die Achseln. »Wir alle. Hier gibt es Hunderte von Kindern, die in derselben Lage sind wie er und keine Eltern mehr haben. Wir sind eine große Familie. Jeder hat jemanden verloren. Einige sind die einzigen Überlebenden ihrer Familie. Ich werde die Leute zusammenrufen, damit sie dir von ihrem Schicksal berichten.«

Da hörte ich eine Stimme, die aus der Richtung einiger Bäume kam. »Wer ist diese junge Dame?«

Als ich aufblickte, sah ich eine junge Frau aus Darfur, die ein himmelblaues *tope* trug. Sie deutete auf mich und den kleinen Jungen, den ich noch immer im Arm hielt. »Das Baby macht sie ja schmutzig«, sagte die Frau. »Schaut, sie ist ganz weiß angezogen. Jemand soll ihr das Kind abnehmen.«

»Ist schon gut. Kein Problem!«, erwiderte ich.

Dann setzte ich mich zu den Frauen in den Schatten des Baumes. Auf dem Boden waren eine Teekanne aus Messing, einige winzige Teegläser und eine Zuckerdose im Kreis angeordnet, und die Frauen luden mich ein, Tee mit ihnen zu trinken. Als ich sie alle nacheinander begrüßte, fiel mir etwas auf, womit ich hier niemals gerechnet hätte: Sie alle waren außergewöhnlich schön. Eine von ihnen stach mir ganz besonders ins Auge. Sie trug ein orangefarbenes Kopftuch und hatte ihr Haar zu festen Zöpfchen geflochten. Der bunte Stoff brachte ihr Gesicht wunderbar zur Geltung. Trotz der schmutzigen und schäbigen Umgebung wirkte sie elegant, würdevoll und gefasst, und ihre Schönheit verschlug mir den Atem.

Sie verriet mir schüchtern, dass sie Intesar hieße, und sie war mir auf Anhieb sympathisch. Was hatten sie und die anderen durchgemacht? Waren diese faszinierenden und stolzen Frauen Mütter, Witwen, Waisen oder Vergewaltigungsopfer? Ich wusste es nicht. Jedenfalls war es ihnen gelungen, ihre Würde zu bewahren.

»Wir setzen uns unter den großen Baum da drüben«, teilte Noor den Frauen mit. »Möchte vielleicht jemand von euch mitkommen und den Gästen seine Geschichte erzählen?«

»Ich würde mich freuen, wenn Intesar dabei wäre«, meinte ich. »Mich interessiert, was sie zu sagen hat.«

Intesar lächelte. »Gerne, meine Schwester.«

In Intesars Begleitung schlängelte ich mich zwischen den provisorischen Unterkünften hindurch, die oft nur aus alten Vorratssäcken der UN bestanden, die man über gebogene Äste gespannt hatte. Eine immer größer werdende Gruppe von Frauen und Kindern und auch einige wenige Männer folgten uns. Unter einem Baum mit weit ausladenden Ästen, dem Versammlungsplatz der Bewohner dieses riesigen Flüchtlingslagers, setzten wir uns auf den Boden. Ich ließ den Blick über die rasch wachsende Menschenmenge schweifen. Die Kinder waren bei weitem in der Überzahl, dann kamen die Frauen. Männer stellten hier eindeutig eine Minderheit dar.

Meine Familie stand hinter mir und wartete darauf, dass etwas

Ich erzähle den Flüchtlingen aus Darfur meine Geschichte

geschah und jemand das Wort ergriff. Ich beschloss, den Anfang zu machen und von meinem Schicksal und dem Grund unseres Besuches zu erzählen.

»Bevor ich euch Fragen stelle, sollt ihr auch etwas über mich erfahren«, begann ich. Ich wandte mich dabei an Intesar, obwohl ich wollte, dass alle es hörten. Aber mir fiel das Sprechen leichter, wenn ich mich dabei auf ein bestimmtes Gesicht konzentrieren konnte. »Vielleicht ist es euch ja ein Trost, es zu hören. Ich bin eine Nuba vom Stamm der Karko …« Und so schilderte ich den Flüchtlingen kurz mein Leben. Als ich fertig war, hatten Intesar und viele andere Tränen in den Augen.

»Jetzt bin ich in die Nubaberge zurückgekehrt«, schloss ich, ebenfalls mit den Tränen kämpfend. »Mit der Hilfe meiner *khawaja*-Freunde konnte ich meine Familie wiedersehen.« Ich drehte mich zu meinen Eltern um. »Das sind meine Mutter, mein Vater und meine Schwester. Nach so vielen Jahren kann ich sie endlich wieder in die Arme schließen. Sie weinen wegen mir – und sie weinen auch wegen euch, weil sie wissen, was ihr durchgemacht habt. Ich bin froh, heute bei euch zu sein, und spüre in meinem Herzen, wie viel ihr gelitten habt. Also scheut euch nicht, zu sprechen. Ich will eure Schicksale hören und euer Leid mit euch teilen.«

Plötzlich war es, als wäre ein Damm gebrochen, denn jeder wollte sein Erlebtes loswerden, und die Menschen redeten wild durcheinander.

»Als die Banditen uns angriffen, bin ich um mein Leben gerannt ... bei der Schießerei habe ich meine Eltern verloren ...«

»Meine Kinder ... meine Kinder ... meine Kinder ... sie sind alle fort.«

»Meine Schwester ist verschwunden. Ich weiß nicht, wohin sie sie gebracht haben.«

Ich bemerkte, dass Shokan entsetzt die Hände vors Gesicht schlug. »O mein Gott, o mein Gott, ihr Armen«, murmelte sie. »Wie kann so etwas wieder und wieder geschehen?«

Die Menschen um mich herum gerieten immer mehr außer sich. Frauen und Kinder schrien bitterlich weinend ihren Schmerz heraus, während die wenigen Männer, meist vergeblich, die Tränen zu unterdrücken versuchten. Ich umarmte meine Sitznachbarn. Ihren Schmerz und ihre Verluste empfand ich wie meine eigenen, und jeder Blick aus diesen tieftraurigen Augen versetzte mir einen Stich mitten ins Herz.

»Wir sind alle Brüder und Schwestern«, stieß ich schluchzend hervor. »Im Leid gehören wir alle zusammen.«

Es war für mich das erste Mal, dass ich unter lauter Menschen war, die das Gleiche – oder Schlimmeres – wie ich durchgemacht hatten. Intesar und den anderen Frauen und Kindern so nah zu sein und das, was sie erlitten hatten, nachzuempfinden, brachte Gefühle in mir hoch, mit denen ich längst abgeschlossen zu haben glaubte. Es erschreckte mich ungemein, dass selbst erwachsene Männer weinten, und ich wusste nicht, wie ich damit umgehen sollte. Ein dunkles Meer der Trauer umwogte mich und drohte, mich in seine Tiefen hinabzuziehen.

»Habt Geduld, habt Geduld«, hörte ich meinen Vater tröstend zu den Männern sagen. »Man weiß nie, was kommt.«

Ich fragte mich, was er wohl damit meinte. Sprach er von seinem eigenen Schmerz und seinen traurigen Erfahrungen? Wollte er damit sagen, dass er so lange Geduld gehabt hatte, bis ich endlich zu ihm zurückgekehrt war?

Als ich mich umdrehte, stellte ich fest, dass auch meine Mutter schluchzte. Immer wieder legte sie die Hand aufs Herz, während sie sich die tragischen Geschichten der Lagerbewohner anhörte. In der Tradition der Nuba bedeutet diese Geste: »Ich fühle deine Trauer von ganzem Herzen mit.« Kurz überlegte ich, ob es richtig gewesen war, meine Eltern hierher mitzunehmen und damit wieder Salz auch in ihre Wunden zu streuen.

Ich wandte mich an Noor. »Hat denn nie jemand mit diesen Leuten geredet? Es hört sich an, als wäre das Erlebte noch ganz frisch.«

Noor zuckte hilflos die Achseln. »Kein Mensch kommt je hierher in die Nubaberge.«

Ich zermarterte mir das Hirn nach einer sinnvollen Bemerkung, denn ich wollte mehr über die einzelnen Schicksale erfahren. »Folgen diese Übergriffe einem bestimmten Muster? Gibt es einen Grund dafür?«

Ein Mann, der in der Nähe saß, hatte meine Frage mitbekommen und packte mich am Arm. Er stellte sich als der Scheich, der traditionelle Vorsteher des Lagers, vor. Auf seinem Schoß lag ein kleiner Junge. Ein anderes seiner Kinder hatte er bei dem Überfall auf sein Dorf verloren.

»Die Banditen kommen immer um dieselbe Zeit«, berichtete er. »Und zwar im Herbst, wenn ihr Vieh gute Weidegründe hat und in Ruhe grasen kann. Sie sitzen zu zweit auf einem Pferd,

der eine reitet, der andere schießt. Schau dich nur um. Jeder hier hat Tote zu beklagen.«
Ich ließ meinen Blick über die Menge schweifen. Mir fiel auf, dass ich nirgendwo alte Leute oder Großeltern sah, und ich erkundigte mich nach dem Grund.
Der Scheich lachte traurig auf. »Nur wer jung und schnell ist, hat eine Chance zu entkommen. Die alten Leute schaffen es meist nicht einmal, aus ihren Hütten zu fliehen, bevor die Banditen sie anzünden, und sie verbrennen bei lebendigem Leibe.«
Ich erschauderte bei dieser Vorstellung.
»Aber das ist noch nicht das Schlimmste!«, rief ein anderer Mann hinter mir aus. »Wenn sie eine schwangere Frau erwischen, schneiden sie ihr den Bauch auf und werfen das Kind in einen Topf mit kochendem Wasser.«
Mir wurde übel, und ich versuchte, mir die Szene nicht näher auszumalen.
Ein Mann hielt mir ein kleines Mädchen hin. »Und sie vergewaltigen alle Frauen, sogar Mädchen wie dieses hier. Wenn die Opfer nicht dabei sterben, bringen sie sie anschließend um.«
»Töchter werden selbst vor den Augen ihrer Mütter vergewaltigt«, rief jemand. »Hier sind viele Mädchen, denen das passiert ist. Sprich mit ihnen. Dann wirst du wissen, dass es wahr ist.«
Entsetzt schüttelte ich den Kopf, und ich spürte, wie Schwindel in mir aufstieg und mich zu überwältigen drohte. Ich befürchtete, dass meine Kraft nicht reichen würde, um mir noch mehr von diesem Grauen anzuhören, und ich fühlte mich von der erschütternden Wahrheit überrollt. Dann jedoch sah ich in die von Trauer und Leid gezeichneten Gesichter der Menschen um mich herum, die sich so verzweifelt nach jemandem sehnten, der ihnen sein Ohr lieh. Und da wurde mir klar, dass ich ihnen die Gelegenheit geben musste, mir ihr Herz auszuschütten. Offenbar interessierte sich außer mir niemand für ihr

Schicksal. Vielleicht konnte ich ihnen einen Teil ihrer Last abnehmen, indem ich ihnen nur zuhörte. Und wenn Damien und Hannah das alles filmten, würden hoffentlich endlich ein paar mehr Leute auf diese humanitäre Katastrophe aufmerksam werden.
Wieder spürte ich die Hand des Scheichs auf meinem Arm. »Viele Kinder sind einfach verschwunden. Die Banditen binden sie auf ihre Pferde und verschleppen sie in ihre Dörfer.«
Ich erschauderte abermals; lange verdrängte düstere Erinnerungen standen mir nun wieder deutlich vor Augen. Aber ich nahm all meine Kraft zusammen und versuchte mich zu konzentrieren.
»Warum tun sie das?«, fragte ich. »Ich möchte, dass du mir alles ganz genau erklärst.«
Natürlich wusste ich, warum sie das taten, natürlich kannte ich tief in meinem Herzen den Grund. Doch weil die Filmkamera auf mich gerichtet war, stellte ich die Frage trotzdem, damit Damien und Hannah dieses unvorstellbare und teuflische Grauen für die Nachwelt und alle Zeiten festhalten konnten.
»Anfangs waren wir so naiv«, stieß der Scheich angewidert hervor. »Wir wussten überhaupt nichts. Doch einige Entführte konnten entkommen und haben es uns berichtet. Der Sudan soll in ein arabisches Land verwandelt werden, sagen die Milizen. Wenn wir nicht Platz machen, töten sie uns alle. ›Falls wir euch lebend erwischen‹, drohen sie, ›wird alles, was ihr noch besitzt, ein Platz zum Schlafen sein, und ihr seid unsere Sklaven.‹«
»Aber ihr seid doch ebenso Moslems wie die Banditen. Wie können sie euch so etwas antun?«
Daraufhin zupften einige Männer und Frauen an ihrer Haut. »Sie überfallen uns, weil wir schwarz sind! Wegen unserer Hautfarbe! Sie wollen keine schwarzen Ausländer in ihrem Land. *Und dabei sind sie die Ausländer*. Dieses Land gehörte uns, bevor die Araber kamen.«

Unsere Hautfarbe. Es war die Erklärung, die auch ich mir zurechtgelegt hatte, die man immer und immer wieder zu hören bekam, die heiße Wut in mir auflodern ließ. Denn es war keine Erklärung. Warum? Warum nur? Was war schlechter an schwarzer Haut als an brauner oder weißer?
Schnaubend schüttelte ich den Kopf, versuchte die hilflose Wut von mir abzuschütteln. Dann erkundigte ich mich bei dem Scheich, wer denn verantwortlich und die treibende Kraft hinter all diesen Greueltaten sei.
»Die sudanesische Regierung!«, rief ein Mann aus. »Sie hat uns die Milizen geschickt, damit sie uns überfallen.«
»Manchmal kommen sie auch mit Hubschraubern und schießen aus der Luft«, fügte ein anderer hinzu. »Und hin und wieder werfen sie Bomben aus den Flugzeugen ab.«
»Überleg nur, wer den Dschandschawid die Waffen gegeben hat«, ergänzte der Scheich. »Es war die Regierung in Khartoum. Und von wem haben sie wohl die Uniformen? Bei den Angriffen tragen sie khakifarbene Kampfanzüge wie richtige Soldaten. Auch die stammen von der Regierung in Khartoum. Wie kann sich eine Regierung das Recht herausnehmen, die eigene Bevölkerung zu töten?«
»Die Regierung hat damals auch Araber geschickt, um die Nuba zu überfallen«, antwortete ich. »Und all das, weil auch wir schwarz und die eigentlichen Ureinwohner des Sudan sind.«
»Ihr Nuba seid wie unsere Brüder und Schwestern«, sagte der Scheich. »Ihr habt uns in unserem Leid einen Zufluchtsort gewährt. Hier fühlen wir uns sicher, und dafür bedanken wir uns bei euch. Aber eigentlich wollen wir nichts anderes als wieder nach Hause in unsere Dörfer.«
Intesar ließ noch ein wenig Zeit verstreichen, dann beugte sie sich zu mir herüber. »Komm und sprich mit den Frauen«, flüsterte sie mir zu. »Sie wollen dir von ihrem Schicksal berichten und dabei keine anderen Zuhörer haben.«

»Erzählst du mir auch deine Geschichte, Intesar?«, fragte ich und zwang mich zu einem Lächeln.
Sie nickte schüchtern. »Natürlich. Allerdings ist sie längst nicht so schlimm wie die vieler anderer hier.«
Intesar rief zwei Frauen und ein kleines Mädchen herbei und ging mit uns in eine ruhige Ecke des Lagers, wo ein umgestürzter Baumstamm vor einigen großen Zelten der UNICEF als improvisierte Bank diente. Das kleine Mädchen setzte sich neben mich. Nachdem sie sich den rosafarbenen Schleier fester ums Gesicht gezogen hatte, beugte sie sich vor. Ich bemerkte, dass ihr eines Auge noch immer blutunterlaufen und zugeschwollen war, auch wenn es eine einige Monate alte Verletzung zu sein schien.
Sie heiße Fatima, sagte sie mir so leise, dass ich sie kaum hören konnte. Sie glaube, sie sei neun Jahre alt. Fatima konnte mich kaum ansehen und starrte die meiste Zeit zu Boden.
»Erzähl mir, was dir zugestoßen ist, Fatima«, forderte ich sie auf.
»Ich war im Wald, als sie angriffen«, murmelte sie. »Plötzlich schlug mir ein Dschandschawid mit seinem Gewehr ins Gesicht und verletzte mich am Auge. Dann zerrten mich zwei Männer zu einem Baum und warfen mich zu Boden. Ich kann mich nicht genau erinnern, was dann geschah. Auf einmal sah ich einen riesigen Schatten über mir, und alles wurde schwarz.«
Ich legte den Arm um Fatima und zog sie an mich. »Schon gut«, flüsterte ich. »Ich verstehe.«
»Kurz darauf kam ich wieder zu mir«, fuhr sie leise fort. »Meine Kleider waren überall verstreut, und ich blutete zwischen den Beinen. Sie mussten mir etwas angetan haben, weil ich so entsetzliche Schmerzen hatte, aber ich wusste nicht, was es war. Ich lag einfach nur da, weil es zu wehtat, sich zu bewegen. Da sah ich ein paar Leute vorbeigehen und rief nach ihnen. Sie wollten mir aufhelfen, doch ich konnte nicht aufstehen.«

»Es tut mir so leid für dich«, schluchzte ich.

Während ich Fatima tröstend umarmte, musste ich an das Grauen denken, das ich selbst durchgemacht hatte, als ich von dem Mann, der mich vergewaltigen wollte, in den Wald geschleppt wurde. Damals war ich genauso alt gewesen wie die kleine Fatima heute. Heiße Zornestränen liefen mir über die Wangen. Böse Menschen hatten diesem zarten und unschuldigen Mädchen brutal die Kindheit geraubt. Dass sich Greueltaten wie diese schon seit Jahrzehnten überall in meinem Land ständig wiederholten, schnitt mir tief ins Herz. So unvorstellbar diese Tragödien auch sein mochten, sie waren hier an der Tagesordnung. Der lebendige Beweis dafür saß vor mir.

»Die Leute, die mich fanden, zogen mich an«, fuhr Fatima fort. »Dann machten sie aus Ästen eine Trage, legten mich darauf und gingen los. Da sie mich wegen des Überfalls nicht in mein Dorf zurückbringen konnten, nahmen sie mich mit, kümmerten sich um mich und versuchten, so schnell wie möglich aus der Gegend zu fliehen. Auf der Straße nach Kadugli trafen wir schließlich meine Mutter. Es war wie ein Wunder. Wir sind zusammen weiter in dieses Lager gegangen. Und seitdem leben wir hier.«

»Wie lange wart ihr unterwegs, kleine Schwester?«, fragte ich.

»Sechs Monate.«

»O mein Gott, sechs Monate! Und wovon habt ihr gelebt?«

»Wenn wir Hunger hatten, haben wir die Leute um Essen angebettelt. Ich bin froh, dass ich jetzt mit meiner Mutter hier bin und noch lebe. Aber ich bin immer so entsetzlich müde.«

Als Fatima am Ende ihrer Geschichte angelangt war, drückte ich sie fest an mich. Hinter mir hörte ich ein Schluchzen.

»Ach, meine kleine Tochter, ich weiß«, flüsterte meine Mutter entsetzt und streichelte Fatimas Haar. »Du konntest nichts tun.«

»Gott segne dich, Mende«, sagte mein Vater. »Dafür, dass du

mit diesen Menschen sprichst, dir ihr Leid anhörst und versuchst, ihnen zu helfen.«

Obwohl die Chance verschwindend gering war, hoffte ich, dass mein Vater recht hatte – vielleicht würde mein Besuch hier ja die Lage der Flüchtlinge verbessern.

Als Nächste wandte sich eine junge Frau namens Medina an mich. Früher war sie einmal schön gewesen, und möglicherweise würde sie das auch eines Tages wieder sein. Im Moment jedoch war ihr Gesicht von Wut und Schmerz gezeichnet. Medina berichtete, sie sei Ende zwanzig und habe drei kleine Kinder. Beim nächtlichen Überfall der Araber auf ihr Dorf habe sie ihren Mann im Gewühl verloren und wisse bis heute nicht, ob er noch am Leben sei. Als sie zur Hütte lief, um ihre Kinder zu retten, wurde sie von den Arabern abgefangen. Drei Männer schleppten sie zu einer Lichtung im Wald und hielten sie drei Tage lang dort fest.

»Sie rissen mir die Kleider vom Leib«, stieß Medina mit vor Angst und Ekel erstickter Stimme hervor. »Was sie mir angetan haben, wage ich nicht zu beschreiben. Man weiß ja, was Männer mit Frauen machen ... Es war so schrecklich, dass mir die Worte fehlen. Als sie mit mir fertig waren, warfen sie mich ins Gebüsch, um mich dort sterben zu lassen. Leute aus meinem Dorf fanden mich dort. Mein jüngster Sohn war erst anderthalb Jahre alt. Er weinte nach mir und wollte gestillt werden. Aber ich konnte es nicht. Ich hatte mit dem Leben abgeschlossen. Nach dem Missbrauch durch diese Männer wollte ich nur noch sterben. Nicht einmal meine Kinder konnten mir noch Hoffnung geben.«

Hass und Bitterkeit schwangen in Medinas Tonfall mit, aber sie vergoss keine Träne. Ohnmächtige Wut hatte sich in ihr aufgestaut, und das erlittene Trauma nagte an ihrer Seele. Was sie ertragen hatte, konnte ich mir kaum vorstellen. Welches Grauen mochte so schrecklich sein, dass eine Mutter ihr kleines Kind aufgeben und sterben wollte? Und wie widerwärtig und verroht waren Männer, um so mit einer hilflosen Frau, einer Mutter, ja, überhaupt einem anderen menschlichen Wesen umzuspringen?

»Und was hast du dann getan?«, fragte ich mit möglichst sanfter Stimme.

Medina sah mich an. »Meine Freunde aus dem Dorf überredeten mich durchzuhalten. Ich weiß nicht, wie sie es geschafft haben, doch sie konnten mich überzeugen, meinen Kindern zuliebe am Leben zu bleiben. Ohne mich wären sie ja verloren gewesen.«

Ich drückte fest ihre Hand. »Ich bin so froh darüber.«

»Wir wussten, dass wir nicht in dieser Gegend bleiben konnten«, fuhr Medina fort. »Anfangs hatten wir keine Ahnung, wo wir hin sollten, aber dann hörten wir von einem Flüchtlingslager in den Nubabergen. Vier Monate lang waren wir zu Fuß unterwegs. Wir gingen und gingen und bettelten überall um Lebensmittel. Wenn wir den Leuten sagten, dass wir hungrig seien, aus einem Kriegsgebiet kämen und weder Kleidung noch eine Unterkunft hätten, halfen sie uns. Irgendwann trafen wir hier ein und waren in Sicherheit.«

Von all dem Leid war ich wie betäubt. Also umarmte ich Medina nur und zermarterte mir dabei das Hirn nach einem einfühlsamen Abschiedswort. Doch ehe ich Gelegenheit hatte, etwas zu sagen, trat eine andere Frau vor, die mit mir sprechen wollte.

Bevor Medina ging, trafen sich noch einmal unsere Blicke, und ich versuchte, ihr auf diese Weise das mitzuteilen, was ich mit Worten nicht hatte ausdrücken können: Danke, dass du dich mir anvertraut hast, und vor allem danke, dass du noch lebst. Diese bösen Männer konnten zwar deinen Körper verletzen, aber nicht deine Seele. Du hast überlebt, und so haben auch deine Kinder eine Chance auf eine Zukunft.

Als sich die gerade hinzugekommene Frau neben mich setzte, erkannte ich sie wieder, denn sie war bei der Gruppe unter dem Baum dabei gewesen und hatte bereits vorhin den verzweifeltsten und hoffnungslosesten Eindruck von allen auf mich gemacht.

Sie sagte, sie hieße Khawa Ahmed. Doch als sie weitersprechen wollte, wurde sie so von Trauer überwältigt, dass sie in sich zusammensackte. Bei jedem erneuten Anlauf fielen ihr die Schultern wieder nach vorne, und sie wurde von wildem Schluchzen geschüttelt. Ich fragte mich, was für ein unvorstellbares Grauen sie wohl durchlitten haben mochte und ob meine Kraft noch ausreichen würde, um es mir anzuhören.

Die Araber hatten ihr Dorf kurz vor Morgengrauen angegriffen. Als sie aufwachte, hatte ihre Hütte bereits in Flammen gestanden. Ihre drei Kinder schliefen noch, doch ihr Mann, der aufgesprungen und zur Tür gelaufen war, wurde vor ihren Augen niedergeschossen. Inzwischen hatte sich das Feuer bis zum Strohdach vorgearbeitet und ergriff rasch Besitz von der ganzen Hütte. Als Khawa ihre Kinder an der Hand packte und fliehen wollte, wurde sie von den Arabern umzingelt. Beim Versuch, die Pferdehufe und Gewehrkolben der Banditen abzuwehren, ließ sie kurz die Hände ihrer Kinder los. Sie konnte in dem Chaos nicht erkennen, ob sie wieder zurück in die Hütte gelaufen und dort verbrannt waren. Ihre Eltern hatten in der Nachbarhütte gewohnt. Doch als Khawa floh, war davon nur noch eine Flammenwand übrig.

Vor Entsetzen verschlug es mir die Sprache. Khawa hatte alle ihre geliebten Angehörigen verloren. Jeder, der ihr etwas bedeutet hatte, war vor ihren Augen verschleppt, erschossen oder verbrannt worden. Ich spürte eine eiskalte Wut in mir und konnte nichts weiter tun, als die bedauernswerte Frau festzuhalten und die Tränen abzuwischen, die ihr übers Gesicht liefen. In meinem Kopf hallte eine Stimme wider, die unmenschliches Leid und Grauen herausschrie.

»O mein Gott, du Arme«, flüsterte meine Mutter. »Wenn du

wüsstest, dass sie tot sind, könntest du wenigstens für sie beten. Die Ungewissheit ist das Allerschlimmste.«
Als ich Khawa fragte, wie sie hierhergekommen sei, erwiderte sie, sie habe sich anderen Flüchtlingen angeschlossen, die von einem Ort namens Nubaberge gehört hätten, wo Schwarze in Frieden und Freiheit leben konnten. Doch so schrecklich die Flucht auch gewesen sein mochte, so fühle sie sich jetzt noch viel elender – mutterseelenallein, ohne Grund weiterzuleben und mit viel zu viel Zeit, über all dies nachzudenken.
Eine Weile saß ich bei Khawa und umarmte die bitterlich weinende Frau. Noch nie hatte ich einen Menschen kennengelernt, dem man wirklich alles genommen hatte, was das Leben lebenswert machte. Ich fragte mich, wie sie es bloß bis hierher geschafft hatte und warum sie nicht während des Überfalls oder irgendwann auf dem Gewaltmarsch zugrunde gegangen war. Als ich sie an mich drückte, spürte ich, wie ihre düstere und eisige innere Leere auf mein Herz übergriff. Ich erschauderte. Wie würde sie das jemals verkraften? Wie wieder ein neues Leben anfangen? Niemand sollte so viel unerträgliches und unmenschliches Leid durchmachen müssen wie Khawa. Woher nahm sie bloß die Kraft, morgens aufzustehen?
Schließlich erschien Intesar, zog Khawa von mir weg, legte den Arm um sie und führte sie zu einer Gruppe von Frauen hinüber. Dann kehrte sie zurück und setzte sich zu mir, um mir ihre Geschichte zu erzählen. Ich fragte mich, warum Intesar mit ihren funkelnden Augen und ihrer stolzen Miene sich so von den anderen Frauen abhob. Sicher würde sich ihr Schicksal von dem von Khawa und ihren Leidensgenossinnen unterscheiden.
»Sie griffen mein Dorf in der Nacht an«, begann Intesar. »Ich habe zwei Kinder. Wir alle schliefen. Nachdem die Araber die Hütten angezündet hatten, fingen sie an, die Menschen umzubringen. Überall waren Schreie zu hören. Man hatte nur die Wahl, in der Hütte zu bleiben und zu verbrennen, oder loszu-

laufen und draußen getötet zu werden. Ich nahm das eine Kind, mein Mann das andere, und dann flohen wir.«

Ich umklammerte Intesars Hand und wünschte mit aller Macht, ihre Geschichte möge ein glückliches Ende haben. Nach all der Düsternis und dem Leid sehnte ich mich nach einem Lichtblick.

»Wir rannten und rannten und konnten so den Banditen entrinnen«, fuhr Intesar fort. »Bis hierher mussten wir vier Monate zu Fuß gehen. Unterwegs kamen wir durch einige Dörfer, wo wir Araber auf der Straße sahen. Das sagte uns, dass uns immer noch Gefahr drohte. Da wir eine Todesangst vor den Arabern hatten, liefen wir immer weiter. Manchmal hatten wir tagelang nichts zu essen. Schließlich hörten wir von einem Ort namens Nubaberge und machten uns auf den Weg dorthin. Als wir hier eintrafen, waren wir endlich in Sicherheit.«

»Und was ist mit deinen Kindern?«, stieß ich hervor. »Geht es ihnen gut?«

Intesar lächelte. »Ich habe ein kleines Mädchen und einen kleinen Jungen, und beide sind wohlbehalten mit uns hier angekommen. Den Großteil des Wegs haben wir sie getragen. Hier sind wir sicher. Uns kann nichts geschehen, denn niemand hier denkt, dass man den Tod verdient hat, nur weil man schwarz ist. Und meine Augen strahlen, weil ich so dankbar bin.«

Unter Tränen lächelte ich Intesar an. »Danke«, flüsterte ich. »Danke, dass du mir eine Geschichte mit einem glücklichen Ende erzählt hast.«

Als Intesar sich wieder zu den übrigen Flüchtlingsfrauen gesellte, blieb ich allein auf der kleinen Bank sitzen. Mein Vater nahm neben mir Platz, und wir verharrten eine Weile schweigend und vereint in der tiefen Trauer, die diese tragischen Schilderungen in uns geweckt hatte. Mein Vater hielt einfach nur fest meine Hand und vermittelte mir Nähe. Nach einer Weile stand er auf und schlenderte zu einer Gruppe von Kindern hinüber, die im Staub spielten. Schweigend beobachtete er sie, und ich wusste, dass ihn ihr Leid tief bewegte und er sich die Frage nach ihrer Zukunft stellte.

Hannah und Damien kündigten an, sie wollten noch Aufnahmen vom Flüchtlingslager selbst machen. Meine Mutter, Shokan und ich setzten uns zu den anderen Frauen.

»Und wie ist der Alltag hier, Schwestern?«, fragte ich, denn ich wollte keine weiteren Schreckensgeschichten mehr hören.

»Besser als in Darfur«, erwiderte eine der Frauen. »Denn hier fühlen wir uns wenigstens nicht ständig bedroht.«

»In Darfur muss man sogar in den Flüchtlingslagern um sein Leben fürchten«, ergänzte Intesar. »Die Dschandschawid greifen die Camps an oder lauern den Menschen auf, wenn sie Wasser und Brennholz holen gehen. Niemand beschützt sie dort. Hier steht zumindest die Nubaarmee zwischen uns und dem Feind.«

Als wir uns noch eine Weile unterhielten, erklärte mir Intesar, die Langeweile sei das Schlimmste im Lager, da die Menschen zu viel Zeit hätten, um über ihr Schicksal nachzugrübeln. Bis auf die Zubereitung der Essensrationen gebe es hier nichts zu tun. Die Menschen müssten weder Felder bestellen noch Vieh versorgen und hätten keinen Anreiz, sich auf Dauer einzurichten oder Häuser zu bauen.

Kurz darauf wurde ich zum Landrover gerufen. Es war Zeit, Abschied zu nehmen.

»Kanntest du das Wort *Dschandschawid?«*, meinte Kuku, als wir davonfuhren. »Es setzt sich aus zwei arabischen Wörtern zusammen. Eines bezeichnet einen bestimmten Gewehrtyp, das andere bedeutet ›Pferd‹. Also heißt es so etwas wie ›berittene Schützen‹. Diesen Namen haben sich diese Männer selbst gegeben, als sie mit ihren Verbrechen anfingen.«

»Wie können die Menschen, mit denen ich gesprochen habe, wie zum Beispiel Khawa Ahmed oder die kleine Fatima, je über ihre Erlebnisse hinwegkommen?«, begann ich mutlos. »Wie sollten sie einen Neuanfang machen?«

Kuku zuckte die Achseln. »Keine Ahnung, Mende. Ich weiß es nicht. Allerdings ist es mehr als Zeit, dass jemand die sudanesische Regierung, die diese bewaffneten Banden ausrüstet und unterstützt, deshalb zur Rechenschaft zieht. Weißt du, wie die offizielle Version lautet? Darfur ginge sie nichts an, denn es handle sich nur um Scharmützel zwischen einzelnen Stämmen!«

»Ich bin stolz darauf, dass die Nuba den Betroffenen helfen«, erwiderte ich leise. »Auch wenn die Welt Darfur im Stich lässt, stehen die Nuba für ihre Brüder ein.«

Kuku nickte. »Die Nuba leben in einem Gebiet, wo Flüchtlinge schon seit Menschengedenken Schutz suchen, Mende. Wer in anderen Teilen des Landes verfolgt wurde, brachte sich hier in Sicherheit und fing noch einmal von vorne an. Die Nuba sind tolerant und heißen Fremde willkommen. Außerdem verbindet sie das gemeinsame Leid mit den Menschen aus Darfur. Die Erkenntnis, dass andere Völker ein ähnlich schweres Los tragen, war sehr lehrreich für uns.«

»Jemand sollte auch diese Erlebnisse zu einem Buch verarbeiten.« Ich sah Damien an. »Warum schreibst du es nicht? Vielleicht bewirkt das ja etwas. Du solltest Fatimas Geschichte erzählen.«

Als er sich zu mir umdrehte, waren seine Augen stumpf und lagen vor Erschöpfung tief in den Höhlen. »Offen gestanden weiß ich nicht, ob ich so viel Leid aushalten könnte, Mende.«

Die restliche Fahrt ins Hotel California verlief hauptsächlich schweigend, denn wir alle hingen unseren düsteren Gedanken nach.

14
Flucht aus Darfur

Ich verbrachte eine unruhige Nacht und wurde von Alpträumen gequält, in denen sich meine eigenen schrecklichen Erlebnisse mit den Berichten der Menschen aus Darfur mischten. Am nächsten Morgen war ich völlig erschöpft. Aber ich wusste, dass ein Besuch im Krankenhaus auf dem Programm stand. Also nahm ich meine letzten Kräfte zusammen, denn inzwischen waren es nicht mehr nur die merkwürdigen Lähmungserscheinungen meiner Mutter, die mir nicht gefielen. Ich hatte sie gebeten, Damien in unserer Hütte ihre Knöchel zu zeigen. Als sie ihr *tope* anhob, waren auf ihrer blauschwarzen Haut große weiße Flecken zu sehen.

»Schau mal, Corba«, meinte ich, berührte die Beine meiner Mutter und massierte die Haut rings um die betroffenen Stellen. »Sie war deshalb schon beim Arzt. Er meinte, der Auslöser sei vermutlich eine traumatische Erfahrung. Offenbar habe sie einen schweren Schock erlitten.«

»Und was hat der Arzt unternommen?«, fragte Damien.

»Er hat sich erkundigt, was wohl der Grund sein könnte. Meine Mutter wusste die Antwort genau und erklärte ihm, es habe nach dem Verschwinden ihrer Tochter angefangen. Daraufhin hat der Arzt ihr ein Medikament gegeben. Doch irgendwann fing es wieder an, und der Arzt meinte, sie könne vielleicht nur geheilt werden, wenn sie ihre Tochter wiederfände.«

»Aber das hat sie doch jetzt«, stellte Damien mit einem Lächeln fest.

»Ich weiß. Allerdings glaube ich, dass sie sich Sorgen um meine Zukunft macht und befürchtet, ich könnte unglücklich werden«, erwiderte ich leise. »Wahrscheinlich hat sie Angst, ich würde vereinsamen. Und den Schock von damals hat sie sicherlich bis heute nicht verkraftet.«

Eine Stunde später machten wir uns auf den Weg. Auf der Fahrt in die Klinik kommentierte mein Vater immer wieder die Landschaft, durch die wir kamen, und verglich sie mit Karko. Hier war es nicht so trocken und viel grüner als dort. Außerdem gab es höhere Bäume.

»Schaut euch nur die riesigen Baobabs an«, begeisterte er sich. Stellt euch nur vor, wie viel *rope* man daraus machen könnte.«

Ich blickte aus dem Fenster. Vor uns blockierte der gewaltige Stamm eines Baobab fast die Straße. Die Äste bogen sich unter großen, grünen, tropfenförmigen Schoten. Diese waren außen hart wie Holz, enthielten aber ein fasriges, süßliches Fruchtfleisch, in dem schwarze Kerne schwammen. Als Kind hatte ich es in Wasser aufgelöst, so dass ein erfrischendes Getränk entstand, das ein wenig an Limonade erinnerte, aber nicht jedermanns Geschmack war.

»Anderes wieder fehlt hier«, stellte mein Vater fest. »Zum Beispiel Raffiapalmen.«

»Ich sehe auch keine«, stimmte ich zu und blickte mich um. »Woraus flechten die Leute hier denn ihre Matten?«

In unserem Dorf holten die Frauen den Raffiabast in großen Bündeln aus dem Wald. Nachdem sie ihn in der Sonne getrocknet hatten, setzten sie sich hin und flochten Matten daraus. Diese wurden verwendet wie im Westen ein Teppich, indem man sie entweder im Freien als Sitzunterlage benutzte oder den Boden der Hütte damit bedeckte. Auf die Fahrt nach Kauda hatte meine Familie einige zusammengerollte Matten auf dem Dachträger mitgenommen, um darauf zu schlafen, falls der Wagen irgendwo im Busch stecken blieb.

Die Straße führte, an einer kahlen Felswand vorbei, zu einem

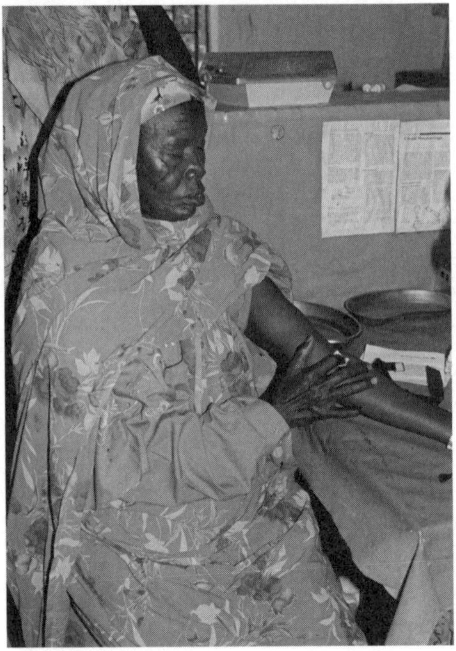

Meine Mutter bei der Blutabnahme

schroffen Bergkamm. Mein Vater deutete darauf und rief, dieser sehe genauso aus wie der Berg, der über unser Dorf ragte und den wir wegen seiner Form und der dort nistenden Adler Adlerberg nannten. Die vordere Felswand war – von unten gut sichtbar – weiß gestreift vom jahrelang abgelagerten Adlerkot.

Im Schatten des Berges wuchsen einige Bäume. Als ich genauer hinsah, bemerkte ich, dass es sich um eine Palmenart handelte, die der Raffiapalme ähnelt, allerdings viel größer ist und köstliche Früchte trägt. In der Krone eines nahe gelegenen Baums erkannte ich einige davon.

»Halt an!«, rief ich Awad zu und wies aus dem Wagenfenster. »Ich will mir ein paar *goro-gorok* pflücken.«

Die *goro-gorok*-Frucht erinnert an eine kleine Kokosnuss. Wenn sie reif ist, bricht man sie auf, trinkt die Milch und kratzt das weiße weiche Fruchtfleisch heraus.

Meine Familie lachte. »Jetzt gibt es kein *goro-gorok*, Mende«, sagte mein Vater. »Es ist schon viel zu spät, und sie sind alle eingetrocknet.«

Zwanzig Minuten später erreichten wir die Kumo-Klinik, eine Ansammlung von Gebäuden am Fuße eines felsigen Gipfels. Wegen der langen Warteschlange befürchteten wir schon, dass meine Mutter heute gar nicht mehr untersucht werden würde. Doch Kuku Khadia stellte mich dem Chefarzt vor, einem jungen Nuba namens Atif. Als ihm klar wurde, wer ich war, lächelte er breit.

»Aha! Du bist also Mende Nazer!«, rief er aus und umarmte mich fest. »Ich habe gehört, dass du in Kauda bist, um deine Familie zu sehen. Willkommen. Übrigens habe ich dein Buch gelesen.«

»Also ist mein Leben wie ein offenes Buch für dich«, gab ich lachend zurück. »Und ich brauche dir nichts mehr zu erzählen.«

Atif zeigte uns das ganze Krankenhaus und sagte, man werde sich sofort um uns kümmern. Ich hatte ein etwas schlechtes Gewissen, weil wir uns vorgedrängt hatten. Aber schließlich musste Berühmtheit ja auch einen Vorteil haben. Außerdem konnten die anderen Wartenden ja morgen wiederkommen, weil sie hier in der Nähe wohnten. Meiner Familie hingegen blieb nur der heutige Tag, da es in Karko kein Krankenhaus gab. Das nächste befand sich in Dilling, und die Behandlung dort kostete Geld. Die Kumo-Klinik hingegen wurde von »Save the Children« betrieben, weshalb die Patienten nichts bezahlen mussten.

Während meine Familie ging, um sich Blut abnehmen zu lassen, warteten wir auf der schattigen Veranda vor Doktor Atifs Büro. Plötzlich fuhr eine Kolonne glänzend weißer Jeeps mit UN-Emblemen an den Türen durch das Kliniktor. Damien sprach eine der UN-Mitarbeiterinnen an, bat sie um ein

Interview und erklärte, dass wir im Flüchtlingslager gedreht hätten. Nun hofften wir, eine Fernsehreportage darüber bei der BBC unterbringen zu können. Ein Beitrag von UN-Seite könne dabei sehr hilfreich sein.

Die Frau musterte Damien argwöhnisch und fragte ihn, was genau er über Darfur wissen wolle. Damien erwiderte, es ginge ihm hauptsächlich um das Lager hier in den Nubabergen, die Gründe für die Flucht der Menschen und die kritische Sicherheitslage, die die Einwohner aus Darfur vertrieben habe. Die UN-Mitarbeiterin blieb jedoch misstrauisch. Sie würde Rücksprache mit der Zentrale in New York halten müssen, was eine Weile dauern könne, entgegnete sie. Wo Damien denn wohne? Im MORDAR-Camp? Gut, wenn das Interview genehmigt sei, würde sie es ihn wissen lassen. Bürokratie auch hier.

»Die Leute von der UN hüllen sich gern in Schweigen«, merkte Kuku an, als Damien sich wieder zu uns gesellte. »Und über Darfur wollen sie schon gleich gar nicht reden. Dieses Fiasko ist ihnen nämlich viel zu peinlich.

Kuku schlug vor, wir sollten uns an andere Hilfsorganisationen wie »Concern« oder »Samaritan's Purse« wenden. Ich hatte seit dem gestrigen Besuch im Flüchtlingslager kaum Zeit gehabt, meine Gedanken zu ordnen oder mir zu überlegen, was ich in diesem Zusammenhang unternehmen wollte. Aber eines stand fest: Ich musste etwas für diese Menschen tun. Vielleicht würde ich Damien ja bei seiner Reportage für die BBC unterstützen können.

Nach den Erfahrungen der letzten beiden Wochen fühlte ich mich wie neu erwacht; ich brannte darauf, noch mehr zu tun, noch häufiger an die Öffentlichkeit zu gehen und das Leid anzuprangern, dem die schwarze Bevölkerung meines Landes ausgesetzt war. Obwohl mein Gefühl mir zurief, hier in den Nubabergen bei meiner Familie zu bleiben und bei den Menschen, die mich wirklich liebten, wusste ich, dass ich in den Westen zurückkehren musste, um mir Gehör zu verschaffen. Ich würde für alle Nuba sprechen, die nirgendwo ein offenes Ohr fanden und Tag für Tag dem Tod ins Auge blicken mussten. Und auch meinen gemarterten Brüdern und Schwestern in Darfur wollte ich beistehen.

Außerdem war ich nun mehr als je zuvor entschlossen, eine eigene Hilfsorganisation zu gründen, wie Damien und ich es auf dem Rückweg vom Frühstück bei Youssef besprochen hatten. Das war zwar erst eine Woche her, aber ich hatte das Gefühl, als wäre seitdem eine Ewigkeit vergangen.

Mich beschäftigte die Frage, ob meine Organisation ausschließlich in der Region Karko tätig werden sollte. Obwohl es mir zunächst ganz natürlich erschien, zuerst meinem eigenen Volk helfen zu wollen, war es vielleicht sinnvoller, mein Projekt auf eine breitere Basis zu stellen. Während wir darauf warteten, dass meine Eltern von der Untersuchung zurückkamen, diskutierte ich dieses Thema mit Damien, der fand, meine Organisation solle sich an alle Nuba wenden. Damit würde aus KADAR, der »Karko Agency«, die NADAR, nämlich die »Nuba Agency for Development Aid Relief« (Nuba-Agentur für Entwicklungshilfe). Da *nadar* auf Arabisch »Wohlstand« bedeutet, hatte dieser Name einen noch verheißungsvolleren Klang, als es bei *kadar* (Schicksal) der Fall gewesen wäre.

Nach verschiedenen Untersuchungen gingen meine Eltern und Geschwister zur Medikamentenausgabe, um ihre Rezepte einzulösen. Der Apotheker reichte die in kleine Plastikbeutel verpackten Tabletten durch ein Eisengitter nach draußen. Ich stellte mich mit in die Schlange der Menschen, die durch das Gitter nach den Medikamenten griffen. Meine Mutter hatte mit Doktor Atif über ihre Lähmungserscheinungen und die Pigmentstörung gesprochen. Außerdem hatte man in ihrem Blut chronische Malaria- und Typhuserreger festgestellt. Es war ein großes Glück, dass ich meine ganze Familie ins

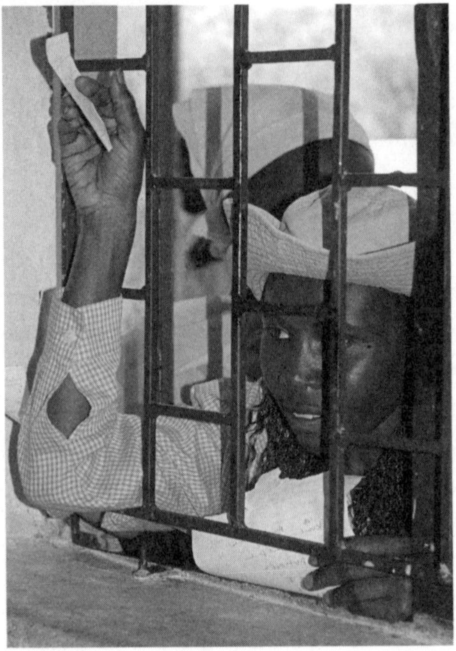

Hier bekomme ich die Medikamente für meine Familie

Krankenhaus gebracht hatte, denn sie litten alle an chronischer Malaria.

Die Lähmungserscheinungen meiner Mutter führte Dr. Atif auf einen leichten Schlaganfall zurück. Sie hatte sich zwar gut erholt, litt aber noch immer gelegentlich an Symptomen wie Taubheitsgefühlen und Gleichgewichtsstörungen. Er hoffte, dass sich ihr Zustand mit der Zeit bessern würde, und verschrieb auch hier die passenden Medikamente. Allerdings betonte er, dass nur ein ruhiges und weniger anstrengendes Leben ihr wirklich helfen könne und die Voraussetzung für eine vollständige Genesung sei.

Nachdem ich mich herzlich bei Dr. Atif bedankt hatte, brachen wir auf nach Kauda.

Unterwegs kam Kuku noch einmal darauf zurück, dass wir mit jemandem von der amerikanischen Hilfsorganisation

»Samaritan's Purse« sprechen sollten, wo man sicher mitteilsamer sein würde als bei der UN. Gesagt, getan: Im Camp der Organisation, das ganz in der Nähe lag, lernte ich Brian Atkins kennen, einen jungen amerikanischen Mitarbeiter, der nur zu gerne bereit war, mit uns zu reden. Er ging mit uns in die Küche, wo wir uns an einen großen Holztisch setzten, während ein einheimischer Kollege von ihm das Abendessen vorbereitete. Die Küche war im Stil einer traditionellen afrikanischen Hütte gebaut und hatte runde Außenwände und ein Strohdach. Da sie nach allen Seiten offen war, wehte frische Luft herein.

»Die Flüchtlinge waren bei ihrer Ankunft in einem erbärmlichen Zustand«, begann Brian. »Die meisten besaßen nur das, was sie bei ihrer Flucht auf dem Leibe getragen hatten. ›Samaritan's Purse‹ hat ihnen Kleider und Decken zur Verfügung gestellt. Außerdem haben wir ihnen beim Bau von Zelten geholfen, weil wir noch viele Plastikplanen übrig hatten.«

Ich versuchte ihm zu beschreiben, welche Gefühle der Besuch im Lager in mir ausgelöst hatte. Ich konnte es noch immer kaum formulieren. Vielleicht konnte er es? Ich fragte Brian nach seiner ersten Reaktion auf die Berichte der Flüchtlinge aus Darfur. Er überlegte eine Weile, und ich sah, wie sich seine himmelblauen Augen verdüsterten.

»Ich war entsetzt ... Obwohl ich Afrikaerfahrung habe und ähnliche Schicksale aus Ländern wie dem Kongo kenne, werde ich die Bilder einfach nicht mehr los. Sie kommen immer wieder hoch, wenn ich eine dieser Geschichten höre. Wie um Gottes willen können Menschen zu solchen Greueltaten fähig sein, insbesondere gegen Frauen und Kinder? Dieser Gedanke schießt einem immer wieder aufs neue durch den Kopf, ganz gleich, wie oft man von diesen Brutalitäten hört.«

Kurz hielt Brian inne. »Ich spüre es fast körperlich, wenn Flüchtlinge mir die Striemen von Peitschenhieben oder ihre

Schusswunden zeigen und mir erzählen, wie Reiter gekommen sind, um ihr Dorf zu überfallen, die Hütten niederzubrennen und die Bewohner einfach abzuknallen. Und wenn ich als Außenstehender diese Grausamkeiten schon nicht mehr aus dem Kopf kriege, wie mag es dann erst in den Köpfen der Betroffenen aussehen?«

Ich berichtete Brian von Khawa Ahmed und erzählte ihm von meiner Befürchtung, dass sie wohl nie über ihr Erlebnis hinwegkommen würde.

»Ich weiß«, antwortete Brian nachdenklich. »Wir haben gerade erst angefangen, die Opfer mit Lebensmitteln und Medikamenten zu versorgen. Bis wir uns auch ihrer Gefühle annehmen können, werden wohl Jahre vergehen. Selbst nach dem Ende des Konflikts in Darfur werden die Menschen noch Generationen lang Narben auf ihrer Seele haben.«

Später begleitete Brian uns zum wartenden Landrover, und ich dankte ihm, dass er sich Zeit für uns genommen hatte. Er erzählte mir, einer seiner Kollegen, Ryan, sei schon einige Male im Hotel California gewesen, um mich zu sehen, habe mich aber immer verpasst. Ryan habe nämlich mein erstes Buch gelesen und würde mich sicher noch einmal besuchen, da er mich unbedingt kennenlernen wollte, bevor ich wieder abreiste.

Am späten Nachmittag kehrten wir ins Hotel California zurück. Bei den Toiletten herrschte Tumult, und ich fragte Shwaya, was denn geschehen sei. Sie erwiderte, einer ihrer Mitarbeiter habe sich von ihr eine Taschenlampe leihen wollen. Da sie dieses Ansinnen mitten am Tag etwas merkwürdig gefunden habe, habe sie ihn nach dem Grund gefragt, worauf er ihr schließlich gestand, seine gesamten Ersparnisse seien ihm auf unerklärliche Weise in die Toilette gefallen. Die Taschenlampe brauche er, um das Geld zu suchen.

»Mein Gott, wie viel war es denn?«, erkundigte ich mich.

»Eintausendzweihundert Dollar«, erwiderte Shwaya. »Eigentlich zu viel, um es einfach ins Klo zu werfen.«
Der Bedauernswerte war gerade dabei, sich aus einem langen Stab und einer Drahtschlinge eine Angel zu basteln. Damien, Hannah und ich bogen uns vor Erheiterung. Nach den traurigen Erlebnissen der Flüchtlinge aus Darfur war es eine Erleichterung, einmal so richtig herzhaft lachen zu können, auch wenn es auf Kosten des armen Teufels war.
»Da bekommt der Begriff schmutziges Geld eine völlig neue Bedeutung«, kicherte Damien.

Während die Sonne hinter den Bergen im Osten unterging und rasch die afrikanische Nacht hereinbrach, traf ein Besucher ein. Es war Ryan Boyette, Brians Kollege von »Samaritan's Purse«. Ryan begrüßte mich freundlich und sagte, meine Geschichte habe ihn sehr bewegt. Wir umarmten uns, und ich küsste ihn auf beide Wangen, wie ich es im Westen gelernt hatte.
»Warum küsst du den *khawaja?*«, wunderte sich meine Mutter. »Er ist doch nicht dein Ehemann.«
Ich erklärte ihr, dass die *khawajas* sich eben so begrüßten, ohne dass es etwas zu bedeuten hätte. Ryan war jung, sonnengebräunt und sportlich und schien sich in den Nubabergen wohlzufühlen. Er wohnte schon seit anderthalb Jahren hier, allerdings nicht im Camp von »Samaritan's Purse«, das wundervoll sauber und gut ausgestattet war und über einen schönen Garten verfügte, sondern in einem Nubadorf hoch in den Bergen. Er sagte, ihm gefiele diese Lösung besser, weil er so den Menschen näher sei.
Dann erzählte er, dass an diesem Abend ein traditioneller Tanz in seinem Dorf stattfinden würde, und lud mich dazu ein. Die Feier sollte die ganze Nacht dauern.
»Es wird sicher ganz toll«, begeisterte er sich. »Die Mädchen und die Jungen stellen sich in zwei Reihen auf, und dann sucht

sich jedes Mädchen einen Tanzpartner aus. Wenn man nicht aufgefordert wird, darf man nicht mittanzen.«

»Und wirst du denn auch aufgefordert?«, fragte ich ihn mit einem hinterhältigen Grinsen.

Ryan lachte auf. »Beim ersten Mal haben sich alle um mich gerissen. Ist ja spitze, habe ich mir gedacht. Aber beim nächsten Mal wollte keine einzige Frau mit mir tanzen. Beim übernächsten Mal war es genauso. Irgendwann kam ich dahinter, was der Grund ist: Die Damen finden, dass ich kein Rhythmusgefühl habe.«

Ich musste lachen. »Stimmt. Weiße Männer können nicht tanzen!«

»Gut, habe ich mir gesagt. Dann muss ich eben üben. Also habe ich mir ein Metronom besorgt, das den Takt vorgibt, und jeden Abend in meiner Hütte trainiert. Inzwischen klappt es ganz gut.«

»Ist es nicht manchmal recht einsam, als einziger *khawaja* unter lauter Nuba zu leben?«, erkundigte ich mich.

»Anfangs war es das«, räumte Ryan ein. »Aber dann habe ich einen kleinen Jungen bei mir aufgenommen und ihn mehr oder weniger adoptiert. Da seine Eltern in den Kriegswirren verschwunden sind, ist er bei Verwandten untergekommen. Doch die konnten es sich nicht leisten, ihn zur Schule zu schicken. Ich habe ihnen angeboten, das Schulgeld zu bezahlen. Sie haben sich sehr gefreut und gemeint, er könne ja auch bei mir wohnen, wenn ich schon seinen Schulbesuch finanziere. Das war vor einem Jahr. Es ist wirklich eine Bereicherung, ihn im Haus zu haben; wir lachen viel zusammen.«

Natürlich kamen wir auch wieder auf das Sklavereiproblem zu sprechen. In diesem Zusammenhang erzählte Ryan von einer interessanten Begegnung, und zwar mit Mary, einer jungen Araberin aus Khartoum, die vom Islam zum Christentum übergetreten war. Da ihr Vater geschworen hatte, sie deshalb zu töten, war sie in die Nubaberge geflohen, wo sie eine Weile

Unterschlupf bei Ryans kirchlicher Organisation fand, während sie versuchte, ihr Leben neu zu ordnen. Eines Tages fragte Ryan sie, ob sie je gesehen habe, wie Schwarze als Sklaven gehalten wurden. Daraufhin erklärte sie ihm, ihre Familie ließe schwarze afrikanische Kinder auf ihrem Anwesen für sich arbeiten. Doch sie hätte sich nie den Kopf darüber zerbrochen, ob sie dafür entlohnt wurden oder woher sie stammten.

»Ich war ziemlich aufgebracht«, fuhr Ryan fort, »denn diese Gleichgültigkeit verschlug mir den Atem. Schließlich war sie mit zwanzig Jahren alt genug, um sich für das Schicksal dieser Kinder zu interessieren. Also habe ich ihr an den Kopf geworfen, was ich von ihrer Einstellung hielt. Da gab sie zu, dass sie sich immer schuldiger fühlte, je länger sie darüber nachdächte. Allerdings glaube ich ihr bis heute nicht, dass sie gar nichts gewusst hat.«

»Wie hat sie die Kinder denn angesprochen?«, erkundigte ich mich. »Mit *yebit* – schwarzer Sklave?«

»Keine Ahnung.« Ryan schüttelte den Kopf. »Aber es ist doch bezeichnend: Schwarze Sklaven sind so selbstverständlich, dass selbst ein gutes Mädchen wie sie sich keinerlei Gedanken darum macht. Und selbst wenn, was wäre der erste Schritt? Wenn ich in Dilling Araber sah, die kleine schwarze Mädchen oder Jungen durch die Straßen führten, habe ich mich oft gefragt, wer diese Kinder sind. Aber was hätte ich tun sollen? Sie einfach ansprechen? Wie hätte ich sie befreien können?«

Ich merkte Ryan an, dass ihn seine Machtlosigkeit wirklich bedrückte. Also antwortete ich ihm, dass doch jeder Mensch seine Grenzen habe. Außerdem hatte er allen Grund, stolz auf das zu sein, was er für die Nuba und die Menschen aus Darfur geleistet hatte.

Die Sklaverei ist eine uralte Geißel der sudanesischen Gesellschaft und wird erst dann ausgerottet sein, wenn die Verantwortlichen ihre Fehler einsehen. Jedoch verschließen die Regierung und die arabischen Machthaber bis heute die

Augen vor Rassismus, Gewalt, unvernünftigem Hass und Heuchelei. Die erste und wichtigste Voraussetzung für die Abschaffung der Sklaverei wäre, dass auch die Araber sie ächten und sie für *haram* – im Islam verboten – erklären.

Um Ryan aufzuheitern, erzählte ich ihm von der Reaktion meiner Mutter, als ich ihn auf beide Wangen geküsst hatte.
Er lachte auf. »Ich bin noch immer nicht dahintergekommen, ob sich die Nuba überhaupt küssen. In meinem Dorf gibt es eine alte Frau. Sie muss mindestens hundert Jahre alt sein, und wir ziehen einander gern auf. Eines Tages wollte ich genau das von ihr wissen: ob die Nuba sich küssen. Sie hat sich gebogen vor Lachen. Und soll ich dir sagen, was sie geantwortet hat? *Warum die Zeit mit Küssen verschwenden?* Ist das zu fassen?«
Irgendwann begleitete ich Ryan zum Tor. Die Einladung zum Tanz schlug ich bedauernd aus – es hätte eine erneute Anstrengung für meine Familie bedeutet. Doch er war mir ein sehr willkommener Gast gewesen. Obwohl unser Gespräch nur eine knappe Stunde gedauert hatte, bewunderte ich ihn wegen seines Engagements und seiner Prinzipientreue. Und auf seltsame Weise fühlte ich mich ihm nah – er stand wie ich zwischen zwei Welten, zwischen Afrika und dem Westen.

Noch während wir uns voneinander verabschiedeten, brach in meiner Hütte Tumult aus. Als ich hinstürmte, stellte ich fest, dass ein riesiger Skorpion unter den Betten hervorgekrochen war. Alle schrien und riefen laut durcheinander. Aber Shokan griff zu ihrem Flip-Flop und schlug den Skorpion tot.
»Wenn so ein Skorpion dich sticht, halten die Schmerzen den ganzen Tag lang an, Mende«, meinte mein Vater zu mir. »Einmal hat es mich draußen auf dem Feld erwischt. Er hat mich in die Brust gestochen. Also bin ich schreiend ins Dorf gelaufen. Jemand hat die Wunde mit einer Rasierklinge aufgeschnitten

und dann ein Glas mit Feuer darin darübergehalten. Das Blut, das herauskam, war schwarz von Gift.«

»Den schlimmsten Stich habe ich abbekommen, als Shokan noch ein Baby war«, berichtete meine Mutter. »Und zwar in den Fuß. Die Schmerzen waren so entsetzlich, dass sie bis in den Unterleib ausstrahlten. Die ganze Nacht lang habe ich geweint. Dein Vater war auf dem Feld und kam erst am nächsten Morgen zurück. Es war so unerträglich, dass ich nicht einmal das Baby stillen konnte.«

»Bin ich auch schon mal gestochen worden?«, fragte ich, denn ich konnte mich beim besten Willen nicht daran erinnern.

Meine Mutter lächelte. »Nein, Mende, noch nie. Lass uns hoffen, dass das auch so bleibt.«

Inzwischen war es Schlafenszeit, und ich fühlte mich ziemlich erschöpft. Mein Vater setzte sich zu mir. Er war plötzlich nachdenklicher Stimmung und wirkte bedrückt.

»*Ba*, ist alles in Ordnung?«, fragte ich.

»Mende, ich habe nur an all die kleinen Kinder gedacht, die keine Eltern mehr haben«, erwiderte er nach einer Weile.

»Meinst du die Flüchtlinge aus Darfur? Ja, es ist wirklich eine Katastrophe.«

»Wäre es vielleicht möglich, eines dieser Kinder aufzunehmen? Was hältst du davon, Mende?«

Ich lächelte ihn an. »Ein Flüchtlingskind adoptieren? Eine wunderschöne Idee, *ba*. Allerdings ist das sicher leichter gesagt als getan.«

Mein Vater sah mich an. »Warum? Ein Kind braucht Liebe, Fürsorge und ein Elternhaus. Auch wenn es sich nicht um die leiblichen Eltern handelt.«

Mir traten Tränen in die Augen. »Ich weiß, *ba*, du hast recht.«

»Was also spräche dagegen, eines dieser Kinder bei uns zu Hause aufzuziehen?«, fuhr mein Vater fort. »Schließlich haben wir selbst keine Kinder mehr zu versorgen. Deine Mutter könnte es baden, ihm etwas zu essen kochen und es liebhaben.«

»Ich habe keine Ahnung, wer für die Adoption zuständig sein könnte. Wir müssen uns informieren. Aber ich werde mich danach erkundigen«, erwiderte ich mit einem zärtlichen Lächeln.

»Dein Vater und ich haben es besprochen. Wir würden wirklich gern eins von den Kleinen aufnehmen«, fügte meine Mutter bekräftigend hinzu.

Wie ich meine Eltern liebte. »Ich kann nicht versprechen, dass man euch ein Kind geben wird, Mutter. Doch ich werde es versuchen. Ich werde alles versuchen.«

15
Der lange Abschied

Freitag war mein letzter Tag in Kauda, und ich war fest dazu entschlossen, ihn ganz mit meiner Familie zu verbringen.

Am frühen Morgen wachten wir davon auf, dass es an der Tür klopfte. Als ich die Besucher erkannte, war ich außer mir vor Freude: mein Cousin Abdullah mit seiner Frau Sumayah! Abdullah hatte zusammen mit mir die Grundschule besucht, Sumayah war eine Zeitlang meine Spielkameradin gewesen. Ihr Nubaname lautet Ushea – »Frau, die für alles verantwortlich ist«. Sie planten, mit meiner Familie nach Karko zurückzufahren, was bedeutete, dass meine Eltern auf der Reise mehr Unterstützung haben würden.

Kurz nach dem Frühstück hörte ich einen Schreckensschrei vor unserer Hütte. Ushea hatte sich die Haare richten wollen und aus Versehen die Flasche mit *shal* anstatt die mit dem Öl erwischt. Nubafrauen waschen sich die Haare sehr selten mit Seife, sondern ölen sie nur, damit sie sauber, weich und glänzend werden. Doch da Ushea sich nun Aschewasser über den Kopf gegossen hatte, führte am Shampoonieren vermutlich kein Weg vorbei.

Ushea war eine hübsche Frau und außerdem sanftmütig und freundlich. Deshalb konnte ich kaum glauben, dass sie wirklich Soldatin bei der SPLA war. Während ich ihr half, das *shal* aus den Haaren zu spülen, erzählte sie mir von ihrem Leben bei der Nubaarmee.

Sie berichtete mir, wie sie Soldatin geworden war. Ushea war noch sehr klein – etwa fünf oder sechs Jahre alt – gewesen, als die Araber nachts ihr Haus angriffen. Es gelang ihr, sich in Sicherheit zu bringen, und nachdem die Banditen fort waren, schlich sie zu ihrer Hütte zurück. Doch diese war abgebrannt, und überall lagen Leichen herum. Auch ihre Großeltern waren tot, denn sie waren zu alt und zu schwach gewesen, um zu fliehen. Und so verließen Ushea und ihre Mutter das Dorf in den Nubabergen, wo der Krieg tobte, und zogen nach Khartoum.

Als Ushea alt genug wurde, um ihren Lebensunterhalt zu verdienen, verkaufte sie Tee auf einem Markt in Khartoum, der Souk Libya hieß. Allerdings war sie ständig Übergriffen von Polizisten ausgesetzt, die ihren Stand verwüsteten, den Zucker auf den Boden kippten und ihre Waren stahlen. Schon damals ahnte sie, dass dies ausschließlich daran lag, dass sie schwarz und eine Nuba war.

Nachdem sie sich diese Behandlung jahrelang hatte gefallen lassen, war ihre Geduld eines Tages zu Ende, und sie entschied sich im Jahr 2003, sich der SPLA anzuschließen. Ushea wurde in ein Ausbildungslager in der Nähe von Kauda geschickt, wo ein harter Drill herrschte. Um vier Uhr morgens wurden die Rekruten geweckt, und es folgten Exerzierübungen, Marathonläufe mit vollem Gepäck durch die Nubaberge, Nahkampftraining und Ausbildung an der Waffe.

Endlich kam sie an die Front. Sie hatte keine Angst zu kämpfen. Vor jedem Einsatz stießen alle Soldaten das traditionelle Kriegsgeschrei der Nuba – *Aye-aye-aye-aye-aye!* – aus, das auch einem Ringkampf vorausging und Ushea Siegesgewissheit vermittelte. Obwohl die Gefechte nach der Friedensvereinbarung eingestellt worden waren, gehörte Ushea noch immer der SPLA an. Wenn es erneut zum Krieg kommen sollte, würde sie wieder zu den Waffen greifen. Was bliebe ihr anderes übrig? Welche Wahl hatten die Nuba sonst? Alle – auch Frauen und alte Männer – würden kämpfen müssen.

Während Ushea erzählte, hatte sich ihr Mann Abdullah zu uns gesellt. Er war selbst für einen Nuba recht kräftig gebaut und wie Ushea Mitglied der SPLA.
»Mende, weißt du noch, wie du mich in der Schule verabscheut hast?«, meinte er grinsend.
»Eigentlich nicht«, erwiderte ich.
»Aber ich.« Abdullah lachte. »Ich und Mohamed waren nämlich die Klassenpolizisten. Erinnerst du dich noch an ihn?«
»Ach, euch hatten wir es also zu verdanken, wenn die Lehrer uns wieder einmal geprügelt haben!«, rief ich aus. »Wenn wir Nuba sprachen oder uns mit unseren Nubanamen anredeten, haben die Klassenpolizisten uns verpetzt. Kein Wunder, dass ich dich unsympathisch fand.«
»Und ich weiß auch noch, dass ich Klassenbester war und du nur zweite geworden bist«, fügte Abdullah hinzu. »Du hast geweint, weil ich dich übertroffen hatte.«
»Du warst nicht klüger als ich, du hattest nur Glück«, entgegnete ich. »Warum hast du dich als Klassenpolizist hergegeben und nach der Pfeife der arabischen Lehrer getanzt?«
»Mir blieb nichts anderes übrig«, protestierte Abdullah. »Da ich ziemlich brav war, dachten sie vielleicht, dass ich ein gutes Vorbild für die anderen Schüler wäre.«
»Ja, und die Lauteste und Aufmüpfigste war immer ich.«
Abdullah zuckte die Achseln. »Ihr Mädchen wart alle ungezogen. Deshalb musste ich dich ja zum Lehrer bringen, und der hat dir eine Abreibung mit einem frischen Akazienzweig verpasst.«
»Ich erinnere mich. Wahrscheinlich habe ich mehr Prügel bezogen als ihr alle zusammen. Ihr Jungs habt euch doch immer ein Stück Autoreifen in die Hose gesteckt, damit es nicht so wehtat … Aber jetzt bist du ja ein großer, starker Nubasoldat und hoffentlich ein bisschen tapferer als damals.«
Während Ushea und ich uns sehr amüsierten, schien Abdullah

das gar nicht witzig zu finden. Er wandte sich an meinen Vater, denn es war Freitag, der Tag, an dem Muslime in der Moschee beten.
»Onkel, warum wäscht du dich nicht, damit wir zum Beten in die Stadt gehen können?«, fragte er. »Ich habe keine Lust mehr, bei den Frauen herumzusitzen.«
»Ach … lass«, antwortete mein Vater. »Heute nicht.« Ich wusste, dass er bei mir bleiben wollte, denn schließlich würden wir uns morgen voneinander verabschieden müssen.
»Warum willst du an einem Freitag nicht in die Moschee?«
»Kein Kommentar«, erwiderte mein Vater und verschwand in der Hütte.

Kurz darauf machte sich Abdullah allein auf den Weg. Ich bat Damien, mich zu meiner Hütte zu begleiten, weil meine Mutter mit ihm sprechen wollte. Als wir hereinkamen, streckte sie ihm die Hände mit nach oben gewandten Handflächen entgegen, eine Geste, die beinahe flehend wirkte. Dann verschränkte sie die Arme vor der Brust, so dass ihre Hände ihre Schultern berührten. Bei uns Nuba bedeutet das: Ich möchte, dass du mich aus tiefstem Herzen anhörst.
»Meine Tochter lebt in einer großen Stadt«, begann meine Mutter. »Ganz allein. Sie hat keine Familie dort. Sie grüßt nicht einmal ihre Nachbarn. Ich mache mir solche Sorgen um sie. Ist das vielleicht übertrieben?«
Nachdem ich übersetzt hatte, überlegte Damien eine Weile und ordnete seine Gedanken. Dann erklärte er ihr, es sei in England gar nicht so unüblich, dass Menschen allein wohnten, und auch nicht so schlimm, wie es sich anhörte.
»Du bist wie Mendes Bruder«, fuhr meine Mutter fort. »Ich sehe, dass ihr euch gut versteht. Aber es gefällt mir nicht, dass sie so viel allein ist. Wie können wir ihr helfen?«
»Ihr braucht euch darüber nicht den Kopf zu zerbrechen«, antwortete Damien beruhigend. »Ich selbst habe etwa fünf-

zehn Jahre lang – zwischen dreiundzwanzig und achtunddreißig – in London allein gelebt. Doch einsam war ich eigentlich nicht. Man trifft sich mit Freunden, besucht sie oder verabredet sich zum Essen mit ihnen. Es ist wirklich kein Problem. So funktioniert das bei uns eben.«
»O mein Gott!«, fiel ich ihm ins Wort. »Auf gar keinen Fall werde ich alleine wohnen, bis ich achtunddreißig bin. Das kommt überhaupt nicht in Frage!«
Meine Mutter wandte sich an mich. »Dass du die Wohnung mit niemandem teilst, ist das, was mich am meisten beschäftigt. Es muss einfach einsam sein. Jetzt wäre der richtige Zeitpunkt, um zu heiraten und Kinder zu haben, die dann immer bei dir sind. Es gibt nur eines, was schlimmer ist als der Tod: nämlich ohne Familie allein zurückzubleiben.«
Ich versuchte meine Mutter zu beruhigen und ihr klarzumachen, dass ich nicht unter meiner Lebenssituation litt – auch wenn ich es selbst nicht glaubte. Ich sehnte mich schrecklich nach jemandem, der immer bei mir war. Es war mehr als schlimm, allein zu sein. Und ganz gleich, wie sehr ich meiner Mutter gegenüber auch das Gegenteil beteuerte, wusste ich doch, dass sie mich durchschaute.
»Glaubt ihr, ich könnte nach London kommen, wenn Mende eines Tages ein Kind zur Welt bringt?«, wollte meine Mutter nach einer Weile wissen.
»Das werden wir schon irgendwie hinkriegen«, erwiderte Damien. »Wir besorgen dir ein Visum und ein Flugticket. Es muss einfach klappen.«
»Warte nicht zu lange damit«, meinte meine Mutter zu mir. »Du sprichst Nuba schon mit einem fremdländischen Akzent und mischt immer wieder englische Wörter dazwischen. Wir wollen doch nicht, dass deine Kinder ohne die Nubasprache aufwachsen.«
Wenn meine Mutter geahnt hätte, wie sehr ich mir ein Kind wünschte! Morgen würde ich nach London und in einen Alltag

ohne Familie zurückkehren. Obwohl mir klar war, dass ich nicht im Sudan bleiben konnte, wollte ich eigentlich nicht fort von hier. Nur der Himmel wusste, wann ich meine Familie wiedersehen würde. Ein kleiner Sohn oder ein Töchterchen hätte mir den Abschiedsschmerz erleichtert – und mein Leben wirklich lebenswert gemacht.

Mein Vater hatte schon seit längerer Zeit unbehaglich dreingesehen; ich wusste, diese Themen, die tiefen Sorgen meiner Mutter waren für ihn Frauensache. Plötzlich fing er an, unter dem Bett herumzukramen und förderte eine Tragetasche zutage.

»Was machst du mit meiner Tasche?«, fragte meine Mutter.

»Ich will ein paar Steine sammeln«, antwortete mein Vater.

»Und wozu brauchst du Steine, *ba?«,* wunderte ich mich.

Mein Vater warf uns nur einen finsteren Blick zu und ging hinaus. Meine Mutter schüttelte in gespielter Verzweiflung den Kopf.

Damien folgte ihm, doch bald hörte ich ihn nach mir rufen. Er saß neben meinem Vater auf der Bastmatte. *Ba* hatte einige Steine vor sich ausgebreitet und schlug sie in kleine Stücke, indem er ein Felsstück als Hammer und ein zweites als Amboss benutzte. Die Gesteinskrümel verstaute er in der Tasche.

»Die sind für unser neues Haus«, grinste mein Vater zufrieden. »Ich möchte die Wände mit einem Muster verzieren.«

Meine Eltern planten schon seit einiger Zeit, ein neues Haus zu bauen. In dem derzeitigen lebte mein Vater schon seit seiner Geburt. Doch er befürchtete, es könnte verflucht sein, da der Familie in den letzten Jahren so viel Unglück widerfahren war, und er hielt deshalb einen Umzug für die beste Lösung. Auch der *kujur* hatte ihm das bestätigt. Dafür konnten sich meine Eltern jeden beliebigen freien Platz aussuchen, denn bei uns ist es Sitte, dass das Land nicht einzelnen Personen, sondern dem ganzen Stamm gehört. Also braucht man nichts weiter zu tun,

Mein Vater schlägt »Mosaiksteine« für sein neues Haus

als das entsprechende Grundstück zu roden und mit dem Bau zu beginnen.
»In England ist jedes auch noch so winzige Fleckchen Erde in Privatbesitz«, erklärte Damien. »Wenn man ein Haus bauen will, muss man zuerst das Land kaufen. Und anschließend muss man eine Baugenehmigung beantragen, die normalerweise erst einmal abgelehnt wird.«
Mein Vater schüttelte erstaunt den Kopf und wandte ein, Land müsse doch für jeden frei zugänglich sein. Wie könne eine einzelne Person es für sich beanspruchen? Und dass man um Erlaubnis fragen musste, wenn man auf seinem eigenen Grund und Boden bauen wollte, erschien ihm vollends absurd. Er stand auf, schleppte seine Tasche mit den Steinen zum Landrover und verstaute sie im Kofferraum. Dann setzte er sich wieder zu uns.
»Ich wollte an dem Weg bauen, der in den Wald führt. Erinnerst

du dich, Mende? Dort bist du immer zum Holz- und Wasserholen gegangen.«
»Ich glaube schon, *ba*. Wo genau soll das Haus denn stehen?«
»Dort wo früher die Frauen saßen und *ti* verkauften«, antwortete mein Vater. *Ti* ist ein dickflüssiges Bier aus vergorener Sorghumhirse. »Dort hätte ich genügend Platz für meine Kühe.«
»Ich weiß, welche Stelle du meinst – die am Rand des Dorfes zwischen Kwatengo und Kwarke.«
Mein Vater lächelte. »Damals mag es am Dorfrand gewesen sein, doch inzwischen nicht mehr. Es gibt dort nun viele Häuser und außerdem einen Brunnen mit einer Pumpe. Und der Pfad, den du früher genommen hast, ist heute eine Schotterstraße, die man sogar mit dem Lastwagen befahren kann.«
Offenbar hatte sich unser Dorf sehr verändert. Als Kind musste ich einen Pfad entlang durch den Wald gehen, um Wasser vom Fluss zu holen. Wenn dieser austrocknete, gruben wir ein Loch, bis wir auf Wasser stießen, und tunkten die Krüge hinein. Natürlich war dieses Wasser voller Schwebeteilchen, aber wenn man es nach Hause trug und lange genug stehen ließ, setzten sie sich ab, und das Wasser war trinkbar und hatte einen angenehm erdigen Nachgeschmack.
»*Ba*, ich würde unser Dorf wahrscheinlich gar nicht wiedererkennen.«
Mein Vater nickte. »Ja, seit dem Überfall ist einiges geschehen«, erwiderte er. »Der Marktplatz, der damals den Mittelpunkt des Dorfes bildete, wurde aufgegeben. Der Busch hat ihn sich zurückgeholt, denn die arabischen Händler, die früher Waren mit den Nuba tauschten, ließen sich nie wieder blicken. Die Grundschule wurde zerstört und ist heute eine Ruine, aus der Bäume wachsen.«
»Wirst du deine Nachbarn nicht vermissen, wenn du umziehst?«, fragte Damien.
Mein Vater starrte ihn an, als hätte er den Verstand verloren.

»Alle im Dorf sind unsere Nachbarn, ganz gleich, an welchem Ende wir wohnen. Von meinem neuen Haus aus werde ich sie vorbeigehen sehen. Ich kenne jeden Einwohner.«
Mein Vater fügte hinzu, wenn das Haus fertig sei, würde es ein großes Fest – eine *karama* – geben. Er plante sogar, einige seiner kostbaren Kühe zu schlachten und ein Festmahl für das ganze Dorf zu veranstalten, das drei bis vier Tage und Nächte dauern sollte. Eine wirkliche Feier also, keine so traurige Veranstaltung wie der Begrüßungsabend hier in Kauda. Ich lächelte meinem Vater zu und versprach, dass wir ganz sicher zur *karama* kommen würden.

Meine Eltern, meine Geschwister und ich verbrachten noch einen gemütlichen Nachmittag im Familienkreis. Dabei versuchten wir, uns so zu verhalten wie immer und nicht an das zu denken, was uns morgen unweigerlich bevorstand: der Abschied. Doch als es dunkel wurde, mussten wir uns der Tatsache stellen, dass uns nur noch wenige gemeinsame Stunden blieben.
»Ich weiß, dass wir uns morgen trennen müssen«, sagte ich leise. »Es fällt mir so schrecklich schwer. Wenn ihr also nicht mit zum Flugplatz kommen möchtet, habe ich Verständnis dafür. Wir können uns hier voneinander verabschieden. Aber ihr sollt wissen, dass es bis zu unserem nächsten Wiedersehen nicht mehr so viele Jahre dauern wird. Ich werde euch besuchen, und zwar in unserem Dorf.«
Alle schwiegen, bis mein Vater schließlich das Wort ergriff.
»Nun ist es noch härter für uns, uns damit abzufinden, dass du gehst und dass du so weit weg von uns und ganz allein lebst.« Er sah mich an. »Denn jetzt wissen wir, dass du auch nach Hause kommen und bleiben könntest, wenn du nur wolltest. Schließlich warst du hier in Kauda, und das ist doch der Beweis.«
Es war so schwer, darauf zu antworten. Ich wollte meinem

Vater nicht sagen, dass mir von einer Rückkehr in unser Dorf hundertmal abgeraten worden war. Ich wollte ihm nicht sagen, dass seine Tochter von gewissen Leuten im Sudan lieber tot als lebendig gesehen würde. Ich zermarterte mir das Hirn.
»Nein, *ba,* so einfach ist das nicht. Die Entscheidung liegt nämlich nicht nur bei mir. Ich habe in England ein neues Leben angefangen, und es gibt so vieles, was ich erledigen muss. Aber eines Tages werde ich endgültig nach Hause zurückkommen. Ich weiß nur noch nicht, wann das sein wird.«
Mein Vater lächelte. »Überleg es dir, Mende-*kando*. Versprich mir, ernsthaft darüber nachzudenken.«
Ich versprach es ihm von ganzem Herzen. Meine Mutter aber konnte Gedanken lesen.
»Wir machen uns ständig Sorgen um dich, Mende«, wandte sie ein. »Vielleicht wäre es ja auch zu riskant für dich, ins Dorf zurückzukommen?«
Ich schluckte. »Wenn ich es nur wüsste. Einige, mit denen ich gesprochen habe, meinen, es wäre machbar. Andere wiederum ...« Ich beendete den Satz nicht.
Meine Mutter zwang sich zu einem Lächeln. »Wir wollen dein Leben nicht auf den Kopf stellen. Aber wir werden für dich beten. Ich möchte dir nur eines raten: Heirate, meine Tochter, und bekomme Kinder. Dann wissen wir, dass du in *bilabara* eine Familie hast und dass jemand für dich da ist.«
»Ja, ich möchte irgendwann dein Kind im Arm halten«, fügte mein Vater hinzu. »Schließlich wissen wir alle nicht, wie lange wir noch zu leben haben.«
»Du bedeutest uns so viel, Mende«, fuhr meine Mutter fort. »Du bist so sanft. Und du sollst deine Sanftheit an dein Kind weitergeben.«
Ich lächelte meiner Mutter zu, mit all meiner Liebe. Leider war es nicht so einfach, ihr diesen Wunsch zu erfüllen. Oh, wenn es nur so einfach wäre.
Dann wandte ich mich an meine Geschwister. »Ich habe auch

ein Anliegen. Mir ist klar, dass ihr mit euren Familien und eurem Alltag sehr beschäftigt seid. Doch bitte achtet auf Mutter und besucht sie oft. Sie ist nicht mehr die Jüngste. Ihr habt ja gehört, was der Arzt im Krankenhaus gesagt hat.«
»*Umi* ist mein Augapfel«, erwiderte Shokan leise. »Keine Sorge, Mende. Es macht uns nur traurig, dass du nicht bei uns bist.«
»Ich kann Holz und Wasser für *umi* holen«, schlug Babo, der Gute, vor. »Damit unterstütze ich sie am meisten. Außerdem werde ich die Mühle weiter betreiben, auch wenn es oft sehr anstrengend ist …«
Mein Bruder hatte ein weiches, kindliches Herz, und ich wusste, dass sein Angebot ernst gemeint war. »Mach das. Hilf Mutter, so gut du kannst.«
Ich stellte fest, dass mein Vater den Kopf hängen ließ und sehr still geworden war. »Hast du etwas, *ba?«,* fragte ich.
Als er weder antwortete noch aufblickte, wurde mir klar, dass er weinte und seine Tränen verbergen wollte.
Ich strich ihm übers borstige Haar. »Alles wird gut, *ba*. Keine Sorge. Ich komme bald wieder. Ganz, ganz bald.«

In dieser Nacht konnte ich nicht einschlafen. Ein wahrer Gedankensturm wirbelte mir durch den Kopf, in meinem Herzen stritten sich die Gefühle. Also stand ich auf und ging zur Veranda, wo Damien und Hannah noch saßen.
»Alles in Ordnung?«, erkundigte sich Damien und rückte mir einen Stuhl zurecht. »Du siehst ziemlich erledigt aus.«
Ich zuckte die Achseln. »Ich bin todmüde, aber ich kann nicht schlafen.«
Er reichte mir ein Blatt Papier. »Ryan hat diesen Brief vorbeigebracht. Er hatte keine Zeit zu bleiben und wollte dich außerdem nicht stören.
Ich faltete den Brief auseinander und las ihn.

Hallo, Leute,

schade, dass ich keine Zeit hatte, mich richtig von euch zu verabschieden, aber es war mir eine Ehre, euch kennenzulernen. Wir bleiben in Kontakt und werden uns sicher irgendwann in Großbritannien, den Nubabergen, Kenia oder Amerika (wo man wenigstens anständiges Englisch spricht) wiedersehen.
Ich möchte euch ermutigen, in eurem Kampf für die Gerechtigkeit nicht locker zu lassen. Ich glaube, es war Martin Luther King, der gesagt hat: »Ohne Gerechtigkeit kann es keinen Frieden geben.« Also engagiert euch von Europa aus für die Freiheit, während ich hier meinen Beitrag leiste.
Ich werde immer dafür beten, dass Gott euch beisteht und euch schützt. Ach, noch etwas, ich habe für Mende eine Bibel hinterlassen. Hoffentlich hat sie nichts dagegen.
Bis bald. Mit Gottes Segen.
Euer weißer Nubafreund
Ryan Kuku

Lächelnd faltete ich den Brief wieder zusammen. Er freute mich sehr.
»Apropos verabschieden: Wo möchtest du denn deiner Familie auf Wiedersehen sagen – hier oder am Flugplatz?«, erkundigte sich Damien.
»Ich glaube nicht, dass *umi* zum Flugplatz mitkommen wird«, antwortete ich. »Es macht sie zu traurig. Den ganzen Tag haben sie über nichts anderes geredet als darüber, dass ich fort muss. *Ba* wird zwar ebenfalls niedergeschlagen sein, doch ich denke, er wird mich zum Flughafen begleiten wollen. Er wirkt zwar so sanft und zurückhaltend, ist aber innerlich sehr stark. Shokan bleibt vermutlich auch lieber hier.«
Damien nickte. »Es ist für keinen von euch leicht.«

Ich konnte die Tränen schon jetzt fast nicht mehr zurückhalten. »Weißt du, was das Schlimmste ist? In diese kleine Wohnung zurückzukehren ... dort wieder ganz allein zu sein ... Nach den Tagen mit meiner Familie kann ich es mir kaum mehr vorstellen.«

Obwohl ich mich in der Nacht an meine Mutter schmiegte, schlief ich sehr schlecht und war schon bei Morgengrauen wieder auf den Beinen. Also zog ich los, um mir den Sonnenaufgang über den Bergen anzusehen. Wann würde ich dieses wundervolle Panorama wohl wieder zu Gesicht bekommen? Wann würde ich in meine Heimat zurückkehren? Ich liebte dieses Land, und mein Herz riet mir, es nie mehr zu verlassen. Doch ich spürte auch, dass London mich rief und dass ich noch nicht am Ende meiner langen und beschwerlichen Reise angekommen war. Dass es mein Auftrag war, die Dinge, die ich gesehen hatte, in die Welt hinauszurufen – und dass ich diesen Auftrag von London aus besser würde erfüllen können. Spontan hob ich einen kleinen Stein auf und steckte ihn ein. Wohin mein Weg mich in Zukunft auch führen mochte, ich würde dieses kleine Stück Nubaberge bei mir tragen.

Das Flugzeug sollte um halb neun eintreffen. Meine Familie beschloss spontan, ihre Habe in den Landrover zu laden und gleichzeitig mit mir abzureisen, was mich sehr glücklich machte. Sie wollten mich zum Flugplatz fahren und sich anschließend auf den Rückweg nach Karko machen. Unterwegs planten sie einen Abstecher zum Flüchtlingslager, um sich bei Noor, dem Lagerleiter, nach den Bedingungen für eine Adoption zu erkundigen.

Also bereiteten sich zwei Wagen auf die Abfahrt vor: Awads Landrover und ein Jeep von MORDAR, der unser Gepäck transportierte. Wir nahmen herzlichen Abschied von den Leuten im Camp, die mir, trotz mancher Schwierigkeiten, zu guten Freunden und wertvollen Helfern geworden waren. »Möge

Kinder auf dem Flugzeugwrack am Ende der Landebahn

eure Aufbauarbeit für dieses Land und seine Menschen von Erfolg gekrönt sein«, so sagte und dachte ich viele Male. »Möge es euch gelingen, den Frieden zu erhalten. Ich werde euch helfen, so gut ich kann!«

Dann setzte ich mich zu meiner Familie in den Landrover, denn ich wollte die Zeit mit ihnen bis zur letzten Sekunde auskosten. Während der Wagen ins Flussbett hinunterholperte, klammerten meine Mutter, meine Schwester und ich uns auf dem Rücksitz aneinander. Mir vermittelte diese wortlose Nähe mehr als alles, was wir einander hätten sagen können.

Wir fuhren an dem abgestürzten Flugzeug vorbei, das am Ende der Staubpiste lag. Spielende Kinder kletterten darauf herum. So gesehen, waren die Nubaberge ein einziger Abenteuerspielplatz – der beste, den ein Kind sich wünschen konnte.

Langsam kroch mir die Erinnerung an unseren Flug hierher

Aufmunterungsversuch auf dem Dach des Landrovers

zurück ins Bewusstsein – und daran, wie Paul befürchtet hatte, die winzige Maschine nicht wohlbehalten landen zu können. Hoffentlich würde sich der Rückflug nicht wieder als Mutprobe erweisen. Als wir ankamen, war von dem Flugzeug noch nichts zu sehen.

Awad parkte den Landrover im Schatten eines ausladenden Baobab-Baums. Einige kleine Jungen lagen auf dem Boden und spielten *Mensch, ärgere dich nicht* auf einem abgewetzten alten Spielbrett. Awad und mein Vater stiegen aufs Wagendach und reichten alle Taschen herunter, die nicht mit nach Karko sollten. Da erschien in der Ferne ein winziger Punkt. Das kleine Flugzeug, das uns abholen würde, kam aus der Sonne auf uns zugeflogen.

Meine Mutter blieb im Landrover und klammerte sich an Uran. Mein Vater saß, Damiens Stirnlampe auf dem Kopf, auf dem Dach, alberte herum und leuchtete mich, meinen Bruder und meine Schwester an, bis wir alle lachten. Es war offensichtlich, dass er die Stimmung auflockern und uns von dem bevorstehenden Abschied ablenken wollte.

Das Flugzeug landete in einer Staubwolke und rollte auf uns zu. Als die Tür aufschwang und der Pilot ausstieg, stellte ich fest, dass es nicht Paul war.

»Hallo, ich heiße Jim«, verkündete er und hielt uns die Hand hin. »Ich möchte euch ja nicht erschrecken, Leute, aber die Frontscheibe hat einen großen Riss.« Er wies darauf. »Beim Herflug hörte ich plötzlich ein ›Pling‹, und schon war es passiert. Aber keine Angst, die Scheibe ist dreischichtig. Sie wird halten.«

Da ich keine Ahnung hatte, ob das gefährlich war, musste ich mich auf Jims Aussage verlassen. Er erklärte uns, er würde auf dem Rückweg in niedrigerer Höhe fliegen, damit die Scheibe nicht wegen des Kabinendrucks zerplatzte. Tröstlich. Unterstützt von einheimischen Helfern, rollte er dann einige riesige Treibstofffässer aus der Maschine und tankte. Nachdem er schließlich das Gepäck verladen hatte, forderte er uns zum Einsteigen auf. Es war Zeit für den Abflug.

Ich zögerte, da ich wusste, dass all meine aufgestauten Gefühle sich gleich Bahn brechen würden. Als ich hinter mir ein Schluchzen hörte, spürte ich, wie auch mir die Tränen in die Augen traten. Jim starrte mich verdattert an.

»Keine Sorge, junges Fräulein, Sie brauchen nicht zu weinen«, versuchte er mich zu beruhigen. »An Bord meines Flugzeugs kann Ihnen nichts geschehen.«

Ich schüttelte den Kopf und wischte die Tränen weg, brachte aber keinen Ton heraus.

»Daran liegt es nicht«, erklärte Damien tonlos. »Sie hat nur … Sie war zum ersten Mal seit fast zwanzig Jahren hier, um ihre Familie zu sehen. Für ein paar Tage. Und jetzt muss sie wieder weg.«

»Mein Gott, ich verstehe«, meinte Jim erschrocken. Man sah ihm an, dass er sich wie ein Trampel vorkam. Aber was hätte er sagen sollen? Wie hätte er etwas von dem Gefühlschaos verstehen sollen, das gerade in mir tobte, das von meiner persönlichen Geschichte herrührte und von der Geschichte meines Stammes?
Ich drehte mich zu meiner Familie um. Meine Eltern hatten Tränen in den Augen. Meine Geschwister ebenfalls. Sogar meine Cousine Ushea hatte zu weinen angefangen. Nachdem ich meiner Mutter die Tränen abgewischt hatte, küsste ich sie. »Bis bald, bis bald«, sollten meine Küsse ihr sagen. »Bis bald, bis bald«, riefen sie meinem Vater, meinem Bruder, meiner Schwester und meiner Cousine zu. Auf Wiedersehen, bis bald und fahr vorsichtig, wollten sie Awad mitteilen.
Dann wandte ich mich ab, stieg die Stufen der kleinen Maschine hinauf, nahm Platz, schnallte mich an und starrte aus dem Fenster. Die Triebwerke heulten auf, und dann setzte sich das Flugzeug in Bewegung. Während die Motoren lauter wurden, beschleunigte die Maschine auf der holprigen Startbahn, und wir stiegen in den gleißenden, wolkenlosen Himmel hinauf. Ich winkte weinend aus dem Fenster, bis meine Familie nur noch als winzige Pünktchen auf dem Boden zu sehen war. Nach einer Weile konnte ich sie in der Ferne nicht mehr erkennen.
Uran auf dem Schoß, saß ich alleine da und blickte aus dem Fenster auf mein Land, das ich nun hinter mir ließ. Dann drückte ich Uran noch fester an mich, küsste sie auf den Scheitel und stellte mir vor, dass ich meine Familie in Gestalt dieses Teddybären mit dem albernen Grinsen und den abgewetzten Ohren überallhin mitnehmen konnte.
Ich war in die Nubaberge zurückgekehrt. Doch ich fühlte mich, als hätte die Reise nach Hause eben erst begonnen.

Schlussbemerkung

Dies ist eine wahre Geschichte, und ich habe sie so detailgetreu wie möglich erzählt. Allerdings habe ich die Namen von Menschen und Organisationen verändert, wenn es mir nötig erschien, die Anonymität einzelner Personen zu wahren. Im Sudan herrscht schon seit einigen Jahrzehnten Krieg, so dass die aktuelle Sicherheitslage im Land noch sehr angespannt ist. Also erübrigen sich wohl weitere Erklärungen, weshalb einige Beteiligte sowie Orte nicht mit ihren tatsächlichen Namen erwähnt werden.

Am Ende dieses Buches möchte ich meinen Reisegefährten noch ein wenig Abbitte leisten. Meine anfängliche Wut und Enttäuschung darüber, dass das Wiedersehen mit meiner Familie in Kauda, nicht in Julud, stattfinden würde, mag schwer erträglich gewesen sein. Ich hatte die Entscheidung als persönlichen Angriff empfunden; heute weiß ich, dass der Grund dafür einzig und allein das Bedürfnis meiner Freunde war, das Risiko möglichst zu begrenzen. Mariella hatte von einflussreichen Personen im Sudan den Hinweis erhalten, dass es zu gefährlich sei, insbesondere für mich, weiter als bis nach Kauda ins Landesinnere zu fahren – und sie hatte sich verständlicherweise bereiterklärt, diese Vorgaben zu akzeptieren. Auch Damien hatte man ja bereits im Vorfeld gewarnt und ihm geraten, sich vorzusehen und sämtliche Empfehlungen strikt zu befolgen. In den Monaten vor unserem Besuch hatten sich Übergriffe auf Hilfsorganisationen, Zivilisten und Soldaten gehäuft. Die Täter waren in den meisten Fällen unbekannt und sind weiterhin auf freiem Fuß – und es war wohl allein dem

Glück des Augenblicks zu verdanken, dass unsere Reise von derlei Zwischenfällen ganz unberührt blieb.
Wie ich hinzufügen möchte, gelang es meiner Familie nicht, ein Kind aus Darfur zu adoptieren. Die Zeit war zu knapp, um die nötigen Schritte in die Wege zu leiten. Allerdings hoffen meine Eltern immer noch, ein Waisenkind aufnehmen zu können. Bei meinem nächsten Besuch im Sudan werde ich versuchen, ihnen dabei zu helfen, wenn die Umstände es erlauben.

NUBA AGENCY for DEVELOPMENT AID RELIEF (NADAR)

Da die Nubaberge wegen des Krieges jahrzehntelang von der Außenwelt abgeschnitten waren, herrscht dort nun große Not. Gerade in den abgelegenen Gebieten mangelt es an sauberem Wasser, Schulen, Krankenhäusern. Ich konnte mich bei meiner Reise nach Hause mit eigenen Augen davon überzeugen und hoffe, meine Eindrücke in diesem Buch vermittelt zu haben. Deshalb habe ich eine kleine Hilfsorganisation mit dem Namen Nuba Agency for Development Aid Relief (NADAR) ins Leben gerufen, die Geld für Hilfsprojekte in den Nubabergen sammeln soll. Einen Teil des Erlöses dieses Buches werde ich an NADAR spenden.

Vielen Dank!
Mende Nazer im Juli 2007

Danksagung

Zuallererst möchte ich Damien Lewis – Corba – für Unterstützung und Halt in allen Lebenslagen danken – und dafür, dass er einmal mehr ins sudanesische Kriegsgebiet gereist ist, um mich nach Hause zu bringen. Ganz besonders danke ich auch meiner Agentin Felicity Bryan und allen Mitarbeitern ihrer Agentur, einschließlich Michelle, Carole und vielen anderen. Dank auch an meinen Agenten für Auslandsrechte, Andrew Nurnberg, und den Mitarbeitern der Andrew Nurnberg Agency. Vor allem danke ich außerdem meinem deutschen Verleger Hans-Peter Übleis und meiner Lektorin Carolin Graehl. Ebenfalls vielen Dank an Hannah Lewis und ihren Lebenspartner Augusto, die als gute Freunde für mich da waren. Ich danke weiterhin Christine Major, meiner Ersatzmutter, die in dunklen und schwierigen Zeiten für mich gebetet hat, und David Major, der sie so glücklich macht. Dank an Joe und Nellie Erlander – meine zweite Familie –, die mich in einer Krise bei sich aufgenommen und mir ein Zuhause und Hoffnung gegeben haben. Sie waren für mich ein Lichtblick in der finsteren Stunde der Not. Darüber hinaus bedanke ich mich bei meiner guten Freundin Suzanne dafür, dass sie mir die Stelle im Frisiersalon besorgt hat. Zudem schulde ich Dank an Zeinel Abdeen Mohammed Ali Omer, der als Freund und Vaterfigur immer für mich da und mir eine große Hilfe war. Danke an Ruth West und Colin Tudge, die mich in einer sehr schweren Lebensphase unterstützt und mich zu sich nach Hause eingeladen haben. Ganz besonderen Dank an Alison Stanley, meine Anwältin, der es gelungen ist, für mich den

Flüchtlingsstatus in Großbritannien und einen britischen Pass zu erkämpfen. Danke an Sarah Woodford, die mir einen so ausgezeichneten rechtlichen Beistand vermittelt hat und außerdem eine wunderbare Nachbarin ist. Danke, Andrea Calderwood von Slate Films und allen Mitarbeitern von Focus Films für die Unterstützung. Ganz besonderen Dank an Paul von Turbine Air dafür, dass er mich nach Hause gebracht hat. Ich bedanke mich außerdem ganz herzlich bei Murad, Kuku Khadia, Shwaya, Nigda und vielen anderen für ihre Hilfe unterwegs. Ebenfalls Dank an Mariella und Hagen, die dazu beigetragen haben, mir die Reise nach Hause zu ermöglichen. Außerdem möchte ich all den Lesern danken, die in E-Mails und Briefen Partei für mich ergriffen und mich ermutigt haben, meine Geschichte weiterzuerzählen. Insbesondere danke ich Clare Clarke, Stephen O'Keefe, Fran & Allan Trafford und Bernadette, denn sie haben die ersten Fassungen dieses Buches gelesen. Und zu guter Letzt danke ich Eva, Chubba und Boggler für die Unterkunft, als ich mich nach einem Zuhause sehnte.

Mende Nazer
(mit Damien Lewis)

Die Sklavin

Der Besteller, der ein Leben rettete

Man nannte sie »yebit« – Mädchen, das es nicht wert ist, einen Namen zu tragen. Sie schlief eingesperrt in einem Verschlag, sie arbeitete Tag und Nacht, sie wurde geschlagen und bekam keinen Pfennig Lohn. Und sie durfte nicht einen Schritt nach draußen tun.
In diesem Buch erzählt die junge Nubafrau Mende Nazer ihre Geschichte – eine Geschichte, die nicht vor 200 Jahren spielt, sondern heute, im 21. Jahrhundert. Und sie endet nicht im tiefen Afrika, sondern bei unseren Nachbarn in Europa: Denn am Tiefpunkt einer jahrelangen erniedrigenden Sklavenexistenz in Khartoum wurde Mende nach London verschickt, um auch dort als Sklavin zu dienen.

»Ein schockierendes Dokument über
Menschenraub, Sklaverei, Folter.«
Süddeutsche Zeitung

»Eine Biographie wie aus dem Mittelalter.«
Bunte

Knaur Taschenbuch Verlag

Sabine Kuegler

Ruf des Dschungels

»Ich verbrachte meine Kindheit in der Abgeschiedenheit des Verlorenen Tals, mitten im Dschungel. All die Jahre, die ich inzwischen in der westlichen Zivilisation lebe, begleitet mich das Heimweh nach West-Papua, treibt mich der Wunsch, endlich nach Hause zurückzukehren.«
Für die heranwachsende Sabine wird der Dschungel zur Liebe ihres Lebens: Sie ist keine Deutsche, kein weißes Mädchen aus Europa, sie wird eine Eingeborene, die schwimmt und jagt, fühlt und handelt wie ein Stammesmitglied der Fayu. Mit 17 Jahren kommt Sabine in ein Schweizer Internat, um ihren Schulabschluss zu machen – ein katastrophaler Einschnitt für sie. Und immer spürt sie Heimweh, eine Sehnsucht, die ständig in ihr brennt. Sie wird zurückkehren in den Dschungel, um für sich herauszufinden: Wo gehöre ich hin? Wer bin ich eigentlich, Fayu oder Europäerin?

»Eine unglaubliche Story über eine einzigartige Odysee zwischen den Kulturen«
TV Hören und Sehen

Knaur Taschenbuch Verlag

Der Abschied